मैंने गांधी को क्यों मारा ?

मैंने गांधी को क्यों मारा ?

नाथूराम गोडसे

प्रकाशक
प्रभात प्रकाशन प्रा. लि.
4/19 आसफ अली रोड, नई दिल्ली–110002
फोन : 011–23289777 • हेल्पलाइन नं. : 7827007777
इ–मेल : prabhatbooks@gmail.com ❖ वेब ठिकाना : www.prabhatbooks.com

संस्करण
2026

अनुवाद
नीलिमा तांबे

पेपरबैक मूल्य
चार सौ रुपए

मुद्रक
आर–टेक ऑफसेट प्रिंटर्स, दिल्ली

MAINE GANDHI KO KYON MARA?
by Nathuram Godse
(Hindi translation of WHY I KILLED GANDHI?)

Published by **PRABHAT PRAKASHAN PVT. LTD.**
4/19 Asaf Ali Road, New Delhi-110002

ISBN 978-93-5521-924-4

₹ 400.00 (PB)

प्रस्तावना

मोहनदास करमचंद गांधी लगभग 1915 में भारतीय राजनीतिक पटल पर आविर्भूत हुए और उस पर तब तक हावी रहे, जब तक उनकी जीवन-लीला नाथूराम विनायक गोडसे द्वारा समाप्त नहीं कर दी गई। 30 जनवरी, 1948 की दोपहर नाथूराम गोडसे द्वारा चलाई गई तीन गोलियों ने गांधीजी का जीवन समाप्त कर दिया। नाथूराम गोडसे ने तत्क्षण ही अधिकारियों के सामने आत्मसमर्पण कर दिया।

8 नवंबर, 1948 को दिल्ली के प्रसिद्ध लाल किले के मुकदमे में अदालत के विशेष न्यायाधीश ने नाथूराम से पूछा कि उनके खिलाफ मामले के बारे में उनका क्या कहना है ? अभियुक्त क्रमांक 1, नाथूराम (Not clear in Eng Version-Translated with slight change) गोडसे ने प्रतिक्रिया में एक विस्तृत बयान दिया। अदालत में दिया गया बयान यहाँ पेश किया गया है।

गोडसे के बयान के प्रकाशन पर प्रतिबंध लगा दिया गया था और इसका एक पूर्ववर्त अजीबोगरीब इतिहास था, या यों कहिए कि राजनीतिक भूमिका थी। मुख्य अभियोजक श्री सी.के. दफ्तरी ने अदालत से अभियुक्त नाथूराम गोडसे को उनके द्वारा तैयार किए गए बयान को सबके समक्ष न पढ़ने देने की गुजारिश की और इस बात की अनुमति माँगी कि केवल उनके खिलाफ आरोपों का स्पष्टीकरण प्रस्तुत करने की अनुमति दे। अदालत से इस अनुरोध करने के पीछे श्री सी.के. दफ्तरी का एक छिपा हुआ उद्द्देश्य था। अभियोजकों ने पाया कि जो वक्तव्य या स्पष्टीकरण गोडसे देने वाले थे, उसमें हत्या के आरोपों को स्वीकार करके नाथूराम न केवल गांधी से, बल्कि सत्ता में प्रतिष्ठित पार्टी की गलतियों, चूकों, लुप्त किए गए तथ्यों, वादों और धोखों को सबके सामने लाना चाहते थे। अभियोजन पक्ष शुरू से ही

गोडसे के कृत्य के पीछे का कारण और इस तरह अदालती प्रक्रिया के माध्यम से सरकार की सच्चाई को सार्वजनिक होने नहीं देना चाहते थे। न्यायाधीश श्री आत्मा चरण ने श्री दफ्तरी से पूछा—

"मैं अभियुक्त को गवाही देने से कैसे रोक सकता हूँ? अभियुक्त के पास उसके बचाव में ऐसा कृत्य करने का कोई औचित्यपूर्ण कारण हो सकता है। या, ऐसा भी हो सकता है कि उसके पास आरोपों को खारिज करने के कोई और कारण हों! आप मुझे इस बात का प्रमाण दें कि क्या आपके पास कोई अधिकार या कानून है, जो आपकी आपत्ति का समर्थन करता है?"

श्री दफ्तरी को स्वीकार करना पड़ा कि उनके पास कोई ऐसा न्यायशास्त्र या अधिकार नहीं था, जिसके तहत वे गोडसे को उनके वक्तव्य को सार्वजनिक रूप से कह सकने से रोक सकते हों। अदालत ने श्री दफ्तरी की आपत्ति और गोडसे को न बोलने देने की अनुमति को खारिज किया और नाथूराम गोडसे को अपना बयान पढ़ने की अनुमति दी।

अगले दिन, प्रेस के पास बयान के कुछ अंश थे। दोनों वर्ग बुद्धिवादी थे—चाहे वकील, चाहे प्रेस। अब तक अँधेरे में रह रही जनता को भी गोडसे के इस कृत्य और कारणों का पता चल चुका था। उन्हें यह भी पता चला कि नाथूराम गोडसे ने गांधी की हत्या के आरोप से इनकार भी नहीं किया।

उस समय पं. नेहरू प्रधानमंत्री थे। उनके आदेशों के तहत कुछ राज्यों में आंशिक, कुछ राज्यों में गोडसे के वक्तव्य को प्रकाशित करने पर पूर्ण रूप से प्रतिबंध लगा दिया गया था।

यह देखा जा सकता था कि जून 1949 में शिमला के हाई कोर्ट में नाथूराम गोडसे द्वारा अपनी दलीलें और वक्तव्य पूरा सार्वजनिक करने तक सरकार इतनी सजग और सचेत हो चुकी थी कि जैसे ही न्यायाधीश अपने कक्ष में आए, पुलिस ने पत्रकारों पर झपट्टा मारा, उनसे उनकी कॉपियाँ छीन लीं और उन्हें टुकड़े-टुकड़े कर दिया। पुलिसवालों ने तथ्यों की जाँच में लगे लोगों को भी जान से मारने की धमकी दी।

अदालत में नाथूराम गोडसे द्वारा दिए गए बयान पर लगातार मुकदमा चल रहा था।

यह बयान अंग्रेजी में प्रकाशित हुआ था, जिस भाषा में गोडसे ने न्यायालय के समक्ष अपनी बात पेश की थी और जिसके प्रकाशन पर प्रतिबंध लगा दिया गया था।

दुनिया भर के लोग गांधी की मृत्यु के प्रकरण से जुड़े लोगों के बारे में जानने को उत्सुक थे। वे आश्चर्य करते थे कि वे किस प्रकार के महान् पुरुष रहे होंगे! कुछ 'प्रतिष्ठित' लेखकों ने इस विषय पर लेखन कार्य में रुचि ली। लेकिन ऐसा करने में उन्होंने विषय-सामग्री को विकृत किया, झूठ को सच बनाकर प्रस्तुत किया। सामग्री के सार में दुर्भावनापूर्ण व्यंग्य दिखाई पड़ता है। उन साहित्यकारों के तथाकथित साहित्य में द्वेष और दुर्गंधपूर्ण अंतर्दृष्टि का परिचय मिलता है। उन्होंने पाठकों को खुश करने के लिए इतिहास को घटिया और सनसनीखेज बनाने का प्रयास किया।

यही नहीं, प्रामाणिक बयान से स्पष्ट हो जाएगा कि आपकी छवि खराब करने के लिए कुछ लेखकों ने संदेह का माहौल पैदा किया और आपके वक्तव्य को लेकर गलत और बेईमानी से भरे संस्करण प्रकाशित करने का प्रयास किया। पाठक गोडसे के प्रामाणिक बयान को पढ़कर विशुद्ध तथ्यों का अपना आकलन कर सकते हैं कि क्या सही है और क्या गलत! मैं स्वयं नाथूराम के बयान को उद्धृत करता हूँ। ईमानदार इतिहासकार मेरे कार्य पर विचार करेंगे और भविष्य में किसी दिन इसका सही मूल्य जान पाएँगे।

कानून मरणासन्न या मृत्यु के करीब व्यक्ति के बयान को एक विशेष प्रकार की पवित्रता का दर्जा देता है, सम्मान देता है। नाथूराम गोडसे ने जिन परिस्थितियों में यह कार्य किया, वह भी देश के प्रति किसी पवित्र कृत्य से कम नहीं।

लेखक (गोपाल गोडसे) नाथूराम गोडसे के छोटे भाई हैं और गांधी हत्याकांड में भी आरोपी थे। उन्हें साजिश का दोषी पाया गया और आजीवन निर्वासन की सजा सुनाई गई। उन्हें अक्तूबर 1964 में जेल से रिहा कर दिया गया, लेकिन एक महीने बाद भारतीय रक्षा अधिनियम के तहत दोबारा गिरफ्तार कर लिया गया और एक वर्ष से अधिक समय तक जेल में रहे। अंततः 1965 के उत्तरार्ध में उन्हें रिहा कर दिया गया।

इस पुस्तक में लाल किले की सुनवाई के दौरान नाथूराम विनायक गोडसे के बयान को संपूर्ण रूप में प्रस्तुत करने का प्रयास किया गया है। इससे पहले, घटनाओं का परिचय, जाँच का विवरण और विशेष अदालत के गठन का भी विवरण है। यह विवरण संपूर्ण कानूनी प्रक्रिया, जिसमें मुकदमा, अपील और पूरा घटनाक्रम सम्मिलित है, जो 15 नवंबर, 1949 को नाथूराम और आप्टे को फाँसी हो जाने के बाद प्रस्तुत किया गया। इस सब विवरण के बाद नाथूराम विनायक गोडसे और अन्य अभियुक्तों का संक्षेप में जीवन और व्यक्तित्व का वर्णन (प्रोफाइल) है।

साथ ही लेखक गोपाल गोडसे के भी विचार हैं, जो सजा काटते समय उन्होंने लिखे थे। उपसंहार के रूप में कुछ विचार इस बात पर पेश किए हैं कि भविष्य की घटनाओं ने नाथूराम के बयान की पुष्टि की या उसमें कुछ विसंगति पाई? साथ ही राष्ट्र पर गांधीवादी नीतियों के प्रभाव का भी वर्णन है। नाथूराम के वसीयतनामे का अनुवाद पुस्तक के अंत में दिखाई देता है।

नाथूराम गोडसे ने अपनी इच्छा से अपने छोटे भाई दत्तात्रेय को बयान प्रकाशित करने का अधिकार दिया, जिन्होंने बाद में यह अधिकार लेखक को सौंपा, जिसके लिए वे आभारी हैं।

इस पुस्तक को प्रकाशित करने में संपादकों द्वारा दी गई सहायता के लिए लेखक आभार व्यक्त करता है।

19 सितंबर, 1993

—गोपाल गोडसे

अनुक्रम

घटनाएँ

15 अगस्त, 1947 को शासकीय रूप में अलग होने के साथ ही ब्रिटिश शासन का अंत हुआ और साथ ही भारत (विभाजित) और पाकिस्तान स्वतंत्र प्रभुसत्ता (डोमिनियन) का आकार लेते हुए दो देश स्थापित हो गए। अगणित हिंसा, मौत, लूटपाट, बलात्कार सहित अन्य सामानों के साथ बड़े पैमाने पर आबादी का पलायन हुआ। शरणार्थियों और विशेष रूप से हिंदुओं की पीड़ा का एक असह्य दृश्य प्रस्तुत हुआ। दूसरी तरफ भारत में गांधीजी की हर कारवाई मुसलिम समर्थक और हिंदू-विरोधी थी। राज्यों का एकीकरण हो रहा था। हैदराबाद के निजाम को शांत करने के सारे प्रयत्न विफल हो रहे थे और कश्मीर हमले के साए में था।

उस समय सरदार वल्लभभाई पटेल भारत के उप-प्रधानमंत्री थे। भारत से अलग होने के समय पाकिस्तान को बकाया पचपन करोड़ रुपए की नकद शेष राशि का भुगतान, पाकिस्तान के साथ चर्चा और बातचीत के मुख्य मुद्दों में से एक था। यह मामला अनिवार्य रूप से कश्मीर में पाकिस्तानी आक्रमण से जुड़ गया था। 12 जनवरी, 1948 को प्रेस कॉन्फ्रेंस से पहले सरदार पटेल द्वारा दिए गए बयान में भारत के मामले को स्पष्ट रूप से प्रस्तुत किया गया। उन्होंने कहा—

> *"समझौते के कार्यान्वयन को स्थगित करके कश्मीर के प्रति आक्रामक कारवाई के खिलाफ सावधानी बरतने में हम पूरी तरह से न्यायसंगत थे। समझौते में भुगतान के लिए भारत सरकार को किसी निश्चित तिथि की आवश्यकता नहीं है। पाकिस्तान की ओर से नकदी के शेष के हमारे भुगतान पर जोर देना किसी भी तरह से उचित नहीं है। मैंने यह बहुत स्पष्ट*

कर दिया था कि जब तक कश्मीर मामला हल नहीं हो जाता, तब तक हम किसी भी भुगतान के लिए सहमत नहीं होंगे।"

परिणामतः सरदार वल्लभभाई पटेल से कश्मीर मामले का समाधान होने तक पाकिस्तान को पचपन करोड़ रुपए के भुगतान को रोकने की माँग की गई थी।

आग बुझाने के दो तरीके हैं—एक है उस पर पानी फेंकना और दूसरा, पदार्थों की आपूर्ति काट देना या खत्म कर देना, जिससे आग जलाए रखने में सहायता मिल रही है। हमारी सेना कश्मीर में आक्रमणकारियों को रोकने और उन्हें बाहर खदेड़ने की पूरी कोशिश कर रही थी। भारत सरकार द्वारा वित्तीय लेन-देन के मामले में (भुगतान को रोके रखना) रणनीति का यह युद्ध महत्त्वपूर्ण था, वरना संभव है कि यह लेन-देन आग में घी का काम करता। इन परिस्थितियों में भारत सरकार का 55 करोड़ रुपए के भुगतान को कश्मीर मामला सुलझाए जाने तक रोककर रखने का निर्णय निश्चित ही सराहनीय था। वह मानव हत्याएँ तुरंत रोकने और शांति स्थापित करने का एक अक्लमंद और विवेकशील समाधान था। दो दशक बाद भारतीय सेना ने कश्मीर में पाकिस्तान के आक्रमण के खिलाफ बचाव के लिए लाहौर तक का मार्च किया था। यह मार्च तात्कालिक प्रधानमंत्री शास्त्रीजी के नेतृत्व में हुआ था। वह सामयिक भी था और प्रशंसनीय भी।

जीवन के उन व्यस्त दिनों में गांधीजी दिल्ली शहर में थे। जो लोग भारत सरकार के उच्च पदों पर आसीन होते थे, वे गांधीजी से मिलते थे और व्यापार व राजनीति के बारे में चर्चा करते थे। गांधीजी को सरकार का पाकिस्तान को 55 करोड़ का भुगतान देने पर रोक लगाने का फैसला मंजूर नहीं था। गांधीजी मानते थे कि इस तरह से हम पाकिस्तान का ध्यान भटकाकर उन्हें हिंसा की ओर धकेल रहे हैं। 12 जनवरी, 1948 को गांधीजी ने धमकी दी कि भारत सरकार जब तक अपना फैसला रद्द करके पाकिस्तान को पैसे का भुगतान नहीं करती, वे भूख हड़ताल करेंगे। इस बात का प्रमाण 12 जनवरी, 1948 को गांधीजी द्वारा दिया गया प्रवचन, जिसमें उन्होंने भारत सरकार को अपना फैसला बदलने के लिए राजी करने का प्रयास किया था, से मिल सकता है। उन्होंने कहा था—

"अहिंसा के उपासक के जीवन में कई बार ऐसा समय आता है, जब उसे समाज में हो रहे अन्याय का विरोध व्यक्त करने के लिए भूख हड़ताल करने को बाध्य किया जाता है, क्योंकि अहिंसा का उपासक होने के नाते उसके लिए कोई और रास्ता खुला नहीं होता और ऐसा ही एक विकट क्षण मेरे जीवन में आ गया है।"

निश्चित ही सरदार पटेल की दृढ़ता ने गांधीजी को निराशा के ऐसे शब्दों का उच्चारण करने को बाध्य किया होगा। दूसरी तरफ सरदार पटेल को गांधीजी के भूख हड़ताल पर जाने का संकल्प पसंद नहीं आया।

प्रस्तुत पुस्तक में मौलाना आजाद के इन्हीं शब्दों का उल्लेख है। सरदार पटेल दिल्ली से चले गए। 13 जनवरी, 1948 को गांधीजी ने अपना उपवास शुरू किया। गांधीजी के अनशन का आखिरी परिणाम यह हुआ कि 17 जनवरी के आसपास सरकार ने हार मान ली और सरदार से लेकर कश्मीर तक की नीति को समाप्त करते हुए पाकिस्तान को पैसा देने को तैयार हो गई।

भारत सरकार ने एक प्रेस विज्ञप्ति जारी की (17 जनवरी, 1948 को या उसके आसपास), जो इस प्रकार है—

> *गांधीजी द्वारा राष्ट्र से किए गए अनुरोध को देखते हुए सरकार ने दोनों राज्यों (देशों) के बीच संदेह और घर्षण के एकमात्र कारण को दूर करने के लिए तथा राष्ट्रीय सम्मान और राष्ट्रीय हित की रक्षा करने हेतु सरकार के अधीन शक्ति का उपयोग किया है।*
>
> *और भारत सरकार के इस स्वत:स्फूर्त प्रदर्शन में यह आशा छिपी है कि यह देश में सद्भावना का वातावरण पैदा करने में मदद करेगा, जिसके लिए गांधीजी शरीर को उपवास की सूली पर चढ़ा रहे हैं और इस तरह सरकार राष्ट्र के इस महान् सेवक को अपना उपवास समाप्त करने की ओर अग्रसर कर रही है, ताकि यह सेवक भारत के प्रति अपनी बेजोड़ सेवाओं में और बढ़ोतरी कर सकें और मार्गदर्शन करते रहें।*
>
> *सरकार ने बकाया भुगतान हेतु पाकिस्तान के साथ हुए वित्तीय समझौते को तुरंत लागू करने का फैसला किया है।*

भारत सरकार की ओर से हर तरह की उदारता और सद्भावना प्रदर्शन के बावजूद भारत से विभाजित पाकिस्तानी दिल नरम नहीं हुआ और कश्मीर समस्या ज्यों-की-त्यों बनी रही।

नाथूराम विनायक गोडसे और नारायण दत्तात्रेय आप्टे ने 'हिंदू राष्ट्र' नाम से एक डायरी छपवाई, जो एक तरीके से नए परिधान में एक पुरानी 'अग्रणी' पत्रिका थी। 15 अगस्त, 1947 के पहले से ही भारत की धरती पर सांप्रदायिकता के सिद्धांत पर आधारित मुसलिम राज्य के निर्माण के भविष्यसूचक संकेत हर दिन दिखाई पड़ रहे थे। जैसाकि अपेक्षित था, इस समाचार-पत्र के संपादक अधिकाधिक तीक्ष्ण और आलोचनात्मक होते जा रहे थे। यहाँ तक कि तीन-तीन हजार रुपए की दो

जमानत राशियों के नुकसान को भी झेलना पड़ा। यह सबकुछ सरकार के आदेश पर हुआ था।

12 जनवरी, 1948 को 'टिकर' (Ticker) पर यह समाचार देखकर कि गांधीजी भूख हड़ताल शुरू करेंगे, नाथूराम गोडसे को यह स्पष्ट हो गया कि उनका भूख हड़ताल करना सरकार पर 55 करोड़ रुपए के भुगतान पर रोक लगाने के निर्णय को पलटने के लिए दबाव डालने का प्रयास है। इस समय तक गोडसे की गांधीजी के प्रति कड़वी भावनाएँ और गांधीजी की अनवरत हिंदू-विरोधी भूमिका अपने चरमोत्कर्ष पर थीं। जैसे ही गोडसे ने गांधीजी के उपवास की खबर 'टिकर' (Ticker) पर पढ़ी होगी, नाथूराम ने सोचा होगा कि चाहे कोई और योजना या कार्य कुछ समय के लिए छोड़ना पड़े, तो भी चलेगा, लेकिन उन्हें यह सुनिश्चित करने का कार्यभार सँभालना पड़ेगा कि गांधीजी सरकार के किसी जनतांत्रिक कार्य में हस्तक्षेप न करें; इसीलिए अपना सबकुछ जोखिम में डालकर गांधीजी के वध का कार्य पहले किया जाना चाहिए, क्योंकि अब नाथूराम के लिए गांधीजी राष्ट्र के लिए जीने-मरने जैसी समस्या थे।

20 जनवरी, 1948 को गांधीजी की दोपहर की प्रार्थना सभा के स्थल के निकट ही बम धमाका हुआ। मदनलाल पाहवा को मौके पर ही गिरफ्तार कर लिया गया। वह देश-विभाजन के पीड़ितों में से एक था। पुलिस को जानकारी मिली कि उस साजिश में मदनलाल के और भी साथी थे, जो योजना के विफल होते ही भाग खड़े हुए। परिणामतः सरकार ने कासा बिड़ला हाउस में पुलिस बल और सुरक्षा उपाय तेज कर दिए। पुलिस ने पूरे भारत में मदनलाल के साथियों को गिरफ्तार करने के लिए जाल बिछाया। हालाँकि अगले दस दिनों के बाद भी पुलिस के हाथ कुछ नहीं लगा और वह किसी को भी गिरफ्तार नहीं कर पाई। पूरी प्रक्रिया निष्फल रही।

और फिर 30 जनवरी, 1948 को शाम पाँच बजे जब गांधीजी साजो-सामान और जत्थे के साथ बिड़ला हाउस के मैदान में प्रार्थना सभा में पहुँचने ही वाले थे कि नाथूराम विनायक गोडसे ने सामने से (बिंदु-रिक्त सीमा) से तीन गोलियाँ चलाईं। गांधीजी ने स्वाभाविक रूप से धीरे से 'आह' भरी और बेहोश होकर जमीन पर गिर गए।

वे तकरीबन बीस मिनट तक बेहोश रहे और फिर अंतिम साँस ली। गोलियाँ चलाने के बाद नाथूराम ने हाथ में बंदूक थामे, हाथ ऊपर ही रखा और पुलिस को बुला लिया। गोडसे ने पुलिस अधिकारियों के सामने स्वेच्छा से आत्मसमर्पण कर दिया।

नाथूराम गोडसे को शुरू से ही मालूम था कि गांधीजी के वध के बाद तत्कालीन राजनीतिक शक्तियाँ उन्हें हर प्रकार के विशेषणों से संबोधित करेंगी, जैसे—कट्टर, उन्मत्त, पागल आदि। इसलिए गोडसे आधिकारिक तौर पर जाँच संबंधित अधिकारियों से यह सत्यापित करवाना चाहते थे कि उन्होंने पूरे होशो-हवास में गांधीजी को मारा है और वे किसी भी तरह की बीमारी से पीड़ित नहीं थे, न तो मानसिक रूप से और न ही शारीरिक रूप से, और यह कि उनकी मानसिक स्थिति किसी भी तरह के मानसिक विकार या बीमारी की किसी भी परिभाषा के साँचे में नहीं बैठती थी। गांधीजी के वध के बाद गोडसे की गिरफ्तारी के तुरंत बाद जाँच के लिए लाए गए डॉक्टर से नाथूराम द्वारा किया गया अनुरोध था—

"डॉक्टर! कृपया मेरी पूरी जाँच करें कि मेरी नाड़ी और मेरा हृदय सामान्य गति से कार्य कर रहा है या नहीं और सावधानीपूर्वक पंजीकरण करें।"

डॉक्टर ने ऐसा ही किया और बताया कि उनका हृदय और उनकी नब्ज सामान्य रूप से कार्य कर रहे थे।

अपने आत्मसमर्पण और गिरफ्तारी के बाद नाथूराम तुगलक रोड पुलिस स्टेशन की एक कोठरी में कुछ समय के लिए हिरासत में रहे और बाद में उन्हें संसद् मार्ग के पुलिस स्टेशन की हिरासत में स्थानांतरित कर दिया गया। अधिकारियों के साथ कुछ अन्य लोग भी उनसे मिलने गए। नाथूराम कोठरी में आगे-पीछे, इधर-उधर घूम रहे थे, लेकिन कभी-कभी वे सलाखों के करीब होते थे। सलाखों के पास रुके एक व्यक्ति को अपनी ओर टकटकी लगाकर देखते हुए देखा तो गोडसे ने कहा—

"मुझे लगता है कि आप श्री देवदास गांधी हैं, हैं न?"

"हाँ, पर तुमने मुझे कैसे पहचाना?"

"क्या आपका यह व्यक्तिगत प्रश्न है? शायद आपको किसी अशिक्षित, घृणित रूप वाले और रक्तरंजित राक्षस जैसे रूप वाले मनुष्य की अपेक्षा थी!" नाथूराम के कोमल, किंतु स्पष्ट शब्द और उनका संयम श्री देवदास गांधी की अपेक्षा के अनुरूप नहीं था।

"हम हाल ही में एक प्रेस कॉन्फ्रेंस में मिले हैं। आप वहाँ 'हिंदुस्तान टाइम्स' के संपादक होने के नाते आए थे।"

"और आप?"

"मैं 'हिंदू राष्ट्र' अखबार का संपादक नाथूराम विनायक गोडसे हूँ। मैं भी वहाँ मौजूद था। आज आपने अपने पिता को खोया है और उस त्रासदी का कारण मैं हूँ।

मुझे खेद है कि मेरे कारण आपको और आपके परिवार को नुकसान हुआ है, उसके लिए मुझे बहुत खेद है। लेकिन विश्वास कीजिए, यह कृत्य मैंने किसी व्यक्तिगत घृणा, किसी आक्रोश या आपके प्रति किसी गलत इरादे से प्रेरित होकर नहीं किया।"

वह आदमी, जिसके हाथों पर किसी के खून के धब्बे अभी सूखे भी नहीं थे और वह व्यक्ति इस तरह से शांत और संतुलित तरीके से बात कर रहा था, जैसे कोई तीसरा दर्शक, व्यक्ति या पक्ष बोल सकता है! श्री देवदास गांधी की जिज्ञासा और भी बढ़ी। अगर वह अपने पिता के हत्यारे के प्रति तीव्र घृणा महसूस करता, तो भी वह सामान्य सी बात होती। मुझे ऐसा महसूस हुआ कि उस समय देवदास गांधी ने अपनी भावनाएँ जाहिर नहीं होने दीं। अपने पिता की मृत्यु के लिए व्यक्तिगत दुःख को कुछ क्षणों के लिए एक तरफ रखते हुए उन्होंने गोडसे से पूछा, "नाथूराम, फिर तुमने ऐसा क्यों किया?" नाथूराम ने जवाब दिया, "कारण विशुद्ध रूप से राजनीतिक है और केवल राजनीतिक है। क्या आप आधे घंटे या उससे कम समय के लिए मेरी बात सुन सकते हैं? कृपया अधिकारी से अनुमति लें। संपादक होने के नाते आप जल्द ही सारी पृष्ठभूमि समझ जाएँगे।" पर पुलिस ने और देर तक बात नहीं होने दी।

□

पुलिस जाँच, गिरफ्तारी और विशेष न्यायालय

नाथूराम गोडसे ने घटनास्थल पर खुद को अधिकारियों के सामने पेश कर दिया था। उसी रात जाँच-पड़ताल भी शुरू हो गई थी। लोगों ने नाथूराम के नाम के बारे में बेतुके अनुमान लगाने भी शुरू कर दिए थे। शरणार्थी यह सोचकर बेचैन थे कि गांधीजी का हत्यारा उनमें से भी एक हो सकता था। लेकिन बाद में जब नाथूराम का नाम सामने आया और यह स्पष्ट हो गया कि वह न तो पंजाबी था, न बंगाली, न सिंधी और यहाँ तक कि शरणार्थी भी नहीं था। अमृतसर, अंबाला, कलकत्ता, कानपुर आदि शहरों में खुलकर खुशी व्यक्त की गई।

दिगंबर रामचंद्र बड़गे को 31 दिसंबर, 1948 को पुणे पुलिस ने गिरफ्तार कर लिया था और बाद में उन्हें बॉम्बे पुलिस की कमान में लाया गया था।

निवारक निरोध कानूनों के तहत देश भर में हजारों लोग गिरफ्तार किए गए थे। सावरकर भी उनमें से एक थे। फिर, जाहिर तौर पर सावरकर से संबंधित अध्याय में उद्धृत कारणों के लिए, सावरकर की गिरफ्तारी निवारक हिरासत अधिनियम से स्थानांतरित होकर गांधी की हत्या का आरोप लगाया गया, जिसके तहत उन्हें गिरफ्तार किया जाना आसान था।

गांधीजी के वध से दस दिन पहले मदनलाल पाहवा को 20 जनवरी के बम विस्फोट के समय गिरफ्तार किया जा चुका था। इससे जुड़ी जाँच में जो जानकारी दी गई थी, उस जानकारी में मेरे पास जोड़ने के लिए कुछ नहीं था।

सोमवार की सुबह, यानी 2 फरवरी, 1948 को जब मैंने (गोपाल गोडसे) अपनी पत्नी को अलविदा कहा और घर से निकला, तो मैंने उसे किसी भी समय

गिरफ्तार होने की संभावना का अंदाजा दे दिया था। उस समय मैंने पुणे के एक उपनगर खड़की में अपना निवासस्थान बना लिया था। 5 फरवरी, 1948 को मैं खड़की से कामशेत के लिए रवाना हुआ। मैं कामशेत पर उतरकर उक्सान के लिए आगे बढ़ा, जो कामशेत से दस मील की दूरी पर था। कामशेत से अभी मैं आधे रास्ते भी नहीं पहुँचा था, जब मैंने देखा कि एक पुलिस की गाड़ी मेरा पीछा कर रही है। उन्होंने मुझे अपनी पुलिस की गाड़ी में बिठा लिया।

6 फरवरी, 1948 को बंबई में बड़गे के नौकर, शंकर किस्तैया ने आपराधिक जाँच विभाग में प्रवेश किया। आखिर में गिरफ्तार होने वालों में नाना आप्टे और करकरे थे, जिन्हें पुलिस ने 3 और 14 फरवरी, 1948 को मुंबई (बॉम्बे) में गिरफ्तार किया था। डॉ. परचुरे डी. को ग्वालियर में गिरफ्तार कर लिया गया था और ग्वालियर के किले में बंदी बना लिया था।

25 मई, 1948 को हम सभी को आपराधिक जाँच विभाग के कार्यालय में रखा गया था। सावरकर की तबीयत ठीक नहीं लग रही थी तो वे अगले दिन उन्हें दिल्ली ले आए, यानी 26 मई, 1948 को आर्थर हाईवे जेल में।

27 मई, 1948 को हमें लाल किले की एक विशेष जेल के प्रवेश-द्वार पर ले जाया गया और वहीं सावरकर और डॉ. परचुरे सहित हम सभी मिले।

दिगंबर बड़गे अगली तारीख से पहले ही सरकारी गवाह बन चुके थे। उसके बाद फिर उन्हें कभी भी अदालत नहीं बुलाया गया।

1947 में बॉम्बे विधानमंडल ने एक कानून पारित किया, जिसे 'बॉम्बे पब्लिक सेफ्टी मेजर्स एक्ट' (1947 का एक्ट IV) के नाम से जाना जाता है, जिसमें विशेष न्यायालय की नियुक्ति, एकल न्यायाधीश की नियुक्ति, साक्ष्य जाँच करने के अधिकार, पारंपरिक प्रक्रिया को आवश्यकता पड़ने पर छोड़ देना, वर्कशीट चार्ज और चार्ज, मौत की सजा जारी करने के लिए या सदा के लिए निर्वासन, हत्या के प्रयास के लिए, बाहर ले जाने के लिए, बिना देरी के प्रसंस्करण, साथ-ही-साथ अपील की अवधि को 60 से 15 दिनों तक कर देने जैसे प्रावधान थे। यह प्रक्रिया इस हद तक थी कि 1948 में यह अधिनियम केवल दिल्ली प्रांत में लागू था।

एकांत के उदासी और नीरस वातावरण से हम न्यायालय के खुले वातावरण में पहुँचे। वहाँ 27 मई, 1948 की सुबह साढ़े नौ बजे थे। अदालत का वातावरण स्फूर्तिजन्य था। अदालत कक्ष का दालान इमारत की पहली मंजिल पर था, जो लगभग सौ फीट लंबा और बाईस फीट चौड़ा था और पहली मंजिल पर था।

गांधी हत्याकांड का मामला उतना ही महत्त्वपूर्ण और गंभीर बन गया था,

जितनी कि घटना अपने रूप में गंभीर थी। उसके महत्त्वपूर्ण होने के कई कारणों में से एक कारण यह भी था कि सरकार ने इस हत्याकांड में शामिल होने का आरोप किसी और पर नहीं, बल्कि अंतरराष्ट्रीय ख्याति प्राप्त 'स्वातंत्र्यवीर' सावरकर पर लगाया था; सावरकर, जिन्होंने अपने जीवन का अधिकांश समय देश को गुलामी से मुक्ति दिलाने के लिए भारत के अंदर और देश के बाहर भी गुप्त संस्थाओं का संगठन किया था; जिन्होंने देश को आजादी दिलाने के लिए अतुल्य पीड़ा, उत्पीड़न को सहा था और उस प्रयास में असह्य शारीरिक और मानसिक यातनाएँ सही थीं; वे सावरकर, जिन्होंने हिंदुओं में एक हिंदू राष्ट्र के सम्मान, राजनीतिक दर्शन के प्रचार व प्रसार का प्रस्ताव रखा था।

दस बजने से एक मिनट पहले, कोर्ट के सचिव ने न्यायाधीश के आने की घोषणा की। फोटो खींचने वालों ने अपने कैमरे जज पर केंद्रित किए थे और आँखों को चकाचौंध करने वाली रोशनी कमरे में चमक उठी और एक के बाद एक तसवीरें खींची गईं। श्री सी.के. दफ्तरी खड़े हुए, जज को सलाम किया, आरोपी के विरुद्ध तैयार की गई चार्जशीट को पढ़ा और चार्जशीट न्यायालय को पेश की गई।

2 जून, 1948 को अदालत ने गवाहों के बयानों को एकत्र कर बचाव पक्ष के वकीलों को सौंप दिया। 3 जून, 1948 को फिर से अदालत की बैठक होनी थी। अदालत से वापस आने के बाद हमें अपना सामान बाँधना था।

जैसाकि पहले तय किया गया था, अभियोजक के कार्यालय ने श्री अन्नाराव भोपटकर को गवाहों के बयानों की एक प्रति प्रदान की। भले ही श्री भोपटकर ने सावरकर की वकालत की, उन्हें बचाव के सामान्य अभिविन्यास का कार्य सौंपा गया था। श्री गणपत राय, श्री जमनादास मेहता एवं अन्य वकील सावरकर के बचाव पक्ष में तो बोल ही रहे थे, इसके अलावा वे बाकी अभियुक्तों की सहायता का काम भी कर रहे थे।

22 जून, 1948 को अदालत ने हम अभियुक्तों के खिलाफ आरोप लगाए। न्यायाधीश ने हममें से हरेक से पूछा कि हम पर लगाए गए आरोपों को हम सत्य के रूप में स्वीकार करते हैं या अस्वीकार? मदनलाल ने उन पर लगे आरोपों का खंडन एक लिखित बयान के रूप में किया, जिसमें उन्होंने कहा—

> *"मैं इस बात से इनकार करता हूँ कि महात्मा गांधी को नुकसान पहुँचाने की मैंने कभी कोई साजिश की या उक्त षड्यंत्र में मैं शामिल था। 20 जनवरी, 1948 की घटना केवल यह दिखाने के लिए की गई थी कि गांधीजी की मुसलिम समर्थक नीतियों और मुसलमानों की स्थिति का*

गांधीजी के द्वारा समर्थन के कारण देश में कितना असंतोष है, इसके अलावा कुछ नहीं।"

अपने आरोपों से इनकार करते हुए डॉ. परचुरे ने दावा किया कि वे ग्वालियर निवासी हैं और अभी ग्वालियर राज्य भारत की केंद्र सरकार में शामिल नहीं हुआ है और सरकार ने डॉ. परचुरे को हिरासत में लेने से पहले उनके खिलाफ कोई प्रत्यर्पण आदेश भी जारी नहीं किया था। ग्वालियर प्रशासन से उन्होंने कोई अनुमति भी नहीं ली।

सार्वजनिक मंत्रालय के प्रमुख श्री सी.के. दफ्तरी ने दिन के अंत में गांधी हत्याकांड का मामला शुरू करते हुए अदालत से घटनास्थल का दौरा करने की अनुमति माँगी। नाथूराम ने मना कर दिया। आप्टे, करकरे, मदनलाल और गोपाल (स्वयं) ने उस स्थान पर जाने की हमारी इच्छा का संकेत दिया, जबकि शंकर किस्तैया, डॉ. परचुरे और सावरकर ने घटनास्थल पर जाने में कोई रुचि नहीं दिखाई। घटनास्थल का दौरा 24 जून, 1948 की सुबह 10 बजे निर्धारित किया गया था।

हम जगह का अवलोकन इस दृष्टि से कर रहे थे कि हमारे खिलाफ अभियोजक यदि कोई आरोप साबित करने का प्रयास करे, तो हम अपने बचाव में जवाब दे सकें। पर हमें घटनास्थल पर ले जाना हमारे लिए एक बहुत ही मामूली सी सहायता थी; अधिवक्ता और वकील हमसे कहीं ज्यादा सक्षम थे। उन्होंने सोचा, चूँकि हम शायद षड्यंत्र में शामिल हैं, तो घटना की पृष्ठभूमि से हम घनिष्ठ रूप से जुड़े होंगे! लेकिन जैसे ही घटनास्थल हमारी आँखों के सामने आया, हमारे मन-मस्तिष्क पर उस घटना की कल्पना और स्थल हावी हो गया था।

यह (गांधी हत्याकांड) समय का एक ऐसा बिंदु था, जिस पर भारतीय इतिहास का एक अध्याय समाप्त हो गया, क्योंकि उस बिंदु पर इतने दशकों से देश के राजनीतिक जीवन पर हावी एक व्यक्ति की जीवनलीला समाप्त हो गई थी। वह स्थल एक ऐसी जगह थी, जहाँ शांतिप्रिय लोग जान जोखिम में डालकर आना पसंद करते थे। वह एक ऐसी जगह थी, जहाँ मुसलिम-हिंदू इकाई की झूठी धारणाओं के परिणामस्वरूप समाज खून से लथपथ था और लोग अपने खुले घाव और हृदय के गहरे दर्द को गांधीजी को दिखाने आते थे, ताकि वे विभाजन पीड़ितों की हजारों भयानक कहानियाँ उन्हें सुना सकें; जहाँ उन्हें उम्मीदें थीं कि उनके घावों से बहते खून की असहनीय पीड़ा की आवाज को कोई दुनिया तक पहुँचा पाएगा! लेकिन उसी जगह ऐसे लोग भी थे, जो स्वार्थी व चापलूस थे और गांधीजी के आसपास रहकर उन्हें विश्वास दिलाते थे कि उनकी अहिंसा की राजनीति पूरी तरह सफल

हो रही है और यह कि उस राजनीतिक क्रांति में एक बूँद भी खून नहीं बहाया गया है। यही वह जगह थी, जहाँ गांधीजी ने मौलाना आजाद से कहा था कि पाकिस्तान के जो शरणार्थी भारत आए हैं और जो उन मुसलमानों के घर रह रहे हैं, जो देश छोड़कर पाकिस्तान चले गए हैं, उन्हें भारत के हवाले किया जाना चाहिए और उनके भारत वापस आने पर उन मुसलमान परिवारों से मिलकर उनकी संपत्ति वापस लौटानी चाहिए। इसी मुद्दे और स्थिति पर गांधीजी ने अनशन कर, पाकिस्तान को 55 करोड़ के भुगतान को रोकने के अपने निर्णय को वापस लेने के लिए सरकार पर दबाव बनाने का प्रयास किया था। निष्कर्षतः इस स्थिति में गांधीजी की राजनीति विरोधी नीतियाँ सामने उभरकर आईं और आने वाले वर्षों में अपनी तुच्छ मुसलिम तुष्टीकरण की नीतियों को सफल बनाने के लिए हिंदुओं का आसानी से प्रयोग किया गया।

जैसे ही हमने घटनास्थल देखा, इतिहास फिर हमारी आँखों के सामने आ गया। अभी हाल ही में जो अतीत दिखाया गया था, वह उतना स्पष्ट और शांत नहीं था, जितना कि प्रस्तुत किया गया था। हमने महसूस किया कि माहौल मानो शहीदों के खून से लथपथ था, जिन्होंने राष्ट्र की स्वतंत्रता के लिए बलिदान दिया; उन निर्दोष लोगों का लहू भी था, जो देश के विभाजन के समय अमानवीय अत्याचारों का शिकार हुए; और यह भी महसूस हुआ कि गांधीजी की मृत्यु ने उस भयावह माहौल को और भी रक्तरंजित कर दिया था। कह सकते हैं कि कुल मिलाकर वहाँ का वातावरण भयावहता के चरमोत्कर्ष पर था, मानो खून का प्यासा-सा!

मुझे लगता है कि यह जो खून बहा, वह चिर-प्रतीक्षित राष्ट्रीय स्वतंत्रता को पाने का भुगतान था। उनकी जो हत्या हुई थी, उसका भुगतान हम आरोपियों के जीवन के बलिदान की माँग से संभावित था। चाहे वे यह कहते रहें कि इस स्वराज की प्राप्ति अहिंसा से हुई है और रक्तपात नहीं हुआ। ऐसा मानकर हमने अनिच्छा से हिंदुओं का अपमान किया और दुःख की बात है कि यह हिसाब भी नहीं दिया कि कितने लाख हिंदुओं का स्वतंत्रता-प्राप्ति में खून बहा है? वास्तव में, हम लालची और स्वार्थी राजनेताओं और उनके चापलूसों के दिन-ब-दिन झूठ बोलने के बहकावे में आ गए थे।

मुकदमा शुरू हुआ और अभियोजन पक्ष के साक्ष्यों के साथ शुरू हुआ। अभियोजन पक्ष का इरादा साजिश के संभावित दिनों की अवधि के दौरान अभियुक्तों का आपस में संबंध स्थापित करना था। नाथूराम गोडसे और नारायण आप्टे 'हिंदू राष्ट्र' अखबार के क्रमशः संपादक और सी.ई.ओ. थे। यह विवरण (डेटा) निर्विवाद

था। अभियोजन पक्ष ने प्रमाणित किया कि उन्होंने बंबई, ग्वालियर और दिल्ली की यात्रा साथ ही की थी। फिर उन्होंने नाथूराम के 17 जनवरी, 1948 और 20 जनवरी, 1948 के बीच नई दिल्ली स्थित 'होटल मरीना' में ठहरने का विवरण दिया और फिर 29–30 जनवरी, 1948 को दिल्ली जंक्शन के रेलवे स्टेशन के डिब्बे में ठहरने के बारे में बताया।

अभियोजन पक्ष ने यह भी आरोप लगाया कि करकरे, मैं (गोपाल गोडसे), मदनलाल पाहवा, दिगंबर बैज और शंकर किस्तैया ने 20 जनवरी, 1948 को मरीना होटल में मुलाकात की थी। लेकिन इस आरोप को सिद्ध करने के लिए उनके पास मुखबिर दिगंबर बड़गे के अलावा कोई सबूत नहीं था।

होटल मरीना का एक गवाह, जहाँ नाथूराम और आप्टे रुके थे, आपकी उपस्थिति दिखाने के लिए बनावटी सूची लेकर आया था।

एक टैक्सी ड्राइवर ने हमें (नाथूराम गोडसे, मुझे, नारायण आप्टे, विष्णु करकरे, दिगंबर बड़गे और शंकर किस्तैया को) 20 जनवरी, 1948 की दोपहर बिड़ला हाउस ले जाने और हम तीन साथियों को कनॉट प्लेस वापस लाने की गवाही दी।

अभियोजन पक्ष ने यह साबित करने के लिए कुछ गवाह पेश किए कि डॉ. परचुरे मूल रूप से ब्रिटिश भारत के थे, अर्थात् वह क्षेत्र, जिस पर राजाओं का शासन नहीं था। अभियोजन पक्ष यह साबित करना चाहता था, चूँकि डॉ. परचुरे ब्रिटिश भारत से थे, इसलिए उन्हें प्रत्यर्पण आदेश की आवश्यकता नहीं थी। एक और बात भी थी, ग्वालियर राज्य में 'आर्म्स एक्ट' था। यह साबित होने पर कि डॉ. परचुरे ग्वालियर से आए थे, डॉ. परचुरे पर 'एक्ट ऑफ आर्म्स' अधिनियम के तहत अपराध का आरोप नहीं लगाया जा सकता था।

यह साबित करने के लिए कि 20 जनवरी, 1948 के बाद भी षड्यंत्रकारी तब तक मिलते रहे, जब तक 30 जनवरी, 1948 को गांधीजी की हत्या नहीं हो गई, अभियोजन पक्ष ठाणे (महाराष्ट्र) से एक गवाह लाए थे, जिसने कहा कि इन 10 दिनों में मेरी, नाथूराम गोडसे, नारायण आप्टे और करकरे के बीच एक मुलाकात और बैठक हुई थी। एक साधारण सी बैठक किसी षड्यंत्र के अस्तित्व को प्रदर्शित नहीं कर सकती थी।

वीर सावरकर के खिलाफ सबूत और सावरकर द्वारा इनका खंडन बाद में किया गया है। अभियोजन पक्ष ने 149 गवाह पेश किए। उनका साक्ष्य 720 पृष्ठों का था।

फिर 8 नवंबर, 1948 को अभियुक्तों की अपनी बात कहने की बारी थी। अभियुक्त क्रमांक 1 नहीं, एक युग, नाथूराम विनायक गोडसे। नाथूराम एक विस्तृत विवरण प्रस्तुत करना चाहता था। श्री सी.के. दफ्तरी ने लंबा बयान देने पर आपत्ति जताई। विशेष न्यायाधीश ने उस आपत्ति को खारिज करते हुए कहा, "कहो नाथूराम! अपना बयान दो।" और नाथूराम गोडसे ने गूँजते शब्दों से शुरुआत की—

यदि आप कृपया, आपकी महिला :

□

भाग-1

चार्जशीट (आरोप-पत्र) का उत्तर

मैं, नाथूराम विनायक गोडसे, अभियुक्तों में प्रथम, सम्मानपूर्वक निम्नलिखित बातें पूछना चाहता हूँ—

1. विभिन्न आरोपों से संबंधित किसी निष्कर्ष पर पहुँचने से पहले मैं सम्मानपूर्वक आरोप लगाता हूँ कि मुझ पर लगाए गए आरोप कानूनों के इस हद तक खिलाफ हैं कि वे आपस में कोई संबंध भी नहीं रखते और मेरे अनुसार उनकी दो अलग-अलग जाँच होनी चाहिए; एक घटना 20 जनवरी, 1948 की और दूसरी 30 जनवरी, 1948 से संबंधित है। दोनों को मिलाना कानूनन दोष है।

2. चाहे मुझे लेकर जो भी निष्कर्ष निकाला गया है और जो आरोप पहले या बाद में लगाए गए हों; मैं बिना पूर्वग्रहों के यह बात कह रहा हूँ।

3. अभियुक्तों के खिलाफ मुख्य चार्जशीट पर भारतीय दंड संहिता व अन्य दंडनीय कानूनों के तहत व्यक्तिगत और सामूहिक रूप से कई आरोप, और यही नहीं, प्रत्येक संदिग्ध पर दोनों तरह के आरोप लगाए गए हैं।

4. चार्जशीट को देखकर लगता है कि अभियोजक का कार्यालय 20 जनवरी, 1948 को हुई घटना और 30 जनवरी, 1948 को हुई घटनाओं को एक ही मानता है, या फिर एक श्रृंखला के रूप में देखता है, जिसका उद्‌देश्य और समापन गांधीजी की मृत्यु से हुआ। परिणामतः मैं यह स्पष्ट करना चाहता हूँ कि 20 जनवरी, 1948 तक जो घटनाएँ हुईं, वे स्वतंत्र रूप से हुईं और उनका 30 जनवरी, 1948 की या उसके बाद हुई घटनाओं से कोई संबंध नहीं है।

5. सबसे पहला और सबसे महत्त्वपूर्ण आरोप गांधीजी की हत्या की साजिश रचने का है, इसलिए मुझे सबसे पहले इसे निपटाना चाहिए। मैं कहता हूँ कि चार्जशीट में आरोपियों पर उल्लिखित आरोपों में से किसी भी अपराध को करने की

साजिश में कोई आरोपी शामिल नहीं था। साथ ही, मैं घोषणा करता हूँ कि मैंने किसी भी आरोपी को कथित अपराध को अंजाम देने के लिए नहीं उकसाया।

6. मैं कहता हूँ कि अभियोजक के कार्यालय द्वारा दिए गए साक्ष्य किसी भी साजिश को स्थापित या साबित नहीं करते हैं। इकलौता इनसान, जो इस कथित साजिश के गवाह होने का दावा करता है, वह है दिगंबर आर. बड़गे (गवाह 57)। जज साहब! जब मैं अपने मामले में साक्ष्य या गवाह की व्याख्या करता हूँ, तो मैं इस गवाह (मुख्य साक्ष्य 57) पर विश्वास नहीं करता।

7. बिना लाइसेंस के संग्रहण एवं परिवहन प्रभार और मिलीभगत के संबंध में लगे आरोपों का मैं खंडन करता हूँ कि न ही मेरे पास गनपाउडर, चादरें, हथगोले, डेटोनेटर, फ्यूज, पिस्तौल या रिवॉल्वर, कारतूस आदि थे और न ही हथियार और गोला-बारूद हैं। मुझ पर ये आरोप गलत लगाए गए हैं। न ही मैंने किसी अन्य अभियुक्त को 20 जनवरी, 1948 को या अन्य तिथि की घटनाओं के लिए उकसाया या उनकी सहायता की। अत: मैं इस बात से इनकार करता हूँ कि मैंने इनमें से किसी भी भारतीय शस्त्र अधिनियम या विस्फोटक पदार्थ अधिनियम के प्रावधान का उल्लंघन किया है या उपरोक्त अधिनियमों का जो उल्लेख हुआ है, उसके तहत कोई दंडनीय अपराध किया है।

8. इस आरोप के संबंध में मुख्य गवाह दिगंबर आर. बड़गे (पी.डब्ल्यू. 57) हैं, लेकिन जैसाकि उपरोक्त अनुच्छेद 6 में कहा गया है, वे एक अविश्वसनीय गवाह हैं। यह गवाह, बड़गे (मुख्य साक्ष्य 57) को मैं जानता हूँ, लेकिन वे शायद ही कभी मेरे साथ आए और इतने वर्षों में मैं भी कभी उनके दिए पते पर उनसे मिलने गया। आपका यह कहना कि आप्टे, अभियुक्त क्रमांक 2 द्वारा बड़गे को 10 जनवरी, 1948 को 'हिंदू राष्ट्र' के कार्यालय में लाया गया, सरासर गलत है और मैं इस बात से भी इनकार करता हूँ कि बड़गे, आप्टे और मेरी मौजूदगी में 'हिंदू राष्ट्र' के कार्यालय में गन पाउडर, हथगोले इत्यादि की बंबई में सुपुर्दगी की कोई बात हुई थी। बड़गे का यह बयान कि आप्टे ने मुझे चौथे व्यक्ति को हथगोले देने और कहीं छोड़ने को कहा, पूरी तरह से झूठ है। बड़गे की कहानी मनगढ़ंत है और मुझे तथा अन्य लोगों को कथित साजिश में फँसाने के लिए है। मैं प्रमाणित करता हूँ कि मैंने 14 जनवरी, 1948 को बड़गे को न तो देखा और न ही दादर में अकेले या आप्टे के साथ मिला। मुझे तो यह भी मालूम नहीं था कि उस दिन बड़गे बंबई आया था!

9. मुझे तो मेरे पर लगाए गए आरोपों पर भी विश्वास नहीं होता कि जब मैं दिल्ली में था, मेरे पास हथियार या गोला-बारूद था! 20 जनवरी, 1948 की घटना

के लिए हथियार या गोला-बारूद रखने को उकसाया था, जैसाकि चार्जशीट के 'द्वितीय' अनुच्छेद (पैराग्राफ) बी (1) और (2) के अंतर्गत कहा गया है।

फिर जो इस आरोप का समर्थन करने वाले साक्ष्य से आ रहा है, वह बड़गे से ही है। और उसने जोर देकर कहा कि उसे षड्यंत्र का हिस्सा बनने के लिए काबिलियत का इम्तिहान भी देना पड़ा। यह बात वह केवल खुद को बचाने के लिए कह रहा है, क्योंकि केवल ऐसी स्थिति में ही उसे क्षमा मिलेगी, जिसका उसे वादा किया गया है और उसे मिल भी गई है।

10. 'तीसरे' शीर्षक के तहत आरोप के संबंध में, जोकि अनुच्छेद (पैराग्राफ) ए (1) और (2), और बी (1) और (2) में उल्लिखित आरोप और मिलीभगत की बात कही गई है, गलत हैं और मैं इन आरोपों को मानने से इनकार करता हूँ।

11. जहाँ तक अनुच्छेद (पैराग्राफ) 2 के 'चौथे' शीर्षक की स्थिति का संबंध है, मैं इस बात को मानने से इनकार करता हूँ कि मैंने मदनलाल के. पाहवा को 20 जनवरी, 1948 को बिड़ला हाउस में बम धमाका करने के लिए उकसाया था; या अपने किसी अन्य साथी से भड़कवाया था। इस बात का समर्थन करने के लिए कोई सबूत नहीं है और अगर कोई सबूत हो, तो भी मैं उन सबूतों को बम विस्फोट की घटना से नहीं जोड़ता।

12. चार्जशीट में 'पाँचवें' शीर्षक के तहत महात्मा गांधी के वध करने के प्रयास में षड्यंत्र रचने के आरोप को मैं अस्वीकार करता हूँ और मैं आपको विश्वास दिलाता हूँ कि मेरा मदनलाल के. पाहवा के साथ या अन्य किसी व्यक्ति के साथ प्रत्यक्ष या अप्रत्यक्ष रूप से कोई संबंध नहीं था। मैं कहता हूँ कि इस आरोप को सिद्ध करने के लिए कोई सबूत नहीं है।

13. जहाँ तक चार्जशीट के 'छठे' स्थान पर शीर्षक के अनुच्छेद (पैराग्राफ) (1) और (2) की स्थिति में इंगित आरोप का संबंध है, मैं यह स्पष्ट कर देना चाहता हूँ कि न ही मैंने लाइसेंस के बिना किसी पिस्तौल का आयात किया या लाया और न ही मैंने नारायण डी. आप्टे की मदद से गोला-बारूद खरीदा।

मैं इस बात से भी इनकार करता हूँ कि उल्लिखित पिस्तौल को व्यक्तिगत रूप से या सेट (जोड़े में) में मैंने डॉ. दत्तात्रेय एस. परचुरे और नारायण डी. आप्टे ने प्राप्त किया। न मैं हथियार पाने को आतुर था और न ही उन्होंने मुझे उकसाया।

न तो मुझे और न ही उन्हें हथियार प्राप्त करने के लिए उकसाया गया था। वैसे ही मैं घोषणा करता हूँ कि अभियोजक के कार्यालय द्वारा प्रस्तुत साक्ष्य विश्वसनीय नहीं हैं। उपरोक्त के प्रति बिना किसी पूर्वग्रहों के, मैं मानता हूँ कि भले ही अनुच्छेद

(पैराग्राफ) ए (1) और (2) में उल्लिखित कृत्य किया गया है, लेकिन यह बात माननीय न्यायालय का कोई अधिकार क्षेत्र नहीं है, इसीलिए इस बात पर ध्यान देने की आवश्यकता नहीं है। मुझे चिंता इस बात की है कि उस कृत्य को अनुच्छेद (पैराग्राफ) बी (1) के साथ जोड़ दिया है।

14. अनुच्छेद (पैराग्राफ) बी (1) और (2) में स्थिति के संबंध में, मैं मानता हूँ कि मेरे पास स्वचालित पिस्तौल संख्या-606824 और इसके कारतूस थे। लेकिन मेरे पास जो हथियार था, उसका न तो नारायण डी. आप्टे और न ही विष्णु आर. करकरे से कोई लेना-देना था।

15. [Offence word is more suitable than office. Translated as per the context.] लेकिन 'सातवें' शीर्षक के अंतर्गत आरोप को मानने से पहले मेरी यह बात कदापि अनुचित न होगी कि मैं बताऊँ कि मैं कैसे पहुँचा और क्यों? यह बात कभी भी छुपी हुई नहीं थी कि जिस विचारधारा का मैं समर्थन करता हूँ, वह गांधीजी की विचारधारा के विरुद्ध थी। मैं दृढ़ता से यह बात मानता हूँ कि पूर्ण 'अहिंसा' की शिक्षा, जिसका समर्थन गांधीजी करते थे, दीर्घकाल (आने वाले समय में) में हिंदू समुदाय के लिए निष्प्रभावी हो जाती और अन्य समुदायों द्वारा आक्रमण या घुसपैठ का विरोध करने के लिए हिंदू असमर्थ हो जाते, खासकर मुसलमान का विरोध करने के लिए। इसी बुराई का प्रतिकार करने के लिए मैंने सार्वजनिक जीवन में प्रवेश का संकल्प लिया और ऐसे लोगों के साथ एक समूह बनाया, जिनका दृष्टिकोण मेरे जैसा था। इसमें मैंने और आप्टे ने पहल की और हमने 'अग्रणी' अखबार से शुरुआत की। मेरा और मेरे समूह का गांधीजी की अहिंसा की शिक्षा का इतना विरोध, लेकिन गांधीजी जब भी किसी विषय पर अपने विचार रखते तो वे हमेशा मुसलमानों के प्रति पक्षपात को स्पष्ट करता, जोकि हिंदू समुदाय और उसके हितों के लिए हानिकारक था। मैंने इस बात का विस्तार से वर्णन किया है और विभिन्न उदाहरणों को उद्धृत किया है, जो निस्संदेह इस बात को सिद्ध करते हैं कि जो अनगिनत आपदाएँ हिंदू समुदाय को झेलनी और सहनी पड़ीं, उसके लिए गांधीजी किस प्रकार जिम्मेदार थे।

16. मैंने अपनी पत्रिका 'अग्रणी' या 'हिंदू राष्ट्र' में हमेशा गांधीजी की दृष्टि और उनके तरीकों की आलोचना की। जैसे अपने लक्ष्य को प्राप्त करने के लिए अनशन। मैंने और आप्टे ने यह निर्णय लिया कि जब गांधीजी प्रार्थना सभा शुरू करेंगे, तब हम शांतिपूर्ण तरीके से विरोध जताने के लिए प्रदर्शन करेंगे। हमने ऐसा प्रदर्शन पंचगनी, पूना, बॉम्बे और दिल्ली में किया। दोनों विचारधाराओं के बीच एक

बड़ी खाई थी और वह खाई और भी बड़ी होती गई, जब मुसलमानों को बहुत सी रियायतें दी गईं। ये सबकुछ या तो गांधीजी के सुझाव से होता या उनकी सहमति से या गांधी निर्देशित कांग्रेस द्वारा, जिसका परिणाम और समापन 15 अगस्त, 1947 को देश के विभाजन से हुआ। मैं इस विषय को आगे विस्तार से संबोधित करूँगा। 13 जनवरी, 1948 को मुझे पता चला कि गांधीजी ने मरते दम तक उपवास जारी रखने का फैसला किया था। उपवास का कारण यह बताया गया था कि वे चाहते थे कि भारतीय शासन में हिंदू-मुसलिम एकता की गारंटी (आश्वासन) हो। लेकिन मैं और मेरे अन्य साथी भलीभाँति जानते थे कि इस उपवास के पीछे असली मकसद क्या था! वे हिंदू-मुसलिम एकता नहीं, बल्कि सरकार को पाकिस्तान को 55 करोड़ रुपए की राशि का भुगतान करने के लिए मजबूर करें, जिसे उन्होंने स्वयं ही पहले सशक्त रूप से अस्वीकार कर दिया था। इसके जवाब में आप्टे ने गांधीजी की प्रार्थना सभाओं में एक ऊर्जावान, लेकिन शांतिपूर्ण प्रदर्शन का सुझाव दिया। उसकी निरर्थकता की सच्चाई को देखते हुए भी मैं बिना ज्यादा उत्साह के इस बात के लिए राजी हो गया। मैं उसके साथ प्रार्थना सभा की योजना में शामिल होने के लिए सहमत हो गया, क्योंकि मेरे पास कोई अन्य योजना नहीं थी। यही वजह थी कि मैं और एन.डी. आप्टे 14 जनवरी, 1948 को बंबई आए थे।

17. 15 जनवरी, 1948 की सुबह हम, अर्थात् आप्टे और मैं दादर में 'हिंदू सभा' के कार्यालय गए। मैंने वहाँ बड़गे को देखा। हमें देखकर बड़गे ने एन.डी. (नारायण दत्तात्रेय आप्टे) से बंबई आने का कारण पूछा, जिसका जवाब आप्टे ने दे दिया। बड़गे ने स्वयं ही दिल्ली आकर रैली में शामिल होने की पेशकश की, यदि हमें आपत्ति नहीं थी तो! हमें भी समर्थन और नारे लगाने के लिए लोग चाहिए थे; इसीलिए हमने बड़गे का रैली में शामिल होना स्वीकार कर लिया और हमने बड़गे को बता दिया कि हम रैली में कब शामिल होंगे। पर बड़गे ने आप्टे को बताया कि उसे प्रवीण चंद्र सेठिया को कुछ वस्तुएँ देनी हैं, जो वह एक-दो दिनों में दे देगा और उसके बाद 17 जनवरी, 1948 को हमसे मिलेगा।

18. 15 जनवरी, 1948 को 'हिंदू सभा' के कार्यालय में मिलने के बाद मैंने बड़गे को 17 जनवरी, 1948 की सुबह देखा।

19. बड़गे द्वारा दिए गए बयान, कि हम दीक्षितजी महाराज के साथ गए और आप्टे को बताया कि सावरकरजी ने हमें गांधीजी, पं. जवाहरलाल नेहरू और सुहरावर्दी को खत्म करने का जिम्मा सौंपा था, स्पष्ट रूप से मनगढ़ंत है और बड़गे के दिमाग की उपज है। न ही आप्टे ने और न ही मैंने बड़गे या किसी और को ऐसा

कुछ कहा था। मैं अभियोजक के कार्यालय के झूठे दावे से स्पष्ट रूप से इनकार करता हूँ कि मेरा आचरण वीर सावरकर द्वारा निर्देशित था और यदि सावरकर से मेरी मिलीभगत न होती तो मैं यह कृत्य कभी न करता, जो मैंने किया। मैं इस आरोप को अपवाद, झूठा और अनुचित मानता हूँ तथा अपनी बुद्धि और निर्णय क्षमता के अपमान के रूप में देखता हूँ। यह सिद्ध करने का प्रयास करना कि मैं और कुछ नहीं, किसी और के हाथों की कठपुतली हूँ, शर्म और अपमान की बात है और इस आरोप को मैं सच्चाई से कोसों दूर मानता हूँ; वास्तव में, यह मेरी बदनामी है और मेरे कृत्य की गलत व्याख्या है।

20. बड़गे का यह बयान भी सच्चाई से दूर है कि मैं 15 जनवरी, 1948 से पहले अपने भाई गोपाल गोडसे से मिलने पुणे जाना चाहता था, क्योंकि मैं उनसे पिस्तौल (रिवॉल्वर) प्राप्त करना चाहता था, जिनका प्रबंध करने का जिम्मा मैंने उन्हें दिया हुआ था। और वही पिस्तौल मैं बॉम्बे से दिल्ली लाना चाहता था, भी एक झूठ है। मैंने 15 जनवरी, 1948 को बड़गे से कोई बात नहीं की, सिवाय उसके, जो मैंने अनुच्छेद (पैराग्राफ) 17 में कहा है और बड़गे का यह बयान कि 16 जनवरी, 1948 को हम पूना में मिले थे, भी उतना ही झूठा है। मेरी उनसे पूना में हुई बातचीत की रिपोर्ट भी झूठी है। 16 जनवरी, 1948 को मैं पूना में था ही नहीं। यह बात भी आगे स्पष्ट हो जाएगी कि उस दिन मुझे बड़ी बंदूक के बदले पिस्तौल नहीं दी गई थी।

21. मैं पहले ही कह चुका हूँ कि हम, अर्थात् मैंने और आप्टे ने एक ऊर्जावान, लेकिन शांतिपूर्ण प्रदर्शन करने की योजना बनाई थी और हम गांधीजी की प्रार्थना सभा में जाने के लिए जल्द-से-जल्द दिल्ली पहुँचना चाहते थे; जैसाकि अनुच्छेद (पैराग्राफ) 17 में कहा गया है कि बड़गे पूर्वोक्त प्रदर्शन का हिस्सा बनना चाहते थे। हमें सफल होने के लिए साथ में कुछ और स्वयंसेवकों को लाने की जरूरत महसूस हुई। दिल्ली के लिए निकलने से पहले हमने यात्रा और स्वयंसेवियों के मूलभूत खर्चों के लिए पैसा इकट्ठा करना शुरू किया।

22. मैं इस बात से दृढ़ता से इनकार करता हूँ कि 17 जनवरी, 1948 को हम सावरकरजी से मिले थे या उन्होंने हमें इन शब्दों में आशीर्वाद दिया कि 'यशस्वी होऊन या' (सफल होकर वापस आना)। उसी तरह मैं इस बात से भी स्पष्ट इनकार करता हूँ कि मैंने बड़गे से कोई बात की या आप्टे या मैंने निम्नलिखित शब्द कहे हैं—'तात्यारवाणी ने ऐसे भविष्य केले आहे की गांधीजिची शंभर वर्षे भरली—आता आपले कम निश्चय होणार, यात् कहीं संशय नाही।' (अर्थात् तात्यारवाणी ने यह

भविष्यवाणी की है कि गांधीजी के सौ साल पूरे हो चुके हैं और अब अपना काम निश्चित ही होगा, अब इसमें कोई संदेह नहीं है। इसके बाद हम—मैं और आप्टे 15 जनवरी, 1948 को बड़गे से दादर के 'हिंदू सभा कार्यालय' में मिले और प्रेस से संबंधित हमारा व्यवसाय आज भी जारी है।)

23. आप्टे और मैंने 17 जनवरी, 1948 को दिल्ली के लिए उड़ान भरी और हम मरीना होटल में रुके थे। 20 जनवरी, 1948 की सुबह बड़गे होटल पहुँचे और मेरी उपस्थिति में आप्टे को सूचित किया कि वह और उसका नौकर किस्तैया दोपहर को प्रार्थना की जगह केवल वह मंच देखने जाएँगे, जहाँ धरना-प्रदर्शन होगा। मैं सिर में तेज दर्द महसूस कर रहा था, इसलिए मैं बिस्तर पर लेटा हुआ था और मैंने बड़गे से कहा कि शायद मैं नहीं जा पाऊँगा। बड़गे के निम्नलिखित सभी कथन गलत हैं कि—

- आप्टे, गोपाल गोडसे, करकरे, मदनलाल, बड़गे और उनके नौकर शंकर मरीना होटल में मिले।
- शंकर और बड़गे ने वहाँ खाना खाया।
- गोपाल गोडसे को रिवॉल्वर की मरम्मत करते पाया गया।
- आप्टे, करकरे, मदनलाल और बड़गे बाथरूम में गए और वहाँ जाकर डेटोनेटर, वायर फ्यूज ठीक किए और हथगोलों तथा गनपाउडर चादरों को प्राइमर लगाया और हथियारों का इंतजाम देखा तथा मैं और शंकर शयनकक्ष के दरवाजे पर चौकन्ने होकर खड़े थे।
- ये शब्द बड़गे ने झूठ कहते हुए मेरे मुँह में डाले हैं—'बड़गे! यह हमारा आखिरी प्रयास है, काम पूरा होना चाहिए। यह देखें कि सारी व्यवस्था ठीक है!'

मैं इनकार करता हूँ कि मैंने बड़गे को उस दिन या किसी और दिन ऐसा कुछ कहा। जैसाकि मैंने पहले भी कहा कि बड़गे सुबह मेरे कमरे में आया और उसने मुझे सूचित किया कि वह गांधीजी की दोपहर की प्रार्थना सभा में भाग लेगा। उस दिन हमारी मेरे कमरे में कोई बैठक नहीं हुई, जैसाकि बड़गे ने अपने बयान में कहा है। जहाँ तक मुझे पता है, गोपाल गोडसे दिल्ली में भी नहीं थे। कमरे में किसी ने किसी हथियार का जायजा नहीं लिया; न कोई डेटोनेटर, न वायर फ्यूज ठीक किए और न ही हथगोलों और गनपाउडर चादरों को प्राइमर लगाया गया। वास्तव में, ऐसा कोई हथियार मेरे या आप्टे के पास था ही नहीं। समूहों के बीच गोला-बारूद, हथियार आदि के वितरण का सजीव वर्णन और चोर की 'पहचान' का आरोप मिथ्या है।

आपको इनके साक्ष्य पर चर्चा करने और दिखाने की आवश्यकता नहीं है। मेरे वकील आपके सभी बयानों को अपने कार्यालय में झूठा साबित करेंगे।

24. जैसाकि मैंने पहले कहा, गंभीर सिरदर्द से अस्वस्थ, मैं प्रार्थना सभा की भूमि तक गया ही नहीं। आप्टे मरीना होटल तकरीबन शाम 6 बजे तक वापस आ गए और उन्होंने मुझे सूचित किया कि उन्होंने एक बैठक करने का विचार किया है और वे उस बैठक की अध्यक्षता करने को तैयार थे।

एक-दो दिन में रैली निकालो। लगभग एक घंटे के बाद हमने सभास्थल पर विस्फोट के कारण हंगामा सुना और बाद में हमें एक शरणार्थी की गिरफ्तारी के बारे में पता चला। आप्टे ने कहा कि दिल्ली छोड़ना बुद्धिमानी है; नतीजतन जल्द ही हम दिल्ली से चले गए। यह बिल्कुल सच नहीं है कि 20 जनवरी, 1948 को मैं 'हिंदू सभा' भवन में बड़गे से मिला। कई गवाहों ने मुझे 20 जनवरी, 1948 को बिड़ला हाउस में देखने का दावा किया, लेकिन मैं दृढ़ता से कहता हूँ कि उनका ऐसा कहना गलत था। उन्होंने किसी और को देख उसे मेरी उपस्थिति समझा। जब मैं तुगलक रोड पुलिस स्टेशन में था तो पुलिस ने कुछ गवाहों से मेरी पहचान करवाई। यही नहीं, 12 फरवरी, 1948 तक मैंने जो सिर पर पट्टी बाँध रखी थी, उससे मुझे पहचानना आसान था। पुलिस गवाह है कि उन्होंने झूठी गवाही दी; मैंने बंबई में चले पहले पहचान के दौर में उपस्थित गवाहों के खिलाफ शिकायत दर्ज की है।

25. दिल्ली में गांधीजी की प्रार्थना सभा में प्रदर्शन की योजना का विश्लेषण करने के बाद मैं बड़ी अनिच्छा से श्री आप्टे के साथ जाने को सहमत हुआ। इस नई स्थिति के तहत बंबई और पूना से सक्षम और इच्छुक स्वयंसेवक पाना संभव नहीं था। दूसरी ओर, हमारा राशि-कोष रिक्त होता जा रहा था। हम बंबई से स्वयंसेवकों के एक समूह को दिल्ली लाने पर और फिर वापस ले जाने का खर्च उठाने की स्थिति में नहीं थे। इसलिए हमने ग्वालियर में डॉ. परचुरे से मिलने जाने का विकल्प चुना, जिनके पास 'हिंदू राष्ट्र सेना' के स्वयंसेवक थे। स्वयंसेवकों को ग्वालियर से दिल्ली लाने का यह एक सस्ता विकल्प था। 27 जनवरी, 1948 को हम विमान से दिल्ली पहुँचे। फिर हमने रात की ट्रेन ली, जो हमें सुबह जल्दी ग्वालियर पहुँचा देती। हम स्टेशन के पास एक धर्मशाला में रुके। उस समय बहुत अँधेरा था। सुबह हमने डॉ. परचुरे के आवास पर उनसे मुलाकात की। उनको डिस्पेंसरी जाने की जल्दी थी।

डॉ. परचुरे ने हमें दोपहर को मिलने के लिए कहा। तकरीबन शाम 4 बजे हमें पता चला कि वे हमारी मदद नहीं कर सकते, क्योंकि उनके स्वयंसेवक स्थानीय मामलों में व्यस्त थे। पूरी तरह निराश होकर मैंने कहा कि मैं बंबई या पूना जाना

चाहता हूँ और वहाँ स्वयंसेवक ढूँढ़ने की कोशिश करता हूँ। मैं वापस दिल्ली यह बताकर आया कि मैं स्वयं दिल्ली के शरणार्थियों के बीच स्वयंसेवा करने का प्रयास करूँगा। मैं स्पष्ट रूप से और दावे के साथ कहता हूँ कि श्री आप्टे और मैं रिवॉल्वर या पिस्टल लेने के लिए ग्वालियर नहीं गए थे, क्योंकि पिस्तौलें गुप्त रूप से मुहैया कराई जाती थीं। जब मैं दिल्ली पहुँचा तो अत्यंत निराश था। मैंने शरणार्थी शिविरों का दौरा किया। जैसे ही मैं खेतों से गुजरा, मेरे विचारों ने एक अंतिम और निर्णायक मोड़ ले लिया। मेरा भाग्य अच्छा था कि मुझे एक ऐसा शरणार्थी मिल गया, जो हथियारों का सौदा करता थ। उसने मुझे पिस्तौल दिखाई। मैं खुद को रोक नहीं सका; मैं वह पिस्तौल पाने को ललचा रहा था और उसकी मदद भी हो जाएगी, यह सोचकर मैंने उससे पिस्तौल खरीद ली। यह वही पिस्तौल थी, जिसे मैंने बाद में गांधीजी पर चलाने के लिए इस्तेमाल किया था। जब मैं 29 को दिल्ली रेलवे स्टेशन वापस आया तो मैंने पूरी रात वर्तमान समय में हिंदुओं का विनाश होने का जो सिलसिला चल रहा है; जो अराजकता फैली हुई है, उसका अंत करने के अपने संकल्प पर चिंतन-मनन किया। अब मैं विस्तार से अपने और वीर सावरकर के राजनीतिक संबंधों और अन्य मुद्‌दों पर चर्चा करूँगा, जिनका आरोप लगाने वाले पक्षों ने इतना उल्लेख किया है।

26. चूँकि मेरा जन्म एक धर्मनिष्ठ ब्राह्मण परिवार में हुआ है तो हिंदू धर्म, उसके इतिहास और उसकी संस्कृति को मैंने सहज रूप से अपनाया। मैंने हिंदू धर्म पर पूर्ण रूप से गर्व किया। हालाँकि जैसे-जैसे मैं बड़ा हुआ, बड़े होकर मैंने अबाध स्वतंत्र सोच की प्रवृत्ति विकसित की, जो किसी भी राजनीतिक या धार्मिक अंधविश्वासी के प्रति निष्ठा नहीं रखती थी। इसलिए मैंने अस्पृश्यता और विशेष रूप से जन्म पर आधारित जाति व्यवस्था जैसी सामाजिक बुराइयों के उन्मूलन के लिए सक्रिय रूप से कार्य किया। मैं सार्वजनिक रूप से जाति-विरोधी आंदोलनों में शामिल हुआ और मैंने इसका तर्क दिया कि सभी हिंदुओं को समान दर्जा देते हुए एक समान सामाजिक और धार्मिक अधिकार दिए जाने चाहिए, और पेशों तथा व्यवसायों में योग्यता के अनुसार उच्च या निम्न पद दिया जाना चाहिए, न कि जन्म के आधार पर, फिर चाहे किसी भी जाति के हों। मैं कई रात्रिभोज आयोजनों में हिस्सा लेता था, जिसमें हजारों हिंदू, ब्राह्मण, क्षत्रिय, वैश्य, शमारे और बंगुई अपने जाति के नियमों की बेड़ियों को तोड़कर एक-दूसरे के सान्निध्य में भोजन करते थे।

27. मैंने दादाभाई नौरोजी, विवेकानंद, गोखले और तिलक की रचनाएँ पढ़ी हैं। साथ ही भारत तथा अन्य देशों, जैसे—इंग्लैंड, फ्रांस, संयुक्त राज्य अमेरिका और रूस का प्राचीन और आधुनिक इतिहास भी पढ़ा है। इतना ही नहीं, मैंने समाजवाद

और साम्यवाद के सिद्धांतों का काफी अध्ययन किया है। लेकिन इससे भी ज्यादा मैंने बारीकी से उसका अध्ययन किया है, जिसके बारे में वीर सावरकर और गांधीजी ने लिखा और बोला है। मेरे लिए इन दो विचारधाराओं ने आधुनिक भारत के विचार और कार्यों को पिछले तकरीबन पचास वर्षों को आकार दिया है।

28. उपरोक्त किए गए पठन और विचारों ने ही मुझे ऐसा विश्वास करने के लिए प्रेरित किया है कि हिंदू धर्म और हिंदुओं की सेवा को ही अपना सर्वोपरि कर्तव्य मानूँ; एक देशभक्त के रूप में और एक मानवतावादी के रूप में भी। क्या यह सच नहीं कि स्वतंत्रता सुनिश्चित करना और उनके हितों की रक्षा करना मानव जाति के पाँचवें हिस्से का कल्याण करने के समान है? इसी संकल्प और दृढ़ विश्वास ने स्वाभाविक रूप से मुझे नए हिंदू संघ की विचारधारा और कार्यान्वयन के लिए खुद को समर्पित करने को प्रेरित किया। मुझे विश्वास हो गया कि इस विचारधारा के प्रति मेरा समर्पण ही हिंदुस्तान को जीत दिलवा सकता है और उसकी राष्ट्रीय स्वतंत्रता को सुरक्षित रख सकता है। वही हिंदुस्तान, जो मेरी मातृभूमि है और इसी तरह का समर्पण आपको मानवता की सच्ची सेवा प्रदान करने में सक्षम बनाता है।

29. मैंने कई वर्षों तक राष्ट्रीय स्वयंसेवक संघ (आर.एस.एस.) में काम किया और बाद में 'हिंदू महासभा' से स्वयं को जोड़ लिया। और फिर स्वेच्छा से अखिल हिंदू ध्वज के नीचे सैनिक के रूप में हिंदुत्व और हिंदुस्तान के लिए लड़ने को कटिबद्ध हो गया। इस समय वीर सावरकर को 'हिंदू महासभा' का अध्यक्ष बनाया गया था। उनके चुंबकीय व्यक्तित्व, करिश्माई नेतृत्व और प्रचार-प्रसार के तरीकों के तहत हिंदू संघ आंदोलन ने अभूतपूर्व जुनून से जोर पकड़ा और पुनः जीवंत हो गया। लाखों हिंदू संघों ने उन्हें हिंदू नायक के रूप में चुना। सावरकर को उन्होंने हिंदू उद्धार सक्षम रक्षक भी माना और हिंदू धर्म का निष्ठावान सेवक भी। मैं भी उनमें से एक था। मैंने महासभा की गतिविधियों में समर्पण के साथ काम किया और इस प्रकार मैं सावरकरजी के सान्निध्य में आया।

30. बाद में, हिंदोद्धार में मेरे मित्र व सहयोगी, श्री आप्टे और मैंने हिंदू संघ आंदोलनों को समर्पित एक अखबार शुरू करने का फैसला किया। हम अनेक प्रसिद्ध और प्रमुख संघ हिंदू नेताओं से मिले और उनसे सहानुभूति और आर्थिक सहयोग प्राप्त करने के बाद हम महासभा के अध्यक्ष वीर सावरकर से मिले। हमारे अखबार शुरू करने की परियोजना से सहानुभूति दिखाते हुए सावरकरजी ने हमें पंद्रह हजार रुपए की अग्रिम राशि पूँजी के रूप में इस शर्त पर दी कि हमारी यह कंपनी एक 'सीमित देयता कंपनी' होकर, अर्थात् अपने उद्देश्य को ध्यान में रखते हुए

हमारी सुविधानुसार पंजीकृत होगी और वह अग्रिम राशि को बड़ी मात्रा में लाभ में परिवर्तित करने का प्रयास किया जाएगा।

31. परिणामत: हमने मराठीभाषी 'दैनिक अग्रणी' शुरू किया और एक अवधि के बाद इसे एक सीमित देयता कंपनी के रूप में पंजीकृत किया गया था। वीर सावरकर और अन्य लोगों से प्राप्त अग्रिम राशि को 500 रुपए के प्रत्येक लाभांश के रूप में परिवर्तित किया। वे सभी लोग, जिन्होंने अखबार के लिए अग्रिम राशि दी, वे अत्यधिक महत्त्वपूर्ण और सम्माननीय थे, जैसे—सेठ गुलाब चंद (श्रीमन सेठ, सज्जन वालचंद हीराचंदजी के भाई), श्री शिंगरे, भोर के पूर्व मंत्री, श्रीमन भालजी पेंढारकर, कोल्हापुर के दिग्गज (फिल्म निर्माता) आदि बड़े-बड़े लोग।

आप्टे और मैं कंपनी के सी.ई.ओ. थे। मैं अखबार में राजनीति की समाचार श्रेणी के लिए जिम्मेदार संपादक था। कई वर्षों तक हमने कड़े संवैधानिक दिशा-निर्देशों के तहत अखबार चलाया, जिसमें हमने आमतौर पर हिंदू संघ की नीतियों का समर्थन व प्रचार किया।

32. इस समाचार-पत्र के प्रेस के प्रतिनिधि के रूप में मैं और श्री आप्टे वीर सावरकर सदन की भूतल मंजिल के केंद्रीय कार्यालय के कमरे में पहुँचे।

यह कार्यालय उनके (सावरकर) के सचिव श्री दामले के अधीन था। उनके अंगरक्षक थे श्री अप्पा कसार। हम उनके कार्यालय, वीर सावरकर द्वारा दिए गए प्रेस वक्तव्यों की प्रति उनके सचिव श्री जी.वी. दामले से लेने गए थे। वक्तव्य, जैसे—राष्ट्रपति के दौरों की रिकॉर्डिंग, साक्षात्कार आदि। इन वक्तव्यों को प्रेस में जारी करने के अधिकार उनके सचिव के पास थे। 'फ्री हिंदुस्तान' साप्ताहिक के संपादक श्री ए.एस. भिडे भी सावरकर के परिवार के साथ उसी भूतल मंजिल पर दो कमरों के एक सेट में किराएदार के रूप में रहते थे। 'सावरकर सदन' जाने का मेरे और आप्टे का दूसरा कारण हिंदू सभा कार्यकर्ताओं से मिलने जाना था, जैसे—श्रीमती भिडे, श्री दामले, श्री कासार आदि, जो बैठक के लिए हिंदू सभा कार्यालय में आते थे और हमारे मित्र भी थे। वे सावरकर से मिलने जाते थे। जब हम बंबई में थे, तो हम हर बार इन मित्रों से बातचीत करने वहाँ जाते थे। कभी-कभी हम उनसे हिंदू संघ के कार्यों की चर्चा करते थे। कुछ ने हमारे अखबार के लिए विज्ञापन दिलाने में हमारी मदद की थी।

33. लेकिन इस बात पर सबका ध्यान लाना आवश्यक है कि 'सावरकर सदन' की हमारी यात्राएँ अधिकतर उनके भूतल वाले हिंदू संघ के कार्यालय तक ही, उपरोक्त कारणों के लिए होती थीं। वीर सावरकर घर की पहली मंजिल पर रहते थे।

उस समय वीर सावरकर का व्यक्तिगत रूप से साक्षात्कार लेना दुर्लभ ही था और अगर लेना होता था, तो भी उसके लिए विशेष समय लेना पड़ता था।

34. लगभग तीन वर्ष पूर्व वीर सावरकर का स्वास्थ्य अचानक गंभीर होते हुए बिगड़ने लगा, मानो उन्होंने बिस्तर पकड़ लिया! उसके बाद उन्होंने अपनी सभी सार्वजनिक गतिविधियों को स्थगित कर दिया और कमोबेश सार्वजनिक जीवन से सेवानिवृत्त हो गए। उनके साहसी नेतृत्व और करिश्माई प्रभाव से वंचित हिंदू महासभा की गतिविधियाँ और उसका प्रभुत्व दोनों ही भंग होने लगे। और जब तक डॉ. मुखर्जी महासभा के अध्यक्ष बनते, तब तक हिंदू महासभा की स्थिति कांग्रेस का नौकर बनने की हो गई थी। वह सचमुच चालबाज गांधी और दूसरी तरफ मुसलिम लीग की खतरनाक गतिविधियों का मुकाबला करने में असमर्थ हो गई थी। यह देखकर मैं हिंदू महासभा की संवैधानिक नीतियों की दक्षता में विश्वास खो चुका था और स्वयं के विश्वासों और विचारधाराओं के लिए खड़ा होने लगा था। संविधान के तहत हिंदू संघ आंदोलन का नेतृत्व किया, के कानून और अपने लिए खड़ा होने लगा था। मैं इस बात के लिए प्रतिबद्ध था कि मैं संघ हिंदुओं का एक युवा दल संगठित कर एक ऐसा कार्यक्रम अपनाऊँगा, जो कांग्रेस और लीग, दोनों का मुकाबला करेगा और मैं किसी और महत्त्वपूर्ण लोगों के नहीं, बल्कि महासभा के पुराने नेताओं के परामर्श के अनुसार उनका मुकाबला करूँगा।

35. यहाँ मैं कई आश्चर्यजनक उदाहरणों में से एक का उल्लेख करना चाहता हूँ, जिसने मुझे बहुत तकलीफ पहुँचाते हुए मेरी आँखें खोलीं। यह वही समय था, जब इस सच्चाई से मैंने आँख मिलाई कि वीर सावरकर और महासभा के अन्य वरिष्ठ नेता युवा हिंदुओं को देश व हिंदुत्व के लिए प्रेरित करने में मुझ पर और मेरी योजनाओं पर विश्वास नहीं करते। यही नहीं, यहाँ तक कि वे गांधीजी की आंतरिक गतिविधियों और मुसलिम लीग की विदेश में हो रही गतिविधियों का मुकाबला करने की इच्छाओं और योजनाओं से सहानुभूति तक नहीं रखते। 1946 में या उसके आसपास, नोआखाली में सुहरावर्दी शासन के अंतर्गत मुसलमानों द्वारा हिंदुओं पर अत्याचार को बढ़ावा मिल रहा था। यह सुनकर हमारा खून खौल गया। गांधीजी को सुहरावर्दी की रक्षा करते हुए उसे 'शाहिद साहब—एक शहीद आत्मा' से संबोधित करने पर हमें अपने पर शर्म आई और आक्रोश की कोई सीमा नहीं रही थी। अपनी प्रार्थना सभाओं में भी वे सुहरावर्दी के लिए 'शहीद साहब' और 'शहीद आत्मा' कहकर ही संबोधित करते रहे। केवल इतना ही नहीं, बल्कि दिल्ली आने पर गांधीजी ने अपनी प्रार्थना सभाएँ एक हिंदू मंदिर में आयोजित करनी शुरू कर दीं और वहाँ

के स्थानीय हिंदुओं के विरोध के बावजूद, कुरान के कुछ हिस्सों को पढ़ना अपनी प्रार्थनाओं का हिस्सा बना लिया। बेशक मुझे नहीं मालूम कि मुसलिम विरोध होने के बावजूद उन्होंने (गांधीजी) कभी मसजिद में गीता पढ़ने का साहस दिखाया था या नहीं? मुझे बस इतना पता है, अगर गांधीजी यह हिम्मत दिखाते तो मुसलमानों की भयानक प्रतिक्रिया का पात्र अवश्य बनते। खैर, वे सहिष्णु हिंदुओं की भावनाओं को बिना खतरे के कुचल सकते थे। शायद आप विश्वास न करें, लेकिन मैं यह बात सिद्ध करने के लिए दृढ़ संकल्पित था कि यदि हिंदू के आत्मसम्मान को ठेस लगाई जाए तो वह भी असहिष्णु हो सकता है।

36. श्रीमान आप्टे और मैंने गांधीजी की प्रार्थना सभाओं में इस तरह कुरान के हिस्सों को पढ़ने के विरुद्ध लगातार, क्रम से विरोध प्रदर्शन की ठानी, ताकि ऐसी प्रार्थनाएँ रोकी जा सकें। शरणार्थियों के एक उत्साही वर्ग के साथ श्री आप्टे ने गांधी और सुहरावर्दी के विरोध में एक जुलूस निकाला, जो भंगी कॉलोनी में सभा करने पहुँचे थे। गांधीजी ने चालाकी से पहरेदारों द्वारा पहरा दिए जाने के बाद गेट के पीछे शरण ली, मानो हम बलपूर्वक उन्हें कोई नुकसान पहुँचाना चाहते हों! शाहिद के विरोध में एक जुलूस निकाला सुहरावर्दी ने, जो भंगी कॉलोनी में प्रार्थना करने के लिए सभा में पहुँचे थे। गांधीजी ने चालाकी से फाटकों के पीछे पहरेदारों की शरण ली, जबकि बल का प्रयोग करने का हमारा कोई उद्देश्य नहीं था।

37. जब वीर सावरकर ने रैली की रिपोर्ट पढ़ी तो बजाय इसके कि हमने जो कदम उठाया, उसका मूल्य समझकर उसकी सराहना करते, उन्होंने मुझे बुलाया और व्यक्तिगत रूप से मुझ पर अराजकतावादी रणनीति का आरोप लगाया, जबकि हमारे तरीके शांतिपूर्ण ही थे। उन्होंने कहा—

'जैसेकि मैं कांग्रेस की, उनकी पार्टी बैठकों और मतदान केंद्रों के उपद्रवी अंत की निंदा करता हूँ, वैसे ही मुझे इस बार संघ हिंदुओं के भी अलोकतांत्रिक व्यवहार की निंदा करनी पड़ रही है। यदि गांधीजी ने आपकी प्रार्थना सभाओं में हिंदू-विरोधी प्रचार किया, तो आपको उनकी शिक्षाओं की निंदा करने के लिए अपनी सभा का आयोजन करना चाहिए था। सभी पार्टियों को सख्त संवैधानिक कानूनों के तहत अपना प्रचार करना चाहिए।'

38. इसके बाद दूसरी बड़ी घटना तब हुई, जब भारत-विभाजन का निर्णय लिया गया। हिंदू महासभा का एक समूह यह दिखाना चाहता था कि कांग्रेस सरकार के प्रति उसका रवैया कैसा होना चाहिए, क्योंकि स्वतंत्र भारत की सरकार निस्संदेह कांग्रेस की ही होती, जो देश के शेष भाग पर राज करती। जल्द ही वीर सावरकर

और अन्य वरिष्ठ महासभा-हिंदू नेताओं ने जोर देकर कहा कि जो भी सरकार स्वतंत्र भारत को चलाने के लिए बनेगी, उस कांग्रेस की सरकार को एकदलीय सरकार के रूप में नहीं देखा जाना चाहिए, बल्कि हिंदुस्तान की राष्ट्रीय सरकार के रूप में सम्मानित कर, उनके द्वारा बनाए गए कानूनों का पालन किया जाना चाहिए; और जो, जिस भी किसी कारण से पाकिस्तान के निर्माण पर अफसोस जता रहा है, उसकी वफादारी और संपूर्ण समर्थन केवल नवजात स्वतंत्र भारत के प्रति ही होना चाहिए। केवल ऐसा करने से ही हाल में प्राप्त स्वतंत्रता की रक्षा की जा सकेगी। यदि कोई भी भारत को तोड़ने का प्रयास करेगा, वो गृहयुद्ध भड़काएगा, जो पूरे भारत को ही पाकिस्तान बना देने के मुसलमानों के पापयुक्त और गुप्त उद्देश्य को पूरा करने में मदद करेगा।

39. खैर, मैं और मेरे मित्र असहमत भावों को लेकर वापस आ गए। हमने अपने दिलों में महसूस किया कि अब समय आ गया है कि वीर सावरकर को नेतृत्व के पद से च्युत कर दें और हमारी भविष्य की नीतियों और कार्यक्रमों पर उनसे परामर्श लेना बंद कर दें और न ही हमें भविष्य की योजनाओं के लिए उन पर भरोसा करना चाहिए।

40. इसके तुरंत बाद पंजाब और भारत के अन्य हिस्सों में मुसलिम कट्टरता का भयानक विस्फोट हुआ। कांग्रेस सरकार ने बिहार, कलकत्ता, पंजाब आदि राज्यों में मुसलिम ताकतों का विरोध करने का साहस करने वाले हिंदुओं का उत्पीड़न आरंभ कर दिया; उन पर मुकदमा चलाना शुरू कर दिया और गोलियाँ चलानी शुरू कर दीं। हमें हमारा सबसे बुरा डर सच होता दिखाई दे रहा था; और हमारे लिए यह सबसे दर्दनाक और खेदजनक था कि 15 अगस्त, 1947 को प्रकाश और उत्सव के साथ मनाया गया, जबकि पूरा पंजाब जल रहा था और हिंदुओं के खून की नदियाँ बह रही थीं। सहानुभूतिपूर्ण महासभा-हिंदुओं ने कांग्रेस सरकार के समारोहों का बहिष्कार करने और एक ऐसा काररवाई कार्यक्रम शुरू करने का फैसला किया, जो मुसलिम हिंसक हमलों को नियंत्रित कर सकता था।

41. वीर सावरकर ने 9-10 अगस्त, 1947 को दिल्ली में हिंदू महासभा कार्यकारिणी समिति तथा अखिल भारतीय हिंदू अधिवेशन की बैठकें आयोजित कीं। मैं, श्री आप्टे और अन्य मित्र महासभा और उसके दिग्गज नेता, जैसे—वीर सावरकर, डॉ. मुखर्जी, श्री एल. भोपटकर आदि का ध्यान अपने उद्देश्य की ओर आकर्षित करते हुए आक्रामक विधियों को अपनाने के संकल्प पर लाना चाहते थे। महासभा कार्यसमिति ने हैदराबाद के खिलाफ काररवाई के लिए एक परिषद् की

नियुक्ति या विभाजित भारत के नवनिर्मित राज्य का बहिष्कार करने के हमारे सुझाव को स्वीकार नहीं किया। मेरे लिए विभाजित भारत की एक राज्य को मान्यता देना देश के शापित विभाजन का समर्थन करने के समान था। कार्यसमिति ने काररवाई तो नहीं की, बल्कि कार्यसमिति ने साधारण सा प्रस्ताव पारित किया और लोगों को 15 अगस्त, 1947 को अपने घरों में भगवा झंडा फहराने के लिए कहा। वीर सावरकर ने आगे बढ़ते हुए इस बात पर जोर देकर कहा कि तिरंगे झंडे को राष्ट्रीय ध्वज के रूप में मान्यता दी जानी चाहिए। हम स्पष्ट रूप से कहते हैं कि उनका दृष्टिकोण गलत है।

42. इतना ही नहीं, 15 अगस्त को बहुसंख्यक संघ हिंदुओं की इच्छा को एक तरफ रखकर, वीर सावरकर ने उनके घर पर भगवे झंडे के साथ इस नए चक्र के साथ वाला राष्ट्रीय ध्वज फहराया। इसके अलावा, जब डॉ. मुखर्जी ने लंबी दूरी के फोन कॉल के माध्यम से पूछा कि भारतीय केंद्रीय मंत्रालय में पोर्टफोलियो (कार्यक्षेत्र) स्वीकार करना है या नहीं, इस बारे में सावरकरजी की अनुमति के लिए फोन किया, तो वीर सावरकर ने इसका तीखा जवाब देते हुए कहा कि बिना यह परवाह किए कि कौन सी पार्टी देश पर शासन करने के लिए चुनी जाएगी, नई सरकार को एक राष्ट्रीय सरकार के रूप में मान्यता दी जानी चाहिए और उस पार्टी का सभी देशभक्तों द्वारा समर्थन किया जाना चाहिए। परिणामस्वरूप यदि निर्देश मिले तो संघ हिंदुओं को पोर्टफोलियो (कार्यक्षेत्र) स्वीकारते हुए सरकार का सहयोग करना चाहिए। इस बात के लिए कि कांग्रेस ने डॉ. मुखर्जी जैसे हिंदू सभा के नेता को राष्ट्रीय मंत्रालय के गठन में भाग लेने के लिए बुलाने के रवैये को सराहते हुए उनके मंत्रियों को बधाई दी। श्री भोपटकर ने भी डॉ. मुखर्जी का समर्थन किया।

43. इस समय तक यह बात सामने आई कि कांग्रेस के कुछ शीर्ष नेता व कुछ प्रांतों के मंत्रियों ने वीर सावरकर से भी संपर्क किया था, ताकि सभी मिलकर नए स्वतंत्र भारत के समर्थन में संयुक्त मोर्चे का गठन कर सकें, जिसकी नीतियों के पक्ष में वीर सावरकर पहले से ही थे। मैं खुद देशभक्तों का विरोध नहीं कर पा रहा था, लेकिन जब मैंने देखा कि कांग्रेस की सरकार गांधीजी के दासत्व में कार्य करती हुई सी दिखाई दे रही है, जबकि गांधीजी भूख हड़ताल जैसी धमकियों को अपनाते हुए हिंदू विरोधी प्रचलनों को बढ़ावा दे रहे हैं, तो मुझे यह बात स्पष्ट हो गई कि कोई भी सामान्य मुद्दा ऐसी परिस्थितियों में गांधीजी की तानाशाही को ही स्थापित करेगा और परिणाम हिंदुत्व से विश्वासघात ही होगा।

44. गोडसे ने वीर सावरकर द्वारा उठाए गए इन सभी कदमों का इतना विरोध किया कि गोडसे, आप्टेजी और कई युवा संघ हिंदू मित्रों ने यह निर्णय लिया कि वे एक ही बार हिंदुत्व की रक्षा हेतु ऐसी स्वतंत्र रूपरेखा और कार्यप्रणाली का निर्माण व विकास करें, जिसमें महासभा और उसके पुराने नेताओं पर निर्भर न रहना पड़े। हमने सहमत होकर अपनी नई योजनाओं को लेकर किसी पर भी भरोसा न करने का निर्णय लिया, जिसमें वीर सावरकर भी शामिल थे।

45. मैं अपनी 'अग्रणी' या 'हिंदू राष्ट्र' समाचार-पत्रों में हिंदू महासभा और उसके पुराने नेताओं की आलोचना करने लगा और संघ हिंदुओं की युवा पीढ़ी को खुले तौर पर हमारे सक्रिय कार्यक्रमों से जुड़ने के लिए आमंत्रित किया।

46. अपनी नई स्वतंत्र योजना विकसित करने के लिए मैंने दो बातों को मुख्य रूप से करने का फैसला किया—पहला था, गांधीजी के विरुद्ध उनकी प्रार्थना सभाओं में प्रबल, लेकिन शांतिपूर्ण प्रदर्शनों की एक श्रृंखला शुरू करना, जिससे उन्हें महसूस कराया जा सके कि संगठित हिंदुओं के असंतोष का कितना प्रभाव पड़ सकता है और प्रदर्शनकारी विरोधों आदि के माध्यम से गांधीजी की घृणा को जन्म देने वाली प्रार्थना सभाओं में भ्रम और अव्यवस्था पैदा करना आदि। हालाँकि, उन्होंने (गांधीजी) अपना हिंदू विरोधी प्रचार जारी रखा; और दूसरा, अपने हिंदू भाइयों और बहनों की रक्षा के लिए हैदराबाद राज्य के खिलाफ एक अभियान चलाना, जहाँ धार्मिक कट्टरता के कारण मुसलमानों द्वारा उन पर असीम अत्याचार किए जा रहे थे। चूँकि ऐसी कारवाई और कार्यक्रम केवल गुप्त और तानाशाही दिशा-निर्देशों के तहत ही चलाया जा सकता था, इसलिए हमने इसे केवल उन लोगों के सामने प्रकट करने का संकल्प लिया, जो हम पर विश्वास करते थे और जो बिना किसी प्रश्न के हमारे आदेशों का पालन करने को तैयार थे।

47. मैंने अपने बयान में पिछले विवरणों का उल्लेख नहीं किया होता, यदि वकील ने अपने शुरुआती भाषण में मुझे वीर सावरकर के हाथों की कठपुतली और उनके तुच्छ, अधम साधन के रूप में चित्रित न किया होता! मुझे ऐसा महसूस होता है कि उनका ऐसा बयान मेरी निर्णय क्षमता और कारवाई क्षमता का जानबूझकर अपमान था। मुझे अपने प्रति गलत धारणा को दूर करने के लिए उपरोक्त तथ्यों का उल्लेख करना अनिवार्य था। इसलिए, इससे पहले कि मैं अपने बाकी के बयान दूँ और तथ्य उजागर करूँ, मैं दृढ़ता से यह सच कहता हूँ कि वीर सावरकर मेरी किसी भी गतिविधियों के बारे में नहीं जानते थे, जिसके परिणामस्वरूप मुझे गांधीजी को गोली मारनी पड़ी। मैं यह दोहराता हूँ कि यह बिल्कुल सच नहीं है और यह पूरी

तरह से झूठ है कि मैंने कभी श्री आप्टे की उपस्थिति में या कभी बड़गे को बताया हो कि वीर सावरकर ने हमें गांधीजी, नेहरू और सुहरावर्दी को खत्म करने का आदेश दिया था, जैसाकि मुखबिर बड़गे ने झूठा आरोप लगाया है। यह भी बिल्कुल सच नहीं है कि हम कभी बड़गे को लेकर वीर सावरकर के घर इस योजना (गांधीजी को मारना) के तहत अंतिम दर्शन करने के लिए उनके घर गए हों या वीर सावरकर ने हमसे कहा, 'यशस्वी होऊन या' (सफल होकर वापस आना) और न ही मैंने या श्री आप्टे ने कभी बड़गे को बताया कि वीर सावरकर ने टिप्पणी की थी कि गांधीजी के सौ साल पूरे हो गए हैं और इसलिए हमारा विजयी होना अवश्यंभावी है। न तो मैं इतना अंधविश्वासी था कि आशीर्वाद की भीख माँगूँ और न ही इतना बचकाना कि इस तरह की भविष्यवाणियों पर विश्वास करूँ।

□

भाग-2

गांधीजी की नीतियों की खुली पोल

48. 30 जनवरी, 1948 की घटना से पहले का माहौल पूर्ण और विशेष रूप से राजनीतिक था। इस विषय को मैं बाद में स्पष्ट करूँगा। इस तथ्य ने, कि गांधीजी हिंदुओं, मुसलमानों और अन्य सभी धर्मों की सभी धार्मिक पुस्तकों का आदर करते हुए अपनी प्रार्थना सभा में गीता, कुरान और बाइबल पढ़ते हैं, कभी मेरे में उनके प्रति शत्रुता नहीं जगाई। मेरे लिए किसी भी धर्म को पढ़ना आपत्तिजनक या तुलनात्मक नहीं है, बल्कि यह तो गुण है।

49. उत्तर-पश्चिमी सीमा से उत्तर और केप कोमोरिन से दक्षिण में और कराची से असम के बीच का क्षेत्र पूर्व-प्रस्थान भारत है, जो हमेशा मेरे लिए मेरी 'मातृभूमि' रहा है। मैं इस विशाल भूखंड पर विभिन्न लोगों को अपने धर्म और पंथ को मानने, अपनाने और अपने आदर्शों का अनुकरण करने की स्वतंत्रता में विश्वास करता हूँ। इस क्षेत्र में हिंदुओं की संख्या सबसे अधिक है। उनके लिए इस देश के बाहर ऐसी कोई जगह नहीं है, जिससे वे उसे अपना कह सकें। इसलिए अनादि काल से हिंदुस्तान हिंदुओं के लिए मातृभूमि भी है और पवित्र भूमि भी। यह क्षेत्र हिंदुओं के लिए उनकी महिमा, प्रतिष्ठा और प्रसिद्धि रही है; उनकी संस्कृति और उनकी कला, उनके ज्ञान, विज्ञान और दर्शन भी है। हिंदुओं के बाद इस भूमि पर संख्यात्मक रूप से मुसलमानों का वर्चस्व है। दसवीं शताब्दी से मुसलमानों ने धीरे-धीरे प्रगति करते हुए और सफल प्रयासों से भारत में इसलाम की स्थापना की।

50. अंग्रेजों के आने से पहले हिंदू और मुसलिम दोनों, सदियों के अनुभव के परिणाम से यह जान चुके थे कि भारत में मुसलमान न तो आकाओं की तरह रह सकते हैं और न ही भगाए जा सकते हैं। उन्हें स्पष्ट था कि वे दोनों यहाँ रहने के लिए थे। मराठों के उदय, राजपूतों के विद्रोह और सिखों के विद्रोह के कारण

मुसलमानों ने दावा किया कि देश कमजोर हो गया था, हालाँकि उनमें से कुछ अभी भी भारत में वर्चस्व की आकांक्षा रखते थे, लेकिन जनता के तौर-तरीकों से स्पष्ट था कि उनकी ऐसी उम्मीदें व्यर्थ हैं। दूसरी तरफ अंग्रेज युद्ध और साजिश में हिंदुओं और मुसलमानों से अधिक शक्तिशाली सिद्ध हुए थे और प्रशासन के उन्नत तरीकों को अपनाकर और बिना किसी भेदभाव के जीवन और संपत्ति की सुरक्षा की गारंटी दी, जिससे हिंदुओं और मुसलमानों, दोनों ने उन्हें स्वीकार कर लिया। अंग्रेजों के आने से पहले भी हिंदू और मुसलमानों के बीच मतभेद मौजूद थे। हालाँकि यह भी एक वास्तविकता है कि अंग्रेजों ने बेईमानी और बेशर्मी से अपनी सत्ता बनाए रखने के लिए दोनों धर्मों के बीच के मतभेदों का अपने फायदे के लिए इस्तेमाल भी किया और इन मतभेदों की खाई को और चौड़ा भी किया। भारतीय राष्ट्रीय कांग्रेस का निर्माण ही इस उद्देश्य को ध्यान में रखकर किया गया था कि वह देश की सरकार में लोगों को शक्ति व अधिकार दिलाएगी। भारतीय राष्ट्रीय कांग्रेस ने शुरू से ही पूर्ण राष्ट्रवाद का आदर्श बरकरार रखा। तात्पर्य यह था कि प्रजातंत्र के मूल रूप में भारत के सभी नागरिकों को समानता और समान अधिकार मिलें। 'बाहरी सरकार को हटाकर उसे लोकतांत्रिक शक्ति और जनता की सत्ता बनाना' की विचारधारा ने ही मेरे सार्वजनिक कॅरियर की शुरुआत में मेरा ध्यान आकर्षित किया।

51. अपने लेखन और भाषणों में मैंने हमेशा इस बात का समर्थन किया है कि देश के सार्वजनिक मामलों में धार्मिक और सांप्रदायिक विचारों को तूल नहीं देना चाहिए। यही नहीं, चुनावों में विधानमंडल के अंदर और बाहर तथा कैबिनेट के निर्माण और विघटन में भी धार्मिक और सांप्रदायिकता के विचारों को दूर रखना चाहिए। सैद्धांतिक रूप से मैंने एक धर्मनिरपेक्ष राष्ट्र (राज्य) की वकालत की है, जिसमें मिश्रित (सभी धर्म और जाति के) मतदाता हों; मेरे लिए यही सोच तर्कसंगत है। यहाँ मैं दिसंबर 1944 के हिंदू महासभा के बिलासपुर अधिवेशन के हस्ताक्षरित प्रस्तावों के कुछ अंश पढ़ रहा हूँ। (संलग्न पृष्ठ 12 और 13) "कांग्रेस के प्रभाव में यह आदर्श हिंदू समुदाय में मानसिक रूप से स्वीकार्य होकर धर्मनिरपेक्ष मानसिकता व शांति से आगे बढ़ रही थी। लेकिन मुसलिम समुदाय, जो शुरू से अल्पसंख्यक था, बाद में विदेशी ताकतों और शिक्षकों के प्रभाव के कारण 'फूट डालो और राज करो' की नीतियों को मानते हुए हिंदुओं पर हावी होने की आकांक्षा पाल रहा था। इस आकांक्षा के संकेत 1906 में तत्कालीन वायसराय लॉर्ड मिंटो द्वारा उकसाई गई एक अलग निर्वाचक मंडल की माँग थी। ब्रिटिश सरकार ने अल्पसंख्यकों की

सुरक्षा के बहाने इस माँग को स्वीकार कर लिया, जबकि कांग्रेस पार्टी ने मौखिक रूप से इसका विरोध प्रकट किया। पार्टी ने कुख्यात सूत्र को अपनाते हुए 1934 में अलगाववाद को न ही स्वीकार किया और न ही अस्वीकार। इस तरह से अलगाववाद का उत्तरोत्तर समर्थन करते गए।

52. परिणाम यह हुआ कि इसका उद्भव हुआ और देश की विघटन की माँग ने जोर पकड़ा। जो पहले हलका सा घर्षण लगा, वह अंततः पाकिस्तान बन गया। हालाँकि गलती शुरू हुई, उस प्रशंसनीय विदेशियों को निष्कासित करने के लिए भारत के सभी वर्गों को एकजुट करने की कोशिश हुई और बाद में यह उम्मीद की गई कि भारत की सफलता की खुशी में यह अलगाववाद की भावना धीरे-धीरे समाप्त हो जाएगी।

53. शुरू में मिश्रित निर्वाचन क्षेत्रों से मेरे समर्थन के बावजूद, मैंने अलग-अलग निर्वाचन के अस्थायी परिचय पर पुनर्विचार किया, क्योंकि मुसलमानों को इसमें बहुत दिलचस्पी थी। हालाँकि मैंने इस बात पर जोर दिया कि प्रतिनिधित्व प्रत्येक समुदाय की संख्या के अनुपात में होना चाहिए, उससे अधिक नहीं। मैं अपने मत पर दृढ़ता से रहा हूँ।

54. हमारे ब्रिटिश उस्तादों द्वारा प्रेरित और गांधीजी के नेतृत्व के तहत कांग्रेस के समर्थन से प्रेरित मुसलिम लीग ने एक समुदाय के आधार पर अपनी माँगों में वृद्धि जारी रखी। मुसलिम समुदाय ने लगातार मुसलिम लीग का समर्थन किया और प्रत्येक चुनाव के बाद यह साबित हुआ कि मुसलिम कट्टरता और अज्ञानता ने मुसलिम लीग की नीतियों का ही पोषण किया और उसकी अलगाववाद की नीतियाँ साल-दर-साल बढ़ीं।

55. जैसाकि मैंने पहले कहा है, आपके सांप्रदायिक मतदाताओं के सिद्धांत के बावजूद, मुसलिम लीग की अनुचित माँगें पूरी की गईं। पहले 1916 की 'लखनऊ संधि' में और फिर संविधान के प्रत्येक क्रमिक संशोधन में। कांग्रेस की इस राष्ट्रवाद और लोकतंत्र की चूक ने एक महँगी आपदा का प्रदर्शन किया है, जैसाकि बाद में देखा गया।

56. 1920 के बाद से, अर्थात् लोकमान्य तिलक की मृत्यु के बाद, कांग्रेस में गांधीजी का प्रभाव पहले से बढ़ गया और फिर बढ़ते-बढ़ते सर्वोच्चता को प्राप्त हो गया। उनकी जनता को जाग्रत् करने की गतिविधियाँ तीव्रता में अभूतपूर्व थीं और उन्हें सत्य और अहिंसा के नारे के साथ प्रबलित किया गया था, जिसे उन्होंने देश के समक्ष आडंबरपूर्ण रूप में प्रस्तुत किया था। देश में ऐसा एक भी योग्य व्यक्ति

नहीं था, जो इन नारों पर आपत्ति जता सकता था। वास्तव में उनमें कुछ नयापन या मौलिकता नहीं थी। वे सभी नारे, जन आंदोलन संवैधानिक थे। कल्पना कीजिए कि यदि अधिकतर लोग और मानव जाति रोज के जीवन में इन महान् सिद्धांतों का पालन करे, तो कितना अच्छा हो! ऐसी कल्पना वास्तव में एक स्वप्न है। असल में, किसी के भी रिश्तेदारों, दोस्तों और उसके देश के प्रति अधिक प्रेम और सम्मान, प्रतिबद्धता और प्यार करना हमें अहिंसा को अनदेखा कर बल का प्रयोग करने को ही बाध्य कर सकता है।

वे वास्तव में समझ ही नहीं पाए कि आक्रामकता के विरुद्ध एक सशस्त्र प्रतिरोध अन्यायपूर्ण नहीं है। मैं आक्रामकता का विरोध करना धार्मिक और नैतिक कर्तव्य मानता हूँ, चाहे वह दुश्मन को हारने के लिए हो, पर हाँ! विरोध अवश्य दिखाऊँगा, शक्ति के माध्यमों से। श्रीरामचंद्र ने रावण को एक भीषण युद्ध में मारा और सीता मैया को वापस जीता एक लड़ाई में। श्रीकृष्ण ने कंस की दुष्टता को समाप्त करने के लिए कंस की हत्या कर दी। महाभारत के युद्ध में अर्जुन ने बड़ी संख्या में अपने रिश्तेदारों और दोस्तों का वध किया, जिसमें श्रद्धेय भीष्म भी शामिल थे, क्योंकि वे आक्रामक लोगों के पक्षधर थे। मेरे अनुसार, श्रीराम, कृष्ण और अर्जुन पर हिंसा का दोष लगाना मनुष्य जीवन की प्रक्रिया और प्रतिक्रिया पर अज्ञानता के कारण प्रश्नचिह्न लगाने जैसा है। छत्रपति शिवाजी महाराज की वीरता के कारण ही मुसलिम निरंकुशता पर अंकुश लगा और वह निरंकुशता समाप्त हो पाई। अफजल खान की हत्या करने की शिवाजी की रणनीति औचित्यपूर्ण थी, अन्यथा शिवाजी मारे जाते। शिवाजी, राणा प्रताप और गुरु गोबिंद सिंह की निंदा करते हुए उन्हें गुमराह देशभक्तों की श्रेणी में रखना, गांधीजी का दंभ-अहंकार ही उजागर करता है।

57. आज हमारे देश के प्रत्येक वीर और नायक माने जाने वालों ने हमारे देश में हमलों का विरोध किया, लोगों को विदेशी कट्टरपंथियों के अत्याचारों और बलात्कारों के खिलाफ संरक्षित किया और मातृभूमि को स्वतंत्र कराया। दूसरी तरफ, तीस वर्षों में महात्मा के निर्विवाद नेतृत्व के दौरान मंदिरों का अधिक अपमान हुआ, अधिक कपटपूर्ण और बलपूर्वक धर्मांतरण हुए, महिलाओं के अधिक बलात्कार हुए, और अंत में भारत के एक-तिहाई क्षेत्र का नुकसान हुआ। यह और भी आश्चर्यजनक बात है कि गांधीजी का अंधानुकरण करने वाले अनुयायी यह सबकुछ आँखें होकर भी नहीं देख पाते, जो एक अंधा भी स्पष्ट रूप से समझ ले। उदाहरण के लिए, व्यक्तित्व की दृष्टि से शिवाजी, राणा प्रताप और गुरु गोबिंद सिंह की तुलना

में महात्मा गांधी बौने ही माने जाएँगे। इन शानदार नायकों की निंदा करना, यदि कहें तो गांधीजी का दिखावा ही माना जाएगा।

58. जो गुट अंग्रेजों के साम्राज्यवाद के कारण ऊपर आया और सरकार को मुसलिम हिंसा की स्थिति से घबराकर भारत के विभाजन के सामने कायरतापूर्ण समर्पण करना पड़ा, वह गुट अब गांधीजी की मृत्यु का सैकड़ों तरीकों से फायदा उठाना चाहता है। लेकिन इतिहास उन्हें प्रसिद्धि के स्थान पर वही देगा, जिसके वे हकदार हैं। विरोधाभास यह है कि गांधीजी एक प्रकार के हिंसक शांतिवादी थे, जो सत्य और अहिंसा के नाम पर देश में अकथनीय आपदाएँ लाने का कारण बने। जबकि राणा प्रताप, शिवाजी और गुरु गोबिंद सिंह हमवतनों (देशवासियों) के हृदय में हमेशा उनके द्वारा लाई गई आजादी के लिए बसे रहेंगे।

59. जैसाकि इस दस्तावेज में नीचे उल्लेख किया गया है, राजनीतिक गतिविधियों के मद्देनजर गांधीजी की रचनाओं को तीन वर्गों में विभाजित किया जा सकता है। गांधीजी 1914 के अंत में इंग्लैंड से भारत लौटे और उन्होंने खुद को देश के राजनीतिक जीवन में लगभग तुरंत ही व्यस्त कर लिया। दुर्भाग्य से उनके आगमन के बहुत कम समय बाद सर फिरोजशाह मेहता और श्री जी.के. गोखले (जिन्हें गांधीजी 'गुरु' कहते थे) की मृत्यु हो गई। गांधीजी ने अपना काम अहमदाबाद में साबरमती नदी के तट पर एक आश्रम शुरू करके किया और सत्य व अहिंसा को आवाज बनाते हुए नारा दिया। उन्होंने खुद भी अकसर कई बार स्वीकारा था कि उन्होंने अकसर अपने सिद्ध सिद्धांतों के खिलाफ कार्य किया और अगर यह मुसलमानों को खुश करने के लिए था, तो उन्हें ऐसा करने में शायद ही कोई झिझक थी। सत्य और अहिंसा आदर्श के रूप में उत्कृष्ट और काररवाई में मार्गदर्शक के रूप में प्रशंसनीय हैं। हालाँकि, उन मूल्यों की केवल बातें न करते हुए, दैनिक जीवन में उनका अभ्यास करना आवश्यक है। यह मैं बाद में सिद्ध करूँगा कि बड़ी-बड़ी बातें करने वाले गांधीजी किस तरह अपने ही आदर्शों का खुल्लम-खुल्ला उल्लंघन करने के दोषी थे; वही आदर्श, जिनका उन्हें इतना घमंड था।

60. जैसाकि पहले कहा गया है, गांधीजी का राजनीतिक जीवन पहले की तरह बँटा हुआ था। इसके तीन पहलू थे—

(i) 1915 और 1939-40 के बीच की अवधि।

(ii) 1939-40 से 3 जून, 1947 तक की अवधि, जब भारतीय राष्ट्रीय कांग्रेस ने महात्मा के नेतृत्व में मो. जिन्ना के सामने आत्मसमर्पण कर पाकिस्तान को स्वीकार कर लिया।

(iii) विभाजन की तारीख से आमरण अनशन के बीच की अवधि; जिस आमरण अनशन का यह परिणाम हुआ कि पाकिस्तान को 55 करोड़ रुपए का भुगतान किया गया और महात्मा की भी मृत्यु हो गई।

61. जब 1914 में गांधीजी अंतत: भारत लौटे, तो वे अपने साथ दक्षिण अफ्रीका में भारतीयों के साहसी नेतृत्व की ख्याति साथ लाए थे। उन्होंने स्वयं को भारत के लिए राष्ट्रीय सम्मान का दावा और समर्थन करते हुए देश में श्वेत अत्याचार के खिलाफ हमारी नागरिकता के अधिकार के लिए संघर्ष के मुखिया के रूप में आगे रखा। वे समान रूप से हिंदुओं, मुसलमानों और पारसियों द्वारा सम्मानित थे और लोग उनके प्रति आज्ञाकारी थे। वे सार्वभौमिक रूप से दक्षिण अफ्रीका में रहने वाले सभी भारतीयों के नेता के रूप में प्रशंसित थे। उनके जीवन की सादगी, मातृभूमि के प्रति समर्पण और परोपकारिता की भावना ने, जो उनके स्वयं के व्यक्तित्व का अंग थीं, अफ्रीकी लोगों के प्रति ब्रिटिश सत्ता के नस्लीय अहंकार के खिलाफ लड़ाई, बलिदान और गंभीरता ने भारतीयों की प्रतिष्ठा बढ़ा दी थी। उन्होंने स्वयं को भारतीयों के प्रेम के प्रति समर्पित कर दिया था।

62. जब गांधीजी अपने देश के हमवतनों की स्वतंत्रता की लड़ाई, सेवा तथा समर्थन करने लौटे तो अफ्रीका की तरह उन्होंने भारत के सभी वासियों, समुदायों से उन पर विश्वास करने और बिना संदेह उनका अनुकरण करने की आशा की। लेकिन जल्द ही वे हताश हो गए। भारत दक्षिण अफ्रीका नहीं था। दक्षिण अफ्रीका में भारतीयों ने उनकी नागरिकता के अपने प्राथमिक अधिकारों से वंचित अधिकारों के अलावा कुछ नहीं माँगा था। उन सभी की एक सामान्य और गंभीर शिकायत थी। बोअर्स और अंग्रेजों ने उनके साथ तुच्छ और अप्रामाणिक व्यवहार किया था। अत: हिंदू, मुसलमानों और पारसियों का शत्रु एक ही था और वे अंग्रेजों के विरुद्ध एकजुट थे। उनके पास दक्षिण अफ्रीका की सरकार के विरुद्ध मुकदमा चलाने की सुविधा नहीं थी। घर (भारत देश) की समस्या बिल्कुल अलग थी। हमने स्व-शासन और यहाँ तक कि स्वतंत्रता के लिए भी लड़ाई लड़ी थी। हमारा इरादा उस साम्राज्यवादी शक्ति को गिराने का था, जिसकी जड़ें हमारी जमीन में फैल चुकी थीं।

और वह (ब्रिटिश सरकार) हरसंभव तरीके से 'फूट डालो और राज करो' की नीति अपनाते हुए हम पर हावी होने को दृढ़ थी। और इसी बात से हिंदुओं और मुसलमानों के बीच की खाई बढ़ गई थी। गांधीजी को शुरू से ही इस अलग तरह की समस्या का सामना करना पड़ा, जिसका अनुभव उन्होंने कभी भी दक्षिण अफ्रीका में नहीं किया था। वास्तव में, दक्षिण अफ्रीका में सबकुछ सरल तरीके से होता चला

गया। गांधीजी को विभिन्न समुदायों के बीच एक सामान्य उद्देश्य और हितों की पहचान हो गई थी और प्रत्येक भारतीय उनका अनुयायी बनकर उनके साथ खड़ा था। लेकिन भारत में सांप्रदायिक मताधिकार, अलग मतदाताओं और चुनाव प्रक्रिया में अरुचि ने देश की एकता को कमजोर कर दिया था। इसका अधिकांश भाग लोगों में देखा गया और अंग्रेजों ने इस सांप्रदायिकता के आधार पर पक्षपात की कुटिल नीति दृढ़ता और बिना किसी संदेह और हिचकिचाहट के जारी रखी। ऐसे में गांधीजी को दक्षिण अफ्रीका में प्राप्त हिंदुओं और मुसलमानों के निर्विवाद नेतृत्व की तरह भारत में निर्विवाद नेतृत्व प्राप्त करने में अत्यंत कठिनाई हुई। उन्हें सभी भारतीयों के नेता होने की आदत थी और स्पष्ट रूप से कहूँ तो वे एक विभाजित देश में नेतृत्व के तरीकों को नहीं समझ सके। उनके लिए ऐसी सेना (जिसमें स्वयं ही सांप्रदायिक विभाजन हो) की रणनीति बनाना या स्वीकार करना मुश्किल और बेतुका था, जो आपस में बँटी हो।

63. दक्षिण अफ्रीका से गांधीजी की वापसी के पहले पाँच वर्षों में भारतीय राजनीति में सर्वोच्च नेतृत्व प्राप्त करने के उनके मिशन के लिए बहुत गुंजाइश नहीं थी। दादाभाई नौरोजी, सर फिरोजशाह मेहता, लोकमान्य तिलक और श्री जी.के. गोखले व अन्य वरिष्ठ नेता जीवित थे और चाहे वे अत्यंत लोकप्रिय और सम्मानित थे। लेकिन व्यक्तित्व की उग्रता और अनुभव की बात कहें तो वे अभी भी बाकी दिग्गजों के समक्ष नौसिखिए ही थे। लेकिन पाँच साल की अवधि में निष्ठुर भाग्य ने उन सभी दिग्गजों को जीवन से हटा दिया और अगस्त 1920 में लोकमान्य तिलक की मृत्यु के साथ गांधीजी नेताओं की पहली पंक्ति में आ गए।

64. गांधीजी ने महसूस किया कि 'फूट डालो और राज करो' की नीति के साथ विदेशी शासकों ने मुसलमानों की देशभक्ति को भ्रष्ट कर दिया है, इसी कारण स्वतंत्रता के लिए लड़ने वाली एकजुट सेना का नेतृत्व करने के न्यूनतम अवसर हैं और जब तक कि सभी संप्रदाय और लोगों में मातृभूमि के प्रति सहानुभूति और सच्ची भक्ति और प्रेम उत्पन्न नहीं हो जाता, तब तक आजादी पाने के अवसर छूटते रहेंगे। इसी कारण उन्होंने हिंदू-मुसलिम एकता को अपनी नीति का आधार बनाया। गांधीजी की इस रणनीति के जवाब में अंग्रेजों ने मुसलमानों को उदार और असाधारण वादे करके गुमराह करने की कोशिश जारी रखी और मुसलमान समुदाय को सौहार्दपूर्ण तरीके से 'फूट डालो और राज करो' नीति से जीतने की कोशिश की। गांधीजी की हिंदू-मुसलिम एकता की नीति गलत नहीं थी, अगर वह स्थिर और एक सुसंगत तरीके से राष्ट्रीय लोकतांत्रिक स्वतंत्रता के लिए भारत की लड़ाई होती;

लेकिन गांधीजी पूरी तरह से भूल गए कि वह सुसंगत तरीका आजादी के अभियान का एक महत्त्वपूर्ण पहलू है और उसका परिणाम—विभाजन हम सभी के समक्ष है।

65. हमारे ब्रिटिश शासक भारतीय संसाधनों के माध्यम से मुसलमानों और विभिन्न विभाजित समुदायों को रियायतें और समर्थन देने में सक्षम थे। 1919 तक गांधीजी मुसलमानों का विश्वास पाने के लिए बेचैन हो उठे और उन्हें जीतने के लिए एक असंगत वादे से दूसरे वादे करते चले गए। एक तरह से उन्होंने मुसलमानों को हस्ताक्षर किया हुआ खाली चेक दे दिया। उन्होंने इस देश में 'खिलाफत आंदोलन' का समर्थन किया और इस नीति में वे राष्ट्रीय कांग्रेस का पूर्ण समर्थन प्राप्त करने में सफल रहे। एक समय ऐसा भी आया, जब गांधीजी जीतते हुए नजर आए और देश भर के प्रमुख मुसलिम नेता उनके अनुयायी बन गए।

1920-21 में जिन्ना कहीं नहीं थे और दोनों अली भाई, मुसलिम नेता बन चुके थे। गांधीजी ने उनका स्वागत वचनपूर्ति के रूप में मानते हुए किया। उन्होंने अली भाइयों की अगाध प्रशंसा करते हुए और अनंत रियायतें देते हुए उन्हें साँतवें आसमान पर बिठा दिया; किंतु वे जो चाहते थे, कभी नहीं हुआ। मुसलमानों ने 'खिलाफत समिति' का अलग नेतृत्व किया, एक अलग राजनीतिक-धार्मिक संगठन के रूप में और हर समय यह कांग्रेस से अलग इकाई के रूप में बना रहा। बहुत जल्द ही 'मोपला विद्रोह' ने सुबूत दिया कि जिस राष्ट्रीय एकता की कल्पना गांधीजी ने की थी, उसका पता मुसलमानों को था ही नहीं और उन्होंने भाग्य आजमाते हुए जुआ खेला था। और इसके बाद, जैसाकि ऐसे मामलों में आमतौर पर होता है, बड़े पैमाने पर हिंदुओं का वध, कई जबरन धर्मांतरण, बलात्कार और आगजनी की अनेक घटनाएँ हुईं; और ऐसा करने के लिए कई मुसलमान उकसाए भी गए। 'मोपला विद्रोह' से पूरी तरह से अचल, ब्रिटिश सरकार ने कुछ महीनों में इस 'विद्रोह' को दबा दिया और गांधीजी को मानो उनकी हिंदू-मुसलिम एकता का असल दृश्य दिखा दिया! 'खिलाफत आंदोलन' विफल हो गया था और गांधीजी निराश थे। ब्रिटिश साम्राज्यवाद अधिक मजबूत हुआ, मुसलमान अधिक कट्टर हो गए और इसका परिणाम हिंदुओं को भुगतना पड़ा। ब्रिटिश शासकों की चालों से बेखबर गांधीजी अपनी हिंदू-मुसलिम एकता के भाव को खोजने के लिए और अधिक हठी हो गए। 1919 के अधिनियम के लिए धन्यवाद! अलग-अलग निर्वाचन क्षेत्रों का विस्तार हुआ और न केवल विधायिका और स्थानीय संस्थाओं में, बल्कि मंत्रिमंडल में भी सांप्रदायिक प्रतिनिधित्व जारी रहा। सांप्रदायिक आधारों के अनुसार सेवा-क्षेत्रों का वितरण आरंभ हुआ और मुसलमानों ने हमारे ब्रिटिश शिक्षकों की ओर से सर्वोत्तम

स्थान प्राप्त किया, योग्यता के कारण नहीं, बल्कि स्वतंत्रता की लड़ाई और इसलाम के अनुयायी होने के कारण। अल्पसंख्यकों की सुरक्षा के नाम पर मुसलमानों को सरकारी समर्थन, राज्य नीति के पूरे ढाँचे का अंग बन गया और महात्मा के निरर्थक नारे मुसलिम मानसिकता के इस गहरे भ्रष्टाचार का मुकाबला करने में असमर्थ थे। हालाँकि, गांधीजी ने हार नहीं मानी। वे अभी भी हिंदुओं और मुसलमानों दोनों के ही नेता बनने की उम्मीद रखते थे, किंतु जब वे हर बार हार गए, तो उन्होंने मुसलमानों को असाधारण तरीकों से प्रोत्साहित करने की सोची और हर हार के बाद वे इसी तरह की कोशिश करते। स्थिति लगातार बिगड़ती चली गई और 1925 तक, यह सभी के लिए स्पष्ट हो गया कि ब्रिटिश सरकार जीत गई थी; लेकिन मँझे हुए जुआरी की तरह गांधीजी दाँव-पर-दाँव लगाते चले गए। वे उत्तर-पश्चिमी सीमा सिंध को अलग करके उसे पृथक् प्रांत बनाने के लिए सहमत हो गए। वे मुसलिम लीग की एक के बाद एक अलोकतांत्रिक माँगें भी राष्ट्रीय संघर्ष में समर्थन पाने की व्यर्थ आशा में पूरी करते गए। इस समय तक अली भाइयों की पूँजी समाप्त हो चुकी थी और जिन्ना, जिन्होंने राजनीतिक वापसी की पूरी तैयारी कर ली थी, मजे लेने को तैयार बैठे थे।

जैसी भी रियायत सरकार या कांग्रेस देती, मो. जिन्ना उसे सहर्ष स्वीकारते और उससे अधिक की माँग करते। बंबई से सिंध को अलग करने और उत्तर-पश्चिमी सीमा प्रांत के निर्माण के बाद 'गोलमेज सम्मेलन' हुआ, जहाँ उन्होंने अल्पसंख्यकों के सवाल उठाए। मो. जिन्ना महासंघ के खिलाफ तब तक अडिग रहे, जब तक कि गांधीजी ने स्वयं कार्य मंडल के अध्यक्ष श्री मैकडोनाल्ड से यह नहीं पूछा कि श्रीमान जिन्ना को सामुदायिक पुरस्कार कौन प्रदान करेगा? इस तरह देश को विखंडित करने के बीज बोए गए। 1935 के सुधारों में सांप्रदायिक सिद्धांत अंतर्निहित थे। मो. जिन्ना ने हर स्थिति का सबसे अधिक फायदा उठाया। भारतीय संघ, जो राष्ट्र के चरित्र को मजबूत करने के लिए बनाया गया था, वास्तव में हार गया था।

मो. जिन्ना ने हर स्थिति का सबसे अधिक फायदा उठाया। भारतीय संघ, जो राष्ट्र के चरित्र को मजबूत करने के लिए बनाया गया था, वास्तव में हार गया था। मो. जिन्ना ने उस सद्भाव को सकारात्मकता से कभी नहीं लिया। कांग्रेस ने अपने दिखावेपूर्ण वादों और शब्दों के तहत सामुदायिक पुरस्कार का समर्थन करना जारी रखा, जो वास्तव में पाखंड था। उन्होंने 'न स्वीकृत, न समर्थन' रणनीति अपनाई। 1939-44 के युद्ध के दौरान मो. जिन्ना ने एक खुला रवैया अपनाया; एक निश्चित उदारवादी दृष्टिकोण और मुसलिम अधिकार मिलते ही युद्ध का समर्थन करने का

वादा किया। अप्रैल 1940 में, युद्ध के 6 महीने बाद मो. जिन्ना अपने 'द्विराष्ट्र सिद्धांत' के आधार पर पाकिस्तान की माँग के साथ उपस्थित हुए। श्रीमान जिन्ना ने इस बात को पूरी तरह से नजरअंदाज कर दिया कि भारत के हर कोने में बड़ी संख्या में हिंदू और मुसलमान साथ-साथ रहते हैं। कुछ प्रांतों में हिंदुओं की बहुसंख्या और मुसलमानों की अल्पसंख्या हो सकती है और इसके विपरीत, कुछ प्रांतों में मुसलमान बहुसंख्यक और हिंदू अल्पसंख्यक; किंतु भारत में ऐसा कोई प्रांत नहीं था, जिसमें हिंदुओं या मुसलमानों की नगण्य संख्या हो; जिन्ना ने यह नहीं सोचा कि यह विभाजन अल्पसंख्यकों को पूरी तरह से असहाय बनाकर रख देगा!

66. ब्रिटिश सरकार को पाकिस्तान बनाने का विचार पसंद आया, क्योंकि इसके दो फायदे थे; एक, यह कि युद्ध के दौरान हिंदुओं और मुसलमानों को अलग-थलग रखेगा और इस तरह सरकार को शर्मिंदा होने से बचा लेगा। मुसलमानों ने भी युद्ध में भाग लेने के सरकार के प्रयास का विरोध नहीं किया और कांग्रेस भी कभी तटस्थ रहती और कभी विरोध करती। दूसरी ओर, हिंदू सभा ने महसूस किया कि यह हमारे युवाओं के लिए सैन्य प्रशिक्षण का एक अवसर था, जो हमारे राष्ट्र के लिए नितांत आवश्यक था; लेकिन अंग्रेज जानबूझकर हमें उस प्रशिक्षण से दूर रखना चाहते थे, लेकिन इस युद्ध के कारण नौसेना और वायुसेना तथा महासभा ने हमारे हमवतन लोगों से हिंदुओं का सैन्यीकरण करने का आग्रह किया। इसका परिणाम यह हुआ कि लगभग 5 लाख हिंदुओं ने युद्ध कला सीखी और आधुनिक युद्ध के यंत्रीकृत पहलुओं में महारत हासिल की।

कांग्रेस में, जो सरकारी लोग हैं, वे महासभा द्वारा अपनाई गई सावधानियों के सुखद फल भोगते हैं, क्योंकि कश्मीर में वे जिन सैनिकों का इस्तेमाल करते हैं और जिन्हें उन्होंने हैदराबाद में नियुक्त किया है, वे वहाँ (युद्ध) होते, अगर महासभा के दूरदर्शी दृष्टिकोण वाले लोग न होते! 1942 में कांग्रेस ने आजादी के नाम पर 'भारत छोड़ो' आंदोलन शुरू किया। सभी प्रांतों के कांग्रेसियों ने हिंसक हमले किए। उत्तरी बिहार के प्रांत में शायद ही कोई रेलवे स्टेशन था, जिसे कांग्रेस पार्टी के असहयोगियों द्वारा जलाया या नष्ट नहीं किया गया हो; लेकिन कांग्रेस के तमाम विरोध के बावजूद अप्रैल 1945 में जर्मन और अगस्त 1945 में जापानी हार गए। उसी वर्ष परमाणु बम ने जापानी प्रतिरोध को ध्वस्त कर दिया। उसके बावजूद अंग्रेजों ने जापान और जर्मनी को हरा दिया। 1942 का 'भारत छोड़ो' ऐलान पूरी तरह से विफल हुआ। अंग्रेजों की जीत हुई थी और कांग्रेस के नेताओं ने उनके साथ समझौता करने का फैसला किया। वास्तव में, बाद के वर्षों में कांग्रेस की नीतियों को 'किसी भी कीमत

पर शांति' और 'किसी भी कीमत पर कार्यालय में कांग्रेस' (सत्ता में) के रूप में वर्णित किया जा सकता है।

कांग्रेस ने अंग्रेजों के सामने प्रतिज्ञा की, जिन्होंने गांधीजी को प्रभारी बनाया और इसके बदले में गांधीजी ने क्या किया? उन्होंने मो. जिन्ना की हिंसा के सामने आत्मसमर्पण कर दिया, जिसने उन्हें स्पष्ट रूप से भारत का एक-तिहाई नस्लीय और धार्मिक राज्य दिया और इस प्रक्रिया में दो लाख लोग तबाह हो गए। पं. नेहरू अब बार-बार दावा करते हैं कि कांग्रेस एक धर्मनिरपेक्ष राज्य का प्रतिनिधित्व करती है और उनकी कड़ी निंदा करती है, जो उन्हें याद दिलाते हैं कि अभी पिछले साल ही उन्होंने सांप्रदायिक और उलेमाओं द्वारा समर्थित देश के बनने की सहमति दी है; उनका (कांग्रेसी) बार-बार मुखर होकर 'धर्मनिरपेक्ष राज्य' के समर्थन की बात को इस वाक्य के समानांतर रखा जा सकता है कि 'मेरी पत्नी बहुत ज्यादा शिकायतें करती है'।

67. 'भारत छोड़ो' आंदोलन को भी छोड़ना पड़ा, भारत सरकार (ब्रिटिश) द्वारा कांग्रेस को सम्मेलन में बुलाने से पहले यह सुनिश्चित करना जरूरी हो गया था कि कांग्रेस युद्ध में जापान के खिलाफ ब्रिटेन का सहयोग करेगी और वायसराय लॉर्ड वेवेल को भारत सरकार के प्रमुख के रूप में स्वीकार करेगी।

68. यह खंड भारत के विभाजन की पीड़ा के इतिहास और गांधीजी की हत्या की त्रासदी को संक्षेप में प्रस्तुत करता है। उपरोक्त बातों में से कोई भी बात इतिहास में दर्ज करने या याद दिलाने में न तो किसी और को, और न ही मुझे खुशी देती है, लेकिन हिंदुस्तानियों और पूरी दुनिया को पिछले तीस सालों के उस इतिहास को जरूर जानना चाहिए, जिसमें अंग्रेजों की साम्राज्यवादी नीति और सांप्रदायिक एकता की गुमराह नीति ने भारत के टुकड़े-टुकड़े कर दिए। महात्मा द्वारा धोखे का ऐसा कृत्य कर दिया गया, जिससे हिंदू-मुसलिम एकता तो संपन्न नहीं हो पाई, बल्कि उसके विनाश का आधार अवश्य बन गया। पाँच करोड़ भारतीय मुसलमान अब हमारे हमवतन नहीं थे; पश्चिमी पाकिस्तान के वस्तुतः गैर-मुसलिम अल्पसंख्यकों को या तो सबसे क्रूर हत्याओं या जबरदस्ती उनकी उस भूमि से बेदखल कर दिया, जो सदियों पहले से उनकी थी; पूर्वी पाकिस्तान में भी यही प्रक्रिया उग्र रूप से चल रही है। एक करोड़ दस लाख लोगों को उनके घरों से बेदखल कर दिया गया था, जिनमें से चालीस लाख से कम मुसलमान नहीं थे और जब मुझे पता चला कि इन भयानक परिणामों के बाद भी गांधीजी मुसलिम तुष्टीकरण की उसी नीति पर कायम हैं, तो मेरा खून खौल उठा और मेरी बर्दाश्त की सीमा समाप्त हो गई। मैं गांधीजी के

लिए ऊँची ध्वनि में कटु शब्दों का उपयोग करने का इरादा नहीं रखता और न ही उनकी नीति और तरीकों के लिए उनकी अस्वीकृति के तर्क के बारे में अपनी राय रखता हूँ। वास्तव में, गांधीजी अंग्रेजों की 'फूट डालो और राज करो' की नीति के क्रियान्वयन में सफल रहे, जो अंग्रेज हमेशा से चाहते थे। उन्होंने देश को विभाजित करने में अंग्रेजों की मदद की और अभी निश्चित रूप से नहीं कहा जा सकता कि गांधीजी का शासन समाप्त हो गया है।

69. इतने (32) वर्षों के संचित उकसावे (उत्तेजित) वाले कारणों की परिणति, जो आखिर में गांधीजी के मुसलिम समर्थन अनशन में हुई, अंत में मैं इस निष्कर्ष पर पहुँचा कि गांधीजी का अस्तित्व तत्काल समाप्त हो जाना चाहिए। भारत लौटने पर मानो उनमें एक व्यक्तिपरक और स्वार्थपरक मानसिकता विकसित हुई, जिसमें उन्हें लगा कि केवल वे ही सही या गलत का निर्णय कर सकते थे। वे उस शिखर पर थे कि यदि देश को उनका नेतृत्व चाहिए, तो उसे उनके हर निर्णय की अचूकता ही स्वीकारनी होगी, वरना वे कांग्रेस से दूर रहेंगे और अपना मार्ग चुनेंगे और अपने तरीके से कार्य करते रहेंगे। इस तरह के रवैये का सामना करते हुए कोई आधा उपाय नहीं हो सकता था, या तो कांग्रेस गांधीजी के सामने एक गौण भूमिका निभाने के लिए तैयार होते हुए उनकी सभी प्रकार की सनक, तत्त्वमीमांसा और पुरातनकालीन दृष्टि को स्वीकारती, या फिर गांधी के बिना राजनीतिक निर्णय लेते हुए आगे बढ़ती! केवल वे ही प्रत्येक वस्तु, प्रत्येक परिस्थिति और प्रत्येक व्यक्ति के न्यायाधीश/न्यायी थे। वे सविनय अवज्ञा आंदोलन के मार्गदर्शक थे; उनकी तकनीक कोई और नहीं जानता था; केवल वे ही जानते थे कि इसे कब शुरू करना है और कब समाप्त करना है! 'आंदोलन सफल या असफल हो सकता है।' यह सूत्र अकथनीय आपदाओं और राजनीतिक पराजयों का कारण बन सकता है, लेकिन इससे महात्मा की अचूकता नहीं बदल सकती थी। हर स्थिति में वे ही सही होते! 'एक सत्याग्रही कभी विफल नहीं हो सकता', यह वाक्य उनकी अपनी स्वयं की अचूकता घोषित करने का उनका सूत्र था; उनके सिवाय और कोई नहीं जानता था कि सत्याग्रही क्या होता है? इस तरह गांधीजी न्यायाधीश और अपने केस के वकील खुद बन गए। ये मूर्खतापूर्ण और हठी स्वभाव जब एक उदात्त चरित्र, तपस्वी कहे जाने वाले, अथक परिश्रम और अनुशासन से जुड़े, तो गांधीजी को दुर्जेय और अप्रतिरोध्य बना दिया।

कई लोगों ने उनकी नीतियों को तर्कहीन माना। लेकिन ऐसी दुविधा में उन्हें (कांग्रेस के सदस्य) निर्णय करना था कि या तो कांग्रेस से सेवानिवृत्त हो जाएँ

या फिर अपनी बुद्धि का प्रयोग न करते हुए गांधीजी के चरणों और निर्णयों पर हमेशा के लिए सिर झुका दें! और गांधीजी देश के मामले में जो फैसला करना चाहें, वो करें। बेहद गैर-जिम्मेदारी से किए गए निर्णयों के लिए गांधीजी दोषी थे। एक के बाद एक गलती, असफलता के बाद असफलता और आपदा के बाद आपदा के दोषी थे। उनके प्रभुत्व के 33 साल के प्रभुत्व में किसी भी राजनीतिक जीत का श्रेय उन्हें नहीं दिया जा सकता। बाद में इस दस्तावेज में मैंने उनके निर्विवाद नेतृत्व के 32 वर्षों के दौरान की गई भारी भूलों का कुछ विवरण के साथ उल्लेख किया है।

70. अब मैं संक्षेप में उस प्रचुर मात्रा में की गई धोखाधड़ी का विवरण दूँगा, जो गांधीजी द्वारा दिए गए नारों और सर्वरोगहर औषधि के रूप में वे अपनी नीति का अनुसरण करने की सलाह देते थे और जिसका परिणाम हम सभी देख सकते हैं। उनमें से कुछ हैं—

(क) **खिलाफत :** प्रथम विश्वयुद्ध के परिणामस्वरूप तुर्की ने अफ्रीका और मध्य-पूर्व में अपना अधिकांश साम्राज्य खो दिया। उन्होंने यूरोप में अपनी सभी शाही संपत्ति भी खो दी और 1914 तक इसका केवल पट्टी जितना भूभाग यूरोपीय महाद्वीप में रह गया।

युवा तुर्कों ने सुल्तान को सिंहासन छोड़ने के लिए मजबूर किया; उसके गायब होने के साथ ही खिलाफत को भी खत्म कर दिया गया। खिलाफत के प्रति भारतीय मुसलमानों की भक्ति मजबूत और गंभीर थी। उन्होंने माना कि अंग्रेजों की वजह से सुल्तान ने शासन खोया और खिलाफत का पतन हुआ। इसलिए उन्होंने खिलाफत के पुनरुत्थान के लिए एक अभियान शुरू किया। अपने अपमानजनक क्रोध को शांत करने के लिए अवसरवाद के तहत महात्मा ने उस योजना की गलत व्याख्या करते हुए 'खिलाफत आंदोलन' का साथ देने की सोची, जिससे वे हिंदुओं की तरह भारतीय मुसलमानों के नेता बन जाएँ और एक बार हिंदू-मुसलिम एकता हासिल हो जाए तो अंग्रेजों को हमारा स्वराज स्वीकारते हुए देश छोड़ना पड़ेगा। स्वराज को स्वीकार करना होगा। लेकिन फिर से गांधीजी का अनुमान गलत निकला और खुद को खिलाफत आंदोलन से जोड़ते हुए उन्होंने भारतीय राष्ट्रीय कांग्रेस का मार्गदर्शन करते हुए, अनावश्यक रूप से उलेमाओं जैसे बनने के अनावश्यक प्रयास के कारण एक दुःखद आपदा और महँगी आपदा फिर मोल ले ली। कुछ समय के लिए खिलाफत

पुनरुद्धार आंदोलन सफल होता दिख रहा था। जो मुसलमान खिलाफत आंदोलन के साथ नहीं थे, वे जल्द ही स्पष्ट रूप से अली भाइयों के साथ नजर आए। अली भाई, जो अग्रणी भूमिका में थे, जल्द ही लोकप्रियता के शीर्ष पर चढ़ गए और इसे जीत भी गए।

कुछ वर्षों तक मो. जिन्ना एक अकेले, अनदेखे व्यक्ति की तरह रह गए थे, जिस पर किसी का ध्यान नहीं गया। हालाँकि आंदोलन विफल रहा। मॉन्टेग्यू चेम्सफोर्ड सुधारों के साथ दमन और उपरोक्त खिलाफत आंदोलन के दमन से हमारी ब्रिटिश संप्रभु अर्थात् ब्रिटिश सरकार बिल्कुल भी चिंतित नहीं दिखाई पड़ी; बल्कि कुछ वर्षों बाद जिन्ना ने खिलाफत आंदोलन में सहायता दी। मुसलमानों ने हर समय कांग्रेस से अलग खिलाफत आंदोलन का समर्थन किया; उन्हें कांग्रेस से समर्थन भी मिला, पर वे कांग्रेस में घुलने-मिलने को राजी न थे। जब खिलाफत आंदोलन विफल हुआ तो मुसलमान निराश और क्रोधित हुए, और गुस्से में उन्होंने हिंदुओं को दंड दिया, उन पर गुस्सा निकाला। भारत के विभिन्न हिस्सों में अनेक अगणित दंगे हुए। सभी पक्षों में पीड़ितों में अधिकांश हिंदू ही थे। महात्मा की हिंदू-मुसलिम एकतारूपी मृगतृष्णा फिर से स्पष्ट थी।

(ख) **मोपला विद्रोह :** मालाबार, पंजाब, बंगाल और एन.डब्ल्यू.एफ. प्रांत (NWFP), उत्तर-पश्चिम सीमा प्रांत में हिंदुओं के खिलाफ बार-बार हमलों के दृश्य उपस्थित थे। मोपला विद्रोह, जैसाकि आपने कहा, हिंदू धर्म, उसके सम्मान, उसके जीवन और उसकी संपत्ति के खिलाफ सबसे लंबा और हिंदुओं के खिलाफ सबसे केंद्रित हमला था; सैकड़ों हिंदुओं को जबरन इसलाम में परिवर्तित किया गया; मुझे पता है कि उन्होंने महिलाओं का बलात्कार किया।

जो महात्मा, अपनी सांप्रदायिक राजनीति से भारत पर यह सब विपत्ति लाए थे, वे चुप रहे। उन्होंने आक्रमणकारियों के विरुद्ध कभी भी निंदा का एक शब्द भी नहीं कहा और न ही कांग्रेस को इस मामले में कोई कारवाई करने दी। इन हमलों की पुनरावृत्ति को रोका जा सकता था। दूसरी ओर, वे मालाबार में जबरन धर्मांतरण के कई मामलों को नकारने लगे और वह भी इस हद तक कि अपनी डायरी 'यंग इंडिया' में प्रकाशित किया कि जबरन धर्मांतरण का केवल एक मामला था। आपके अपने सहकर्मियों ने उन्हें सूचित किया कि उनकी इस खबर में गलती है और

मालाबार प्रांत में कई जबरन धर्मांतरण हुए हैं। उन्होंने अपने गलत बयानों को ठीक करके कभी प्रकाशित नहीं किया, बल्कि मोपलाओं के हिंदू पीड़ितों के लिए राहत कोष शुरू करने के बजाय, उन्होंने मोपलाओं के लिए राहत कोष शुरू करने का असंगत और विवेकहीन कार्य शुरू किया। फिर भी हिंदू एकता की भूमि के कोई आसार दिखाई नहीं दे रहे थे।

(ग) **अमीर अफगान साजिश :** जब खिलाफत आंदोलन विफल हो गया तो अली भाइयों ने कुछ ऐसा करने का फैसला किया, जिससे खिलाफत आंदोलन का जज्बा जीवन भर बनाए रखा जा सके। उनका नारा था कि जो कोई भी खिलाफत का दुश्मन है, वह इसलाम का भी दुश्मन है, और चूँकि तुर्की के सुल्तान की हार और तख्तापलट के लिए मुख्य रूप से अंग्रेज जिम्मेदार थे, इसलिए हर वफादार मुसलमान का कर्तव्य है कि वह ग्रेट ब्रिटेन को अपना कट्टर दुश्मन माने।

उन्होंने यहाँ तक किया कि अफगानिस्तान के अमीर को भारत पर आक्रमण करने के लिए आमंत्रित किया और पूर्ण समर्थन का वादा किया। इस साजिश के पीछे एक लंबी कहानी है; अली भाइयों ने साजिश में शामिल होने से कभी इनकार नहीं किया। महात्मा ने हर तरह से अली भाइयों का समर्थन करके हिंदू-मुसलिम एकता बनाने की अपनी रणनीति जारी रखी। उन्होंने उन्हें सार्वजनिक रूप से अपना स्नेह दिखाया और खिलाफत की बहाली में बिना शर्त समर्थन का वादा किया। यहाँ तक कि भारत में अमीर के आक्रमण को देखते हुए भी प्रत्यक्ष या अप्रत्यक्ष रूप से अली भाइयों की ही सहायता की। यह बात संदेह से भी अधिक थी। स्वर्गीय श्री शास्त्री, श्री सी.वाई. चिंतामणि, इलाहाबाद के 'लीडर' के संपादक और यहाँ तक कि महात्मा के लंबे समय से दोस्त रहे, स्वर्गीय रेव सी.एफ. एंड्रयूज ने उन्हें स्पष्ट रूप से बताया कि उनके भाषणों और लेखों में भी अफगानिस्तान के अमीर को भारत पर आक्रमण करने के निमंत्रण में अली भाइयों को गांधीजी का समर्थन काफी स्पष्ट दिखाई देता है। महात्मा के निम्नलिखित लेखों के अंश में से उद्धृत पंक्तियों से स्पष्ट हो जाना चाहिए कि मुसलमानों को खुश और संतुष्ट करने की इच्छा में वे अपने ही राष्ट्र को भूल गए थे और अपनी मातृभूमि पर एक विदेशी शासक के आक्रमण का समर्थन किया। महात्मा ने निम्नलिखित शब्दों में आक्रमण का समर्थन किया—

"मुझे समझ नहीं आता कि अफवाहों के आधार पर अली भाइयों को गिरफ्तार क्यों किया जा रहा है और मैं आजाद घूम रहा हूँ? उन्होंने ऐसा कुछ नहीं किया है, जो मैं नहीं करता।"

अगर अली भाइयों ने टेलीग्राम के जरिए संदेश दिया है तो शायद मैं भी आमिर को सूचना देता कि अगर वह भारत आता है तो कोई भारतीय उसे वापस भेजने के लिए सरकार की मदद नहीं करेगा। ब्रिटिश सरकार की चौकस निगरानी और काररवाई ने साजिश समाप्त कर दी और भारत पर आक्रमण के संबंध में अली भाइयों द्वारा रची गई विचित्र, असंगत और बेकार की साजिश उजागर नहीं हो पाई और हिंदू-मुसलिम एकता पहले की तरह 'दूरस्थ' स्वप्न बनी रही।

(घ) (i) **आर्य समाज पर हमला :** गांधीजी ने 1924 में आर्य समाज पर सबसे अशोभनीय, अभद्र और अकारण हमले के माध्यम से मुसलमानों के प्रति अपने प्रेम का प्रदर्शन किया। उन्होंने सार्वजनिक रूप से आर्य समाज के आंदोलन की चूक और कथित पाप कहते हुए निंदा की। ऐसा करना बिल्कुल अयोग्य, अनुचित और लापरवाह कृत्य था; लेकिन एक बात, जो मुसलमानों को खुश कर गई, वह थी—गांधीजी द्वारा गैर-मुसलमानों की निंदा। आर्य समाज ने एक विस्तृत, प्रबल, लेकिन विनम्र रिपोर्ट पेश की और कुछ समय के लिए गांधीजी को चुप्पी साधनी पड़ी। लेकिन फिर भी बाद के बढ़ते राजनीतिक प्रभाव ने आर्य समाज को कमजोर कर दिया। स्वामी दयानंद का कोई भी अनुयायी कांग्रेसी नहीं हो सकता था; दोनों परस्पर विरोधी होने के कारण असंगत माने जाते थे। लेकिन पद और नेतृत्व की लालसा ने कई आर्य समाजियों को एक ही समय में खुद को गांधीवादी कांग्रेसी और आर्य समाजी कहकर दोहरे खेल में भाग लेने के लिए प्रेरित किया था, परिणाम यह हुआ कि सिंध की सरकार ने चार साल पहले 'सत्यार्थ प्रकाश' पर प्रतिबंध लगा दिया; आर्य समाज ने सिर झुकाकर इसे स्वीकार किया। परिणामस्वरूप आर्य समाजी गुरुओं का हिंदुओं के सामाजिक और धार्मिक जीवन पर प्रभाव काफी सीमित हो गया। समाज के सदस्य व्यक्तिगत रूप से प्रखर राष्ट्रवादी थे। उल्लेख करूँ तो स्वर्गीय लाला लाजपत राय और स्वामी श्रद्धानंद, सिर्फ दो ऐसे नाम हैं, जो सच्चे अर्थों में, बिना शर्त आर्य समाजवादी माने जा सकते थे, लेकिन वे पहले कांग्रेस के नेताओं में से एक थे और अंत तक बने रहे।

वे गांधीजी के अंध समर्थकों का प्रतिनिधित्व नहीं करते, लेकिन उन्होंने गांधीजी की मुसलिम समर्थक नीतियों का विरोध किया और उनके द्वारा मुसलिम नीतियों को आदर देने का खुलकर विरोध किया। हालाँकि ये महापुरुष अब चले गए हैं। हम आज भी जानते हैं कि वास्तव में जो आर्य समाज था, वह आज भी है, परंतु कुछ स्वार्थी वर्ग अपने निजी हितों के लिए गांधीजी को आर्य समाज के बारे में गलत सूचनाएँ देते थे, और जो गांधीजी का गलत मार्गदर्शन करते थे। आर्य समाज अब वह शक्ति और प्रेरणा नहीं रहा, जो कभी था।

(ii) गांधीजी की आर्य समाज की निंदा और शाब्दिक हमले से मुसलमानों में उनकी लोकप्रियता तो नहीं बढ़ी, पर हाँ, कुछ युवाओं ने कुछ महीनों बाद स्वामी श्रद्धानंदजी की हत्या अवश्य कर दी। आर्य समाज पर एक प्रतिक्रियावादी निकाय होने के आरोप का दावा स्पष्ट रूप से झूठा था। यह सभी जानते थे कि आर्य समाज एक प्रतिगामी दल होना तो दूर की बात, वह तो हिंदुओं के बीच सामाजिक सुधार लाने वाला अग्रिम दल था। कई सौ वर्षों तक, गांधीजी के जन्म से भी बहुत पहले, इस समाज ने अस्पृश्यता के उन्मूलन की वकालत की थी। आर्य समाज ने विधवाओं के लिए दूसरी शादी का समर्थन करते हुए इस विचार को लोकप्रिय बनाया था। उन्होंने न केवल जाति व्यवस्था की निंदा की, बल्कि उन सभी की एकता की वकालत की, जो आर्य समाज के सिद्धांतों का पालन करने के लिए तैयार थे। कुछ समय के लिए गांधीजी पूरी तरह से खामोश हो गए थे, लेकिन उनके नेतृत्व के तेज ने लोगों को आर्य समाज पर उनके आधारहीन हमले को भुला दिया तथा आर्य समाज और भी कमजोर हो गया। आर्य समाज के संस्थापक स्वामी दयानंद सरस्वती ने हिंसा या अहिंसा का कोई कानून स्थापित नहीं किया। मुझे नहीं पता कि उनकी शिक्षाओं में बल के प्रयोग को महत्त्व दिया गया था या नहीं, लेकिन अगर नैतिक रूप से वह वांछनीय है तो सही माना गया है। आर्य समाज के नेताओं के लिए यह तय करने में एक दुविधा रही होगी कि कांग्रेस में बने रहें या नहीं, क्योंकि गांधीजी ने सभी मामलों में अहिंसा पर जोर दिया और स्वामी दयानंद ने इसके बारे में कुछ नहीं कहा था। खैर, स्वामीजी की मृत्यु हो गई और गांधीजी की लोकप्रियता आसमान छू रही थी।

(ङ) **सिंध पृथक्करण :** 1928 तक मो. जिन्ना की लोकप्रियता काफी बढ़ गई थी और महात्मा ने भारतीय लोकतंत्र, राष्ट्र और हिंदुओं के बलबूते पर अपनी कई उचित और अनुचित माँगों को पहले ही पूरा करवा लिया था। चूँकि बॉम्बे प्रेसीडेंसी हिंदुओं को अपने क्षेत्र से खदेड़कर उन्हें सामुदायिक भेड़ियों की ओर धकेल रही थी, इसलिए महात्मा ने सिंध से अलग होने का समर्थन किया। सिंध, कराची, सुक्कुर, शकरपुर और अन्य स्थानों पर दंगे हुए, जहाँ केवल हिंदू ही पीड़ित थे और भारत के क्षितिज पर हिंदू-मुसलिम एकता तेजी से लुप्त होती नजर आ रही थी।

(च) **लीग ने कांग्रेस को अलविदा कहा :** हर पराजय के साथ गांधीजी की हिंदू-मुसलिम एकता को प्राप्त करने की पद्धति में रुचि बढ़ती जाती थी। एक जुआरी की तरह, जो हारते जाने पर हताश होता है, फिर कुछ जीतने की आशा में पुनः दाँव लगाता है। गांधीजी ने मुसलमानों को खुश करने के लिए असंगत तरीके से और भी रियायतें दीं। स्वतंत्रता की लड़ाई में मो. जिन्ना को महात्मा के नेतृत्व का समर्थन था। लेकिन कांग्रेस के मुसलमानों का कांग्रेस से दूर और अलग-थलग रहने का रवैया पिछले कुछ वर्षों में बढ़ने लगा था और 1928 के बाद मुसलिम लीग का मानो कांग्रेस से कुछ लेना-देना नहीं था और वह कांग्रेस के साथ मिलकर कुछ भी करने को तैयार नहीं थी।

वर्ष 1929 में लाहौर अधिवेशन में कांग्रेस द्वारा 'स्वतंत्रता प्रस्ताव' पारित किया गया। उसमें जो मुसलमान अनुपस्थित थे, उन्हें कांग्रेस संगठन से बाहर कर दिया गया। उसके बाद शायद ही कोई हिंदू-मुसलिम एकता की आशा बची थी; फिर भी गांधीजी अंध आशावादी बने रहे और स्वयं को अधिक-से-अधिक मुसलिम सांप्रदायिक व्यवस्था के लिए समर्पित करते गए।

(छ) **गोलमेज सम्मेलन और सामुदायिक पुरस्कार :** ब्रिटिश सरकार ने पाया कि दोनों ही देशों में प्रशासन (इंग्लैंड और भारत) में अत्यधिक उत्साह और उम्मीद से संवैधानिक सुधारों का आग्रह बढ़ता जा रहा है। 'फूट डालो और राज करो' की बेईमान नीति को अपनाने के बावजूद, उसने जो सामुदायिक कलह उत्पन्न की थी, उसके परिणामस्वरूप देश में न तो स्थायित्व था, न ही किसी समुदाय में सुरक्षा का भाव था। जबकि ब्रिटिश सरकार की परिकल्पना से 'फूट डालो और राज करो' की नीति

भारत को शांति और सुरक्षा दे सकती थी। इसलिए 1929 के अंत में यह निर्णय लिया गया कि 1930 के शुरू में इस स्थिति को लेकर 'गोलमेज सम्मेलन' किया जाएगा। उस समय 'लेबर पार्टी' की सरकार सत्ता में थी और प्रधानमंत्री थे श्री रामसे मैकडोनाल्ड; लेकिन काररवाई बहुत देरी से हुई। एक महीने बांद, ऊपरलिखित घोषणा के बावजूद, लाहौर के कांग्रेस अधिवेशन सत्र में स्वतंत्रता के प्रस्ताव को मंजूरी दे दी गई और कांग्रेस पार्टी ने इस 'गोलमेज सम्मेलन' (राउंड टेबल कॉन्फ्रेंस) का बहिष्कार करने का फैसला किया। इसके कुछ महीनों बाद 'नमक सत्याग्रह' शुरू हुआ, जिसमें जबरदस्त उत्साह दिखाते हुए लगभग 70,000 लोगों ने नमक के प्रावधानों को तोड़ा और कितने ही लोग जेल गए। हालाँकि कांग्रेस को जल्द ही इस गोलमेज सम्मेलन का बहिष्कार करने का खेद हुआ, और 1931 में गोलमेज सम्मेलन के दूसरे सत्र में कांग्रेस ने गांधीजी को कांग्रेस प्रतिनिधि बनाकर भेजने का फैसला किया। जिसने भी उस सत्र की काररवाई को पढ़ा होगा, उसे जल्द ही एहसास हो जाएगा कि गोलमेज सम्मेलन की विफलता का मुख्य कारण गांधीजी ही थे। गोलमेज सम्मेलन के कोई भी निर्णय लोकतंत्र या राष्ट्रवाद के समर्थन में नहीं थे; और महात्मा श्री रामसे मैकडोनाल्ड को, तथाकथित सामुदायिक पुरस्कार पाने हेतु, आमंत्रित करने तक चले गए और इस प्रकार सांप्रदायिक व्यवस्था की विघटनकारी ताकतों को दोबारा प्रबल किया, जिन्होंने 24 साल से राजनीतिक निकाय को जीर्ण-शीर्ण किया था। इस प्रकार महात्मा सांप्रदायिक मतदाताओं और भारत की भावी संसद् में सांप्रदायिक मताधिकार के प्रत्यक्ष घुसपैठ के लिए जिम्मेदार थे। इसमें कोई हैरत की बात नहीं थी कि जब श्री रामसे मैकडोनाल्ड ने सामुदायिक पुरस्कार दिया तो महात्मा ने कोई आपत्ति नहीं जताई और विधानसभा सदस्यों को भी पहले से बता रखा था कि इस पुरस्कार के बारे में पूछा जाए तो 'न ही स्वीकार करें और न ही अस्वीकार।'

उन्हीं गांधीजी ने फिर सांप्रदायिक इकाई पर कुठाराघात किया, जिसके लिए उन्होंने पिछले पंद्रह वर्षों में न जाने कितना-कुछ दाँव पर लगा दिया था। और यह भी हैरानी कि बात नहीं है कि अल्पसंख्यकों की सुरक्षा के बहाने 1935 के 'भारत सरकार अधिनियम' में सांप्रदायिक मताधिकार, सांप्रदायिक मतदाता और अल्पसंख्यकों को महत्त्व देने की एक स्थायी

वैधानिक स्वीकृति दी, यहाँ तक कि अल्पसंख्यकों को प्रांतों और केंद्र, दोनों की सरकारों में महत्त्व दिया जाएगा, विशेष रूप से मुसलमानों को। यह स्वाभाविक है कि जिन विधायकों को सांप्रदायिक मताधिकारों के लिए चुना जाएगा, उनकी मानसिकता में सांप्रदायिक और राष्ट्रवाद की बढ़ती हुई खाई को पाटने (भरने) में कोई दिलचंस्पी नहीं होगी। क्यों होगी ? इसीलिए राजनीतिक और आर्थिक बुनियादों को लेकर संसदीय दल का गठन असंभव था। हिंदू और मुसलमान विपरीत खेमों में बँट गए और एक-दूसरे के प्रतिद्वंद्वी दलों के रूप में अलगाववाद को बढ़ावा देते रहे। लगभग सभी घटनाओं और निर्णयों में सांप्रदायिक तांडवों में मुसलमानों के हाथों हिंदू ही उत्पीड़न का शिकार हुए। लोग हिंदू और मुसलमानों के बीच एकता की किसी भी संभावना को लेकर पूरी तरह से निंदक हो गए थे, लेकिन गांधीजी कोरी कल्पना के तहत सभी मौसमों में हिंदू-मुसलिम एकता के अपने निष्फल सूत्र को दोहराते रहे। (यहाँ मैं पं. मदन मोहन मालवीय के 'कम्युनिटी अवार्ड' स्वीकार करने के खिलाफ उनके दिए गए भाषण का हवाला दे रहा हूँ।)

(ज) **आरोपों की स्वीकृति और साहसिक इस्तीफे का प्रदर्शन** : 1935 के भारत सरकार अधिनियम के तहत 1 अप्रैल, 1937 से प्रांतीय स्वायत्तता। यह अधिनियम हितों की सुरक्षा, विशेषाधिकार, विशेष शक्तियों के हितों की रक्षा, वर्तमान समय में विभिन्न ब्रिटिश कर्मचारियों से व्यवहार में अभी तक दिए गए सम्मान और अधिकारों में निरंतरता से परिपूर्ण था।

इसलिए कांग्रेस ने पहले तो दिए गए पदों की जिम्मेदारियाँ स्वीकार नहीं कीं, लेकिन जल्द ही उसे एहसास हो गया कि हर प्रांत में एक मंत्री चुना गया है और उनमें से कम-से-कम पाँच नियमित रूप से कार्य कर रहे थे। अन्य छह प्रांतों में मंत्री अल्पसंख्यक वर्ग के थे, और वे जल्द ही राष्ट्र-निर्माण कार्यक्रमों में लग गए और तेजी से आगे बढ़े; कांग्रेस ने महसूस किया कि अगर वे अपने पदों की 'अस्वीकार' की नीति पर कायम रहे तो जल्दी ही हाथ से सबकुछ छूट जाएगा। परिणामतः 1937 में उन्होंने दिए गए पदों को स्वीकार कर लिया। ऐसा करते समय उनकी कुछ गंभीर गलतियाँ हुईं, जिनमें से एक थी—मुसलिम लीग के सदस्यों को मंत्रिमंडल की प्रभावी भागीदारी से बाहर रखना।

उन्होंने केवल उन्हीं मुसलमानों को शामिल किया, जो मंत्रिमंडल

(कैबिनेट) में कांग्रेसी थे। यह नीति उस देश के लिए सही नीति थी, जहाँ सामान्य मताधिकार हो और कोई सामुदायिक प्रतिनिधित्व न हो। लेकिन सांप्रदायिक मतदाता और सांप्रदायिक मताधिकार के साथ-साथ अन्य अलगाववादी सामग्री को स्वीकार करके, यह अस्थिर हो गया, मुसलिम लीग के सदस्यों का साथ बनाए रखना मुश्किल हो गया, क्योंकि वे प्रत्येक प्रांत के मुसलिम जन का प्रतिनिधित्व करते थे, जिसमें वे अल्पसंख्यक थे। जो मुसलिम राष्ट्रवादी मुसलिम थे, वे मंत्री बन गए, वैसे प्रतिनिधि नहीं बने, जैसेकि मुसलिम लीग के सदस्य बने। मुसलिम सदस्यों को मंत्रिमंडल (कैबिनेट) में न ले जाकर कांग्रेस ने स्वयं अपनी ही काररवाई का खुले तौर पर खंडन किया। कानूनी तौर पर सांप्रदायिक प्रणाली का हिस्सा होने को मान्यता दे दी। दूसरी ओर, मुसलमान कांग्रेस के नियंत्रण में रहने के लिए अनिच्छुक थे।

आपके हितों की रक्षा की जरूरत उन्हें कभी भी महसूस ही नहीं हुई। गवर्नर सहानुभूतिपूर्ण समर्थन देने को हमेशा तैयार रहते थे, लेकिन मुसलिम लीग के सदस्यों ने उन्हें मंत्रियों के रूप में अस्वीकार कर दिया था। मो. जिन्ना को ऐसी परिस्थिति का फायदा मिला और वे भी व्यवहार-कुशलता से, चतुरता से फायदा उठाते रहे; और जब 1939 में, जब कांग्रेस ने गुस्से में आकर इस्तीफा दे दिया, तो यह सामरिक लाभ मुसलिम लीग और ब्रिटिश साम्राज्यवाद के हाथों में चला गया। 1935 में भारत सरकार की धारा-93 के तहत, गवर्नरों ने कांग्रेस के प्रांतों की सरकारों को अपने नियंत्रण में ले लिया और मुसलिम लीग के मंत्रियों ने शेष प्रांतों में शक्ति और अधिकार बनाए रखा। राज्यपाल (गवर्नर) अंग्रेजों की साम्राज्यवादी नीति के अनुरूप प्रशासन में मुसलमानों के प्रति एक विशिष्ट झुकाव के साथ आगे बढ़ते रहे। पूरे देश में सांप्रदायिक व्यवस्था का शासन था, बोलबाला था। एक ओर मुसलिम मंत्रालयों के माध्यम से और दूसरी ओर ब्रिटिश राज्यपालों के मुसलिम समर्थकों के माध्यम से। गांधीजी की हिंदू-मुसलिम एकता कुछ और तो नहीं, एक सपना बनकर रह गई। लेकिन उन्हें इस बात का शायद ही कभी फर्क पड़ा। उनकी महत्त्वाकांक्षा समान रूप से हिंदुओं और मुसलमानों का नेता बनने की थी, और मंत्रालयों से कांग्रेस ने इस्तीफा देकर फिर लोकतंत्र और राष्ट्रवाद की बलि दी। महात्मा के हठ की वेदी पर हिंदुओं

के धार्मिक, राजनीतिक, आर्थिक और सामाजिक अधिकारों की बलि चढ़ा दी गई।

(झ) (i) युद्ध का लाभ उठाती लीग : उपरोक्त स्थिति से प्रोत्साहित होकर पाँच प्रांतों में मुसलिम सरकार और अन्य छह में मुसलिम समर्थक गवर्नर, मो. जिन्ना ने तेजी से कार्य किया। कांग्रेस ने युद्ध का विरोध किया। मो. जिन्ना और लीग की नीति बहुत स्पष्ट थी। वे तटस्थ रहे और सरकार को कोई परेशानी नहीं होने दी; हालाँकि अगले ही वर्ष मुसलिम लीग ने लाहौर के अधिवेशन के दौरान युद्ध में ब्रिटिश सरकार के सहयोग की शर्त के रूप में भारत के विभाजन के लिए एक प्रस्ताव पारित कर दिया। लाहौर प्रस्ताव के कुछ महीनों के बाद लॉर्ड लिनलिथगो ने सरकारी नीति के एक बयान के माध्यम से मुसलमानों को उनकी अलगाव नीति में पूर्ण समर्थन दिया, जिसमें उन्हें आश्वासन दिया गया था कि बिना सबकी सहमति के कोई भी भारत के राजनीतिक संविधान के राष्ट्रीय जीवन के तत्त्वों में कोई बदलाव नहीं करेगा।

भारत के वायसराय द्वारा किए गए समझौते के माध्यम से मुसलिम लीग और मो. जिन्ना की देश में बढ़ती राजनीतिक लोकप्रियता और प्रगति पर मानो 'वीटो' की मुहर लगा दी। उस दिन से विघटन प्रक्रिया हर तरह की संचित शक्ति के साथ आगे बढ़ी। लीग ने मुसलमानों को नौसेना, सेना या वायुसेना में भरती होने से प्रतिबंधित नहीं किया और बड़े पैमाने में वे सेना में भरती भी हुए। वास्तव में, पंजाब के मुसलमानों की भारतीय नौसेना में बहुत ही कम भरती का नुकसान उठाया। भविष्य में मुसलिम राज्य की दूरदर्शिता की तैयारी करते हुए, जैसाकि हम आज कश्मीर में देख सकते हैं, मुसलिम लीग ने निस्संदेह विश्वयुद्ध के छह वर्षों के दौरान कभी भी कोई मुश्किलें नहीं होने दीं। (संदर्भ—स्वर्गीय सर सिकंदर हयात खान द्वारा द्वितीय विश्वयुद्ध के दौरान काइरो में सशस्त्र बलों के सामने दिया गया भाषण) वे केवल इतना चाहते थे कि उनकी पूर्ण सहमति के बिना भारत के संविधान में कोई परिवर्तन न किया जाए और यदि परिवर्तन होगा तो तब, जब पाकिस्तान दे दिया जाए। लॉर्ड लिनलिथगो ने अप्रत्यक्ष रूप से अगस्त 1940 में यह आश्वासन दिया था।

(ञ) क्रिप्स के विभाजन प्रस्ताव को स्वीकार किया गया : कांग्रेस को यह नहीं पता था कि युद्ध का समर्थन करे या इसका विरोध करे या तटस्थ

रहे? कांग्रेस द्वारा ये सभी रवैये, एक के बाद एक अपनाकर देखे गए; कभी भाषणों के माध्यम से, कभी संकल्पों के माध्यम से, कभी प्रेस अभियानों के माध्यम से और कभी अन्य तरीकों से। स्वाभाविक है कि सरकार ने महसूस किया कि कांग्रेस के पास खुद का कोई दिमाग नहीं है; इसके पास अगर कुछ है तो केवल आडंबरपूर्ण शब्दों में निंदा। युद्ध 1942 तक बिना किसी सहमति या बाधा के चलाया गया। ब्रिटिश सरकार के पास आदमी, पैसा और युद्ध के लिए आवश्यक हर तरह की सामग्री थी। उसे हर तरह का कर्ज मुहैया करवाया गया था। 1942 में 'क्रिप्स मिशन' आया, जिसे उन्होंने कांग्रेस और शेष भारत के सामने पेश किया, जिसमें व्यर्थ वादों की मृग मरीचिका, सशस्त्र थी, जिसमें विभाजन की पृष्ठभूमि स्पष्ट रूप से दिखाई पड़ रही थी, विभाजन के स्पष्ट संकेत के साथ। यह मिशन स्पष्ट रूप से विफल हो गया, लेकिन जब कांग्रेस ने इस प्रस्ताव का विरोध किया तो यह प्रस्ताव, एक प्रतिशोधी और कपटपूर्ण संकल्प की पुनरावृत्ति थी, जिसमें लोकतंत्र और राष्ट्रवाद के प्रति अपने कर्तव्यपालन का भाव था, जिसे बाद में विभाजन की शुरुआत माना गया। अप्रैल 1942 में इलाहाबाद में आयोजित संपूर्ण भारतीय कांग्रेस कमेटी की बैठक में भारी बहुमत से विभाजन का सिद्धांत अस्वीकार कर दिया गया; अल्पमत में वर्तमान गवर्नर जनरल श्री सी. राजगोपालाचारी और उनके 6-7 समर्थक शामिल थे; लेकिन उस समय तथाकथित मुसलिम राष्ट्रवादी मौलाना आजाद कांग्रेस के अध्यक्ष थे। इसने कुछ महीने बाद फैसला सुनाया; इलाहाबाद के प्रस्ताव का पिछले श्रम समिति के प्रस्ताव पर कोई असर नहीं हुआ, जिसने पाकिस्तान के दूरस्थ सिद्धांत को मंजूरी दी थी। कांग्रेस बौखला गई। ब्रिटिश सरकार ने मुसलिम मंत्रालयों और मुसलिम समर्थक राज्यपालों के माध्यम से पूरे देश को प्रभावी ढंग से नियंत्रित करना जारी रखा। राजकुमार युद्ध से पहचाने जाने लगे थे। श्रम समिति मूक दर्शक बनने को तैयार नहीं थी। पूँजीपति वर्ग कांग्रेस को मौखिक रूप से और सरकार को सर्वोत्तम कीमतों पर समर्थन देने को तैयार हुआ। यहाँ तक कि खादर के उत्साही लोगों ने भी सरकार को कंबल बेचे। कांग्रेस इस पंगुता से बाहर निकलने का रास्ता नहीं ढूँढ़ पाई; रास्ता पहुँच से बाहर था और नाममात्र के विरोध के बाद सरकार अपने फैसले पर कायम रही।

(ट) **कांग्रेस की 'भारत छोड़ो' नीति और नारा तथा लीग का 'फूट डालो और छोड़ दो' नारा :** हताश होने के कारण गांधीजी ने 'भारत छोड़ो' नीति विकसित की, जिसे कांग्रेस ने मंजूरी दे दी थी। इसे विदेशी प्रभुत्व के खिलाफ सबसे बड़ा विद्रोह माना जाता था। गांधीजी ने लोगों को 'करो या मरो' का आदेश दिया था। सिवाय इसके कि कुछ नेताओं को तुरंत गिरफ्तार कर लिया गया और हिरासत में ले लिया गया; कुछ कांग्रेसी कुछ हफ्तों तक हिंसा के कृत्यों में शामिल थे। खैर, ब्रिटिश सरकार ने तीन महीने से कम समय में ही दृढ़ता और चतुराई से आंदोलन को दबा दिया। आंदोलन शीघ्र ही ध्वस्त हो गया। कुछ बचा, तो वह थी, कांग्रेसी और उसके समर्थकों की, जो जेल से बाहर थे, गिरफ्तार किए गए नेताओं की रिहाई के लिए दयनीय दलीलों की एक श्रृंखला। और वह भी औपचारिक रूप से 'भारत छोड़ो' आंदोलन को वापस लिये बिना, जिसका पतन पहले ही हो गया था। गांधीजी ने अपने साथियों की मुक्ति के लिए अनशन भी किया, लेकिन दो साल तक, जब तक कि जर्मनों को पराजित नहीं किया गया, नेताओं को कैद में रहना पड़ा और हमारे शाही शासक उस पूरे दौर में जीतने का मजा लेते रहे। मो. जिन्ना ने खुले तौर पर 'भारत छोड़ो' आंदोलन को मुसलमानों के प्रति शत्रुतापूर्ण आंदोलन बताते हुए उसके विरोध में 'फूट डालो और छोड़ दो' का प्रतिनारा बनाया। तभी फिर गांधीजी की हिंदू-मुसलिम एकता का आगमन हुआ।

(ठ) **हिंदी बनाम हिंदुस्तानी :** गांधीजी की बेतुकी मुसलिम समर्थक नीति को भारत की राष्ट्रीय भाषा पर सवाल उठाने के उनके विकृत रवैये को इसने अधिक स्पष्ट रूप से समझाया और चित्रित नहीं किया जा सकता था। वैज्ञानिक भाषा के हर तरह के अध्ययन के बाद हिंदी की माँग सर्वाधिक है, इसीलिए इसे देश की राष्ट्रभाषा के रूप में स्वीकार किया जाना चाहिए। भारत में वापस आने पर गांधीजी ने हिंदी भाषा को बहुत प्रोत्साहन दिया, लेकिन यह देखते हुए कि मुसलमान हिंदी को नापसंद करते हैं, वे देशद्रोहियों की तरह दूसरी भाषा के पक्ष-पोषक (समर्थक) बन गए, जिसे कि 'हिंदुस्तानी' कहा जाता था। भारत में हर कोई जानता है कि इस नाम की कोई भाषा नहीं है; इसका न कोई व्याकरण है; न तो शब्द-भंडार; वह केवल एक बोली है; बोलचाल की भाषा है; और तो और, उसका कोई लिखित रूप भी नहीं है। वह एक घटिया भाषा है और

हिंदी-उर्दू का मिश्रण है (संकर भाषा)। इसे गांधीजी के सारे कुतर्क भी लोकप्रिय नहीं बना सके; हालाँकि मुसलमानों को खुश करने की उनकी इच्छा के कारण उन्होंने 'हिंदुस्तानी' को राष्ट्रभाषा बनाने पर जोर दिया। माना जाता है कि उनके वफादार समर्थकों ने उनका आँख बंद करके समर्थन किया, इसलिए उन्होंने इस 'संकर भाषा' का प्रयोग करना शुरू किया। 'बादशाह राम' और 'बेगम सीता' जैसे शब्द बोले और लिखे गए, हालाँकि महात्मा ने कभी मो. जिन्ना को पं. जिन्ना या मौलाना आजाद को पं. आजाद के रूप में संबोधित करने का साहस नहीं किया। उनके सारे प्रयोग केवल हिंदुओं की कीमत पर ही हुआ करते थे। हिंदू-मुसलिम एकता की उनकी खोज एकतरफा थी। हिदुस्तानी भाषा एक वेश्या की तरह, हिंदी भाषा की शुद्धता और आकर्षण को ओढ़े; मुसलमानों को खुश करने की कोशिशें थीं। भारत के बाकी नागरिक तो छोड़ो, कांग्रेसी भी उसे रामबाण औषधि समझकर गले से उतारने को तैयार नहीं थे। वे (गांधीजी) हिंदुस्तानी भाषा के समर्थन में कायम रहे। हालाँकि हिंदू बहुसंख्यक थे और अपनी संस्कृति और मातृभाषा के प्रति अधिक समर्पित और वफादार होने के कारण दृढ़ साबित हुए और उन्होंने महात्मा की इच्छा और आशा के सामने सिर झुकाने से इनकार कर दिया। इसका परिणाम यह हुआ कि गांधीजी 'हिंदी परिषद्' में प्रबल और ऊँचे पद पर नहीं पहुँच पाए और उन्हें उस निकाय से त्याग-पत्र देना पड़ा। इतना होने पर भी उनका घातक प्रभाव अभी भी बना हुआ है और कांग्रेस सरकार अभी भी हिंदी या हिंदुस्तानी के बीच चयन करने में संकोच करती है। सामान्य ज्ञान और दिमाग रखने वालों को अभी भी मन में यह बात स्पष्ट हो जानी चाहिए कि 80 प्रतिशत लोगों द्वारा बोली जाने वाली भाषा ही देश की राष्ट्रीय भाषा बनने की अधिकारी होनी चाहिए। उनका मुसलमानों के प्रति दिखावटी सहयोग मानो उनकी मूर्खता का प्रमाण दे रहा था। सौभाग्य से हिंदी भाषा और देवनागरी लिपि के लाखों-करोड़ों समर्थक हैं। उत्तर प्रदेश (यूपी) सरकार ने हिंदी को प्रांत की भाषा के रूप में अपनाया है। भारत सरकार द्वारा नियुक्त समिति ने संविधान के पूरे मसौदे का शुद्ध हिंदी में अनुवाद किया है और अब कांग्रेस पार्टी को तय करना है कि वह विधानसभा में एकमत होकर हिंदी का समर्थन करे या फिर महात्मा के प्रति निष्ठा दिखाते हुए उनके

इस महान् देश में विदेशी भाषा थोपने के शैतानी प्रयास में दृढ़तापूर्वक साथ दे।

व्यावहारिक दृष्टि से देखा जाए तो हिंदुस्तानी जैसी ही है, बस नाम दूसरा है। लेकिन उर्दू को चोरी-छिपे हिंदुस्तानी कहना तस्करी करने जैसा है और राष्ट्रभाषा के रूप में स्थान देने की सोचना देश के साथ धोखाधड़ी करना है, जो अपराध है। और यही महात्मा ने करने का प्रयास किया। शिक्षा व विद्यालयों के कार्यक्रमों में और शिक्षण संस्थानों में उसके प्रयोग पर बल देना और वह भी इसीलिए कि इससे मुसलमानों को खुश किया जा सकेगा। यह सोच महात्मा की कल्पित व्यवस्था में सबसे खराब सांप्रदायिक व्यवस्था थी। यह सबकुछ हिंदू-मुसलिम एकता के लिए था।

(ड) **वंदे मातरम् गाया नहीं जाता है :** मुसलमानों के लिए गांधीजी का प्रेम अंधा, सही या गलत, सच्चाई या न्याय की परवाह किए बिना मुसलिम नेतृत्व के लिए उनकी अमिट लालसा और हिंदुओं की भावनाओं की समग्र रूप से अवहेलना थी। यह असल में महात्मा की नृशंसता थी। यहाँ यह बात उल्लेखनीय है कि कुछ मुसलमानों को प्रसिद्ध भजन 'वंदे मातरम्' पसंद नहीं था, इसलिए समय के साथ जहाँ तक संभव हो, धीरे-धीरे महात्मा ने उस गीत को गाना या पढ़ना बंद कर दिया।

एक शताब्दी तक इस गीत को बंगालियों ने अपने देश के लोगों को एक राष्ट्र के रूप में अंग्रेजों के विरुद्ध खड़े होने के लिए प्रोत्साहित किया। विभाजन के झटके से कई वर्ष पूर्व 1905 में इस बंगाली गीत के गायन ने विशेष गौरव और लोकप्रियता हासिल की। बंगालियों ने अनगिनत सभाओं में मातृभूमि के प्रति समर्पण की शपथ ली और देश की आजादी की प्रतिज्ञा लेते हुए यह गीत गाया। ब्रिटिश प्रशासकों को कभी भी 'मातृभूमि बचाओ' के मंत्र का सही अर्थ समझ में नहीं आया। इसीलिए चालीस वर्ष पूर्व, कुछ समय के लिए सरकार ने इस गीत के गायन पर प्रतिबंध लगा दिया था, जिससे इसकी लोकप्रियता देश भर में बढ़ गई थी। यह गीत सभी कांग्रेस और अन्य राष्ट्रीय विधानसभाओं में गाया जाता रहा; लेकिन जैसे ही एक मुसलमान ने आपत्ति की, गांधीजी अपने पीछे की राष्ट्रीय भावना को भूल गए और उन्होंने कांग्रेस को राजी कर लिया कि वह इसे राष्ट्रगान के रूप में गाने पर जोर न दे। अब मुझे समझ आता है कि क्यों उन्होंने (गांधीजी) रवींद्रनाथ टैगोर के 'जन गण

मन' के स्थान पर 'वंदे मातरम्' को अपनाए जाने पर जोर दिया! क्या एक विश्वप्रसिद्ध जाप के विरुद्ध निर्लज्जतापूर्वक की गई इस कारवाई से अधिक मनोबल गिराने वाली या दयनीय कोई बात हो सकती है? वह भी सिर्फ इसलिए था, क्योंकि एक अज्ञानी कट्टर की जिद थी, मुसलमानों को खुश करने की? देश के लिए प्रेम दिखाने का, आगे बढ़ने का सही तरीका होता—अज्ञानियों को प्रबुद्ध कर पूर्वग्रहों को दूर करना, पर अपनी तीस वर्षों की असीमित लोकप्रियता और नेतृत्व के दौरान गांधीजी ने यह प्रयास करने का साहस नहीं किया। उनके विचार में हिंदू-मुसलिम एकता का अर्थ केवल मुसलमानों की इच्छाओं के समक्ष आत्मसमर्पण करना और उनकी इच्छाओं के आगे घुटने टेककर, उनकी जो इच्छा हो, वह दे देना था। इसमें कोई आश्चर्य नहीं कि उनकी एकता की कल्पना कभी भी साकार नहीं हुई और न कभी आने वाले समय में साकार होगी।

(ढ) **'शिव बावनी' वर्जित है :** गांधीजी ने शिव बावनी का पाठ करने या पढ़ने से मना किया था। 'शिव बावनी' एक हिंदू कवि द्वारा रचित 52 छंदों का एक सुंदर संग्रह है, जो शिवाजी की महान् शक्ति और हिंदू समुदाय तथा उनके धर्म के लिए शिवाजी द्वारा प्रदत्त संरक्षण की प्रशंसा करता है। यहाँ मैं 'शिव बावनी' के संग्रह से एक बंध प्रस्तुत कर रहा हूँ, जो इन शब्दों के साथ समाप्त होता है—'यदि शिवाजी न होते तो पूरा देश इसलाम का हो जाता।' यहाँ मैं 'शिव बावनी' पुस्तक का दोहा सुनाता हूँ, जो इन शब्दों के साथ समाप्त होता है—

"काशीजी की कला जाति मथुरा मसजिद होती
शिवाजी जो न होते तो सुनत होती सबकी"

अर्थात् काशी का साहित्य और इतिहास नहीं होता, मथुरा में मसजिदें बनतीं। अगर शिवाजी न होते तो सभी लोग सुन्नी जाति के मुसलमान होते। लाखों लोगों के लिए यह समकालीन आनंद देने वाला इतिहास और साहित्य था, लेकिन गांधीजी को यह कभी अच्छा नहीं लगा। हिंदू-मुसलिम एकता का जैसा स्वप्न था, वैसा ही है।

(ण) **प्रोत्साहित सुहरावर्दी :** जब लॉर्ड वेवेल ने पं. नेहरू को अस्थायी सरकार बनाने के लिए आमंत्रित किया तो मुसलिम लीग ने अनंतिम सरकार में शामिल होने से इनकार कर दिया। उसके बाद से लीग पं. नेहरू द्वारा गठित किसी भी सरकार के विरुद्ध 'सीधी कारवाई'

करने के लिए परिषद् का निर्माण कर लेती थी। 15 अप्रैल, 1946 को पं. नेहरू के पदभार ग्रहण करने के तकरीबन दो-ढाई सप्ताह पहले कलकत्ता में हिंदुओं के खिलाफ बड़े पैमाने पर नरसंहार हुआ, जो तीन दिनों तक चला। कलकत्ता के 'स्टेट्समैन' अखबार में इस नरसंहार के दिनों की भयावहता का वर्णन किया गया है। उस समय ऐसा माना जाता था कि जो भी सरकार अपने नागरिकों के खिलाफ इस तरह के अत्याचारों की अनुमति देगी, उसे निष्कासित किया जाएगा; उस समय श्री सुहरावर्दी की सरकार थी, लेकिन साम्राज्यवादी राज्यपाल ने भारत सरकार अधिनियम की धारा-93 के तहत प्रशासन का प्रभार ग्रहण करने से मना कर दिया। हालाँकि गांधीजी कलकत्ता गए और इन नरसंहारों के अपराधियों के साथ एक अजीब दोस्ती कायम की। यही नहीं, उन्होंने सुहरावर्दी और मुसलिम लीग की ओर से मध्यस्थता करने की कोशिश की। तीन दिनों तक जो कत्लेआम हुआ, उसमें कलकत्ता पुलिस ने जान-माल की रक्षा के लिए कोई दखल नहीं दिया और कोई काररवाई नहीं की। कानून के रखवालों की नाक के नीचे अनगिनत अत्याचार किए गए, लेकिन गांधीजी के लिए मानो कुछ भी मायने नहीं रखता था! उन्हें सुहरावर्दी की प्रशंसा के विषय से कोई विचलित नहीं कर सकता था और गांधीजी ने सुहरावर्दी को सार्वजनिक रूप से 'शहीद' के रूप में वर्णित किया। इसमें कोई आश्चर्य की बात नहीं है कि दो महीने बाद नोआखाली और टिप्पेराह में मुसलिम कट्टरता का द्वेषपूर्ण प्रकोप फूटा; आर्य समाज की एक रिपोर्ट के अनुसार, 30,000 हिंदू महिलाओं को बलपूर्वक धर्मांतरित किया गया; मारे गए या घायल हुए हिंदुओं की कुल संख्या तीन लाख थी। करोड़ों रुपयों के मूल्य की जो संपत्ति लूटी गई और नष्ट की गई, उसका कोई और कहीं उल्लेख नहीं है। फिर गांधीजी ने प्रत्यक्ष रूप से नोआखाली जिले की अकेले ही यात्रा की।

यह सर्वविदित है कि सुहरावर्दी ने गांधीजी को हर जगह सुरक्षा प्रदान की। उनकी सुरक्षा व्यवस्था का सुहरावर्दी ने पूरा ध्यान रखा। ये सभी हमले जान-माल का नुकसान थे। तब सुहरावर्दी प्रधानमंत्री थे। पहले से ही अन्याय का साथ देने वाला, सांप्रदायिक जहर फैलाने वाला; यही है वह, जिसे गांधीजी ने 'शहीद' की अयोग्य उपाधि दी थी।

(त) **हिंदुओं और मुसलिम राजकुमारों के प्रति रवैया :** गांधीजी के अनुयायियों ने जयपुर, भावनगर और राजकोट राज्यों को सफलतापूर्वक अपमानित किया। यहाँ तक कि उन्होंने हिंदू राजकुमार के विरुद्ध कश्मीर राज्य में विद्रोह का उत्साहपूर्वक समर्थन किया। गांधीजी का यह रवैया मुसलिम राज्यों के मामले में आश्चर्यजनक रूप से बिल्कुल विपरीत था। ग्वालियर राज्य में मुसलिम लीग की एक साजिश के तहत महाराजा को चार साल पहले विक्रम कैलेंडर की दूसरी सहस्राब्दी के उत्सवों को छोड़ने के लिए मजबूर होना पड़ा; आंदोलन सांप्रदायिक व्यवस्था पर आधारित था। महाराजा एक उदारवादी दृष्टिकोण रखने वाले और दूरदर्शी निष्पक्ष शासक हैं। हाल ही में ग्वालियर में हिंदुओं और मुसलमानों के बीच हुए संघर्ष में कुछ मुसलमान हताहत हुए और केवल हताहत होने पर ही गांधीजी क्रोध से भरे हुए, अयोग्य उग्र रवैया अपनाते हुए, महाराजा से मिलने गए।

(थ) **भूख हड़ताल पर गांधीजी :** 1943 में जब गांधीजी भूख हड़ताल पर थे और किसी को भी राजनीतिक मामलों पर उनका साक्षात्कार लेने की अनुमति नहीं थी, तब केवल उनके सबसे आत्मीय और करीबी लोगों को उनके स्वास्थ्य के बारे में पूछताछ करने की अनुमति थी। श्री राजगोपालाचारी ने गांधीजी के कमरे में प्रवेश किया और पाकिस्तान को स्वीकार करने के लिए एक योजना तैयार की; गांधीजी ने उन्हें जिन्ना के साथ बातचीत करने की अनुमति दी। बाद में, 1944 के अंत में गांधीजी ने मो. जिन्ना के साथ तीन सप्ताह तक इस मामले पर चर्चा की और परिणाम यही निकला कि आज हम पाकिस्तान को एक अलग राष्ट्र के रूप में देख रहे हैं।

गांधीजी मो. जिन्ना के घर रोज जाते थे, उनकी प्रशंसा करते थे, गले लगाकर उन्हें बधाई देते थे, लेकिन मो. जिन्ना को इस बात के लिए राजी नहीं किया जा सका कि वे पाकिस्तान बनने की माँग को छोड़ दें, जो उन्हें बहुत महँगा पड़ सकता था। हिंदू-मुसलिम एकता नकारात्मक दिशा में आगे बढ़ रही थी।

(द) **देसाई-लियाकत समझौता :** (i) 1945 में लोकप्रसिद्ध 'देसाई-लियाकत समझौता' हुआ। इसने मानो कांग्रेस के राष्ट्रीय लोकतांत्रिक निकाय के ताबूत में आखिरी कील ठोंक दी। उस समझौते के समय

कांग्रेस के तत्कालीन नेता स्वर्गीय श्री भूलाभाई देसाई दिल्ली में केंद्रीय विधानसभा में कांग्रेस पार्टी के नेता थे। उन्होंने सभा (असेंबली) के लीग के नेता श्री लियाकत अली खान के साथ एक समझौता किया कि वे ब्रिटिश सरकार के साथ एक सम्मेलन का अनुरोध करेंगे, जिसका विषय होगा—'विश्वयुद्ध की शुरुआत से ही भारतीय राजनीति में उसकी आजादी को लेकर बढ़ रहे प्रतिरोधों और समाधान खोजने की धीमी गति के कारण व उपाय।' यह गृहीत था कि श्री देसाई ने यह कदम कांग्रेस कमेटी के किसी भी महत्त्वपूर्ण व्यक्ति के परामर्श के बिना उठाया था, क्योंकि 1942 से 1945 तक 'भारत छोड़ो' आंदोलन के दौरान गांधी और पूरी कांग्रेस कार्यकारिणी को गिरफ्तार कर लिया गया और जेल में डाल दिया गया था। देसाई कांग्रेस के कुछ आजाद नेताओं में से एक थे। श्री देसाई ने मुसलमानों को कांग्रेस के साथ समान प्रतिनिधित्व की पेशकश की; इसी आधार पर उन्होंने वायसराय लॉर्ड वेवेल से सम्मेलन की व्यवस्था करने के लिए संपर्क किया। इस अनुरोध के प्राप्त होने पर तत्कालीन वायसराय लॉर्ड वेवेल ने लंदन के लिए उड़ान भरी और उक्त सम्मेलन करने के लिए लेबर सरकार की सहमति लेकर आए। उनकी घोषणा ने लोकतंत्र और राष्ट्रवाद के नाम पर बोले गए झूठ से देश को स्तब्ध कर दिया। वे कांग्रेस के प्रति पक्षपाती नजर आ रहे थे। वह घोषणा वास्तव में भारतीय लोकतंत्र की पीठ पर किया गया वार था। न्याय के हर सिद्धांत का उल्लंघन किया गया। कांग्रेस के सदस्यों ने शीघ्र ही इस राक्षसी प्रस्ताव को स्वीकार कर लिया। हालाँकि, जैसाकि बाद में पता चला कि प्रस्ताव को महात्मा का आशीर्वाद था, जो वास्तव में उन्हें ज्ञात था, उनकी सहमति से ही किया गया था।

कांग्रेस पार्टी की पूर्ण सहमति के साथ यह तय किया गया कि भारत के 25 प्रतिशत निवासियों के साथ ऐसा व्यवहार किया गया, मानो वे 50 प्रतिशत थे और 75 प्रतिशत निवासियों के साथ ऐसा व्यवहार किया गया, मानो वे 50 प्रतिशत की आबादी के स्तर के हैं। वायसराय ने सम्मेलन में इसे धारण करने के लिए अन्य शर्तें भी निर्धारित कीं। वे थीं—

1. कांग्रेस की ओर से एक अनारक्षित प्रतिबद्धता और सभी राजनीतिक दलों के खिलाफ युद्ध का समर्थन करने के लिए जीत हासिल करने तक जाना।

2. सरकार एक गठबंधन निकाय तैयार करेगी, जिसमें कांग्रेस और मुसलिम लीग के पाँच प्रतिनिधि होंगे। इसके अलावा, वंचित वर्गों, सिखों और अल्पसंख्यकों के प्रतिनिधि होंगे।
3. 'भारत छोड़ो' आंदोलन होगा, बिना शर्त वापस ले लिया जाएगा और नेताओं को परिणामस्वरूप हिरासत में लिया जाएगा।
4. भारत सरकार अधिनियम-1935 के तहत हर तरह से प्रशासनिक सुधार के सभी उपाय किए जाएँगे।
5. नए समझौते में तत्कालीन समय के अनुसार ही गवर्नर जनरल और वायसराय उन्हीं पदों पर स्थितिगत रहेंगे, अर्थात् नई सरकार के मुखिया बने रहेंगे।
6. युद्ध के अंत में, संविधान सभा की प्रक्रिया द्वारा देश की पूर्ण आजादी के प्रश्न का फैसला किया जाएगा।
7. यदि कोई संशोधन नहीं हुआ तो वायसराय सभी भारतीयों द्वारा सँभाले गए पोर्टफोलियो (कार्यक्षेत्र) के साथ अपनी सरकार का पुनर्गठन करेगा, जैसाकि ऊपर बिंदु (2) में इंगित किया गया है।
8. जिन लोगों ने अभी तीन साल पहले 'भारत छोड़ो' आंदोलन की शुरुआत की थी और जिन्होंने लोगों को 'करो या मरो' नारे से ब्रिटिश सरकार के विद्रोह का आह्वान किया, वे ही चुपचाप ब्रिटिश वायसराय के नेतृत्व में और उनके द्वारा प्रस्थापित नियमों और शर्तों के तहत दिए गए कार्यभार स्वीकार करने को प्रस्तुत होंगे। वास्तविकता तो यह थी कि 'भारत छोड़ो' आंदोलन विफल हो गया था और कांग्रेस पार्टी के पास इसके बाद कुछ भी काररवाई करने का विकल्प या कार्यक्रम तैयार नहीं था, चाहे उसके लिए पार्टी तैयार थी, चाहे नहीं। यही सच था। कांग्रेस के पतन के साथ ही यह स्पष्ट हो गया था कि मो. जिन्ना अकेले विजेता थे।

जिन्ना को कांग्रेस की विफलता से भविष्य की चर्चाओं में मुसलमानों को 50 प्रतिशत प्रतिनिधित्व मिलने का सामरिक लाभ मिला। द्विराष्ट्र के सिद्धांत और पाकिस्तान की माँग को बढ़ावा मिला। हालाँकि, सम्मेलन का हिंदू-मुसलिम एकता प्राप्त करने का उद्देश्य विफल रहा।

(ध) **कैबिनेट मिशन योजना :** 1946 के प्रारंभ में तथाकथित 'कैबिनेट मिशन' भारत आया। इसमें भारत के तत्कालीन सचिव, अब लॉर्ड लॉरेंस, युद्ध मंत्री श्री अलेक्जेंडर और सर स्टैफोर्ड क्रिप्स शामिल थे। प्रधानमंत्री श्री एटली ने संसद् में एक भाषण के माध्यम से उनके आगमन की घोषणा की। उन्होंने अत्यंत स्पष्ट शब्दों में इस शर्त पर ब्रिटिश सरकार द्वारा भारत को सत्ता हस्तांतरित करने के दृढ़ संकल्प की घोषणा की कि भारतीय एक सामान्य योजना के लिए सहमत हों। समझौता मिशन के काम की धुरी था, लेकिन यह घातक था। कांग्रेस अखंड भारत चाहती थी, लेकिन वे अपने दृढ़ विश्वास में स्पष्ट नहीं दिखाई देते थे। उसमें दृढ़ता का अभाव था। परंतु दूसरी ओर मो. जिन्ना ने भारत को विभाजित करने की माँग की, लेकिन दृढ़ता से की। इन दोनों विरोधी माँगों के सामने मिशन किसी समझौते पर नहीं पहुँच पाया और दोनों (कांग्रेस और जिन्ना) से अनौपचारिक चर्चा के बाद 15 मई, 1946 को मिशन ने इसका समाधान बताया। मिशन ने इसे अस्वीकार करने के कई कारण बताए। भारत की एकता का समर्थन तो किया, किंतु धीरे से भूमिका बनाते हुए पाकिस्तान निर्माण की बात कही। प्रस्तावों के अनुच्छेद (पैराग्राफ) 15 में मिशन ने छह शर्तों का खुलासा किया, जिसके तहत ब्रिटिश सरकार एक संविधान सभा बुलाने और एक स्वतंत्र भारत का संविधान तैयार करने के लिए राजी हो गई। ये छह प्रस्ताव इस तरह तैयार किए गए थे, जिसमें भारत की एकता और अखंडता की कल्पना को रोका जा सके। और चाहे संविधान सभा एक निर्वाचित मंडल था, तो भी भारत की पूरी स्वतंत्रता रोकी जा सके। कांग्रेस की पार्टी 'भारत छोड़ो' की विफलता से इतना निराश हो चुकी थी कि इतने अडिग राष्ट्रवाद के होते हुए भी 'भारत छोड़ो' आंदोलन सफल नहीं हो पाया था। इसी कारण कांग्रेस मिशन के समक्ष एक तरह से पाकिस्तान को अलग देश स्वीकारते हुए उसके प्रस्तावों को स्वीकार करती हुई नजर आ रही थी और प्रत्यक्ष रूप से भारत का विघटन निर्विवाद रूप से तय हो गया। कांग्रेस ने इस चाल को स्वीकार तो कर लिया, पर सरकार बनाने के लिए सहमत नहीं हुई। मुद्दा यह था कि कांग्रेस को सरकार बनाने और बिना शर्त योजना को स्वीकार करने के लिए कहा गया था। मो. जिन्ना ने राजद्रोह के लिए ब्रिटिश सरकार

की निंदा की और मुसलिम लीग की 'सीधी कारवाई' बैठक शुरू कर दी। बंगाल, पंजाब, बिहार और मुंबई में इतिहास में अभूतपूर्व पैमाने पर नरसंहार, आगजनी, लूटपाट और उल्लंघन के दृश्य बन गए। पीड़ितों की भारी संख्गा हिंदुओं की थी।

कांग्रेस भयभीत थी, लेकिन शक्तिहीन थी और किसी भी हिंदू को कहीं भी सुरक्षा प्रदान करने में विफल रही। गवर्नर जनरल के पास अधिनियम-1935 के तहत भारत में कहीं भी अशांति या शांति भंग होने की स्थिति में हस्तक्षेप कर स्थिति पर नियंत्रण करने की शक्ति (अधिकार) थी, पर वह केवल देखता रहा और अपने दायित्वों का निर्वाह नहीं किया। कई लाख लोग मारे गए, हजारों महिलाओं और बच्चों का अपहरण कर लिया गया और उनमें से कुछ का अभी तक पता नहीं चला है, हजारों महिलाओं के साथ बलात्कार किया गया, लाखों रुपए की संपत्ति लूटी गई, जला दी गई या नष्ट कर दी गई। महात्मा जैसे पहले थे, अभी भी वही थे—हिंदू-मुसलिम एकता हासिल करने के अपने लक्ष्य से दूर!

(न) **कांग्रेस का जिन्ना के सामने आत्मसमर्पण :** अगले साल (1947) कांग्रेस पार्टी ने मो. जिन्ना की बंदूक की नोक पर निष्क्रियता से जिन्ना के सामने आत्मसमर्पण कर दिया और 'पाकिस्तान' निर्माण को स्वीकार कर लिया। इसके बाद जो हुआ, वह जगजाहिर है। इस पूरे आख्यान का आधारभूत सूत (धागा) गांधीजी का मुसलमानों के प्रति बढ़ते मोह और उसके शिखर पर पहुँच जाने की कथा है। उन्होंने लाखों विस्थापित हिंदुओं के लिए सहानुभूति का एक शब्द तक नहीं कहा; मुझे इस बात से यह समझ आया कि उनके मन में अगर इनसानियत का भाव था, तो वह सिर्फ मुसलमानों के लिए था; हिंदू किसी गिनती में थे ही नहीं। मैं गांधी की इन सभी अभिव्यक्तियों से हैरान था।

(प) **पाकिस्तान पर अस्पष्ट बयान :** आपके एक लेख में आपने लिखा कि गांधीजी सतही तौर पर, केवल नाममात्र का पाकिस्तान बनने के विरोधी थे, गांधीजी ने खुले तौर पर घोषणा करते हुए कहा था कि अगर मुसलमान किसी भी कीमत पर पाकिस्तान चाहते थे, तो उन्हें वह पाने से कोई भी नहीं रोक सकता था। केवल महात्मा समझ सकते थे कि उस कथन का क्या अर्थ है? यह एक भविष्यवाणी थी, बयान था या पाकिस्तान के दावे की अस्वीकृति थी?

(फ) कश्मीर के महाराजा को गलत सलाह : गांधीजी ने बार-बार कश्मीर के बारे में कहा कि शेख अब्दुल्ला को पद सौंपा जाना चाहिए और कश्मीर के महाराजा को बनारस का रुख करना पड़ा, वह भी केवल इसलिए, क्योंकि कश्मीर की बहुसंख्यक आबादी मुसलमानों की थी। यह निर्णय गांधी द्वारा अपनाए गए हैदराबाद के उनके रवैये के विपरीत था, जहाँ की अधिकांश आबादी हिंदू थी, वहाँ तो गांधीजी ने निजाम को मक्का जाने की सलाह नहीं दी!

(ब) माउंटबेटन ने भारत को विभाजित किया : 15 अगस्त, 1946 के बाद से मुसलिम लीग की निजी सेनाओं ने, जहाँ कहीं भी हाथ रख सकते थे, हिंदुओं को मारना, तबाह करना और नष्ट करना शुरू कर दिया। लॉर्ड वेवेल, तत्कालीन वायसराय निस्संदेह सबकुछ देखकर व्यथित थे, लेकिन उन्होंने भी, भारत सरकार के पास 1935 के अधिनियम के तहत इस मानव-होम और आहुति-चक्र को रोकने के सभी अधिकार थे, पर उन्होंने उन अधिकारों का प्रयोग नहीं किया और बंगाल से कराची तक हिंदुओं का रक्त बहने पर भी दक्कन से इस सबके विरुद्ध निंदा करने वाली कोई प्रतिक्रियाएँ नहीं आईं। हिंदू उत्पीड़न का शिकार होते रहे। 2 सितंबर, 1946 से तथाकथित राष्ट्रीय सरकार, जिसमें कांग्रेस और मुसलिम लीग के सदस्य शामिल थे; जो एक-दूसरे के साथ पूरी तरह से सामंजस्य स्थापित करने वाले दो तत्त्व थे और सत्ता में थे, लेकिन मुसलिम लीग के नेता, जो कांग्रेस के 50 प्रतिशत सदस्य थे, उन्होंने गठबंधन सरकार के हर काम को असंभव बनाने का यथाशक्ति प्रयास किया। मुसलिम लीग के सदस्यों ने गठबंधन सरकार को हर तरह से तोड़ने की पूरी कोशिश की। मुसलिम लीग के सदस्य जितने कपटी और विश्वासघाती थे, गांधीजी का उनके प्रति उतना ही अधिक मोह था। लॉर्ड वेवेल को इस्तीफा देना पड़ा, क्योंकि वे किसी समझौते पर नहीं पहुँच सके। उनमें कुछ विवेक था, उनका जमीर जाग्रत् था, जो उन्हें भारत के विभाजन का समर्थन करने से रोकता था। लॉर्ड वेवेल ने खुले तौर पर यह घोषित किया कि यह विभाजन अनावश्यक और अवांछनीय, दोनों था। हालाँकि, उनके इस्तीफे के बाद लॉर्ड माउंटबेटन की नियुक्ति हुई। राजा लॉग के बाद किंग स्टोर्क आया। दक्षिण-पूर्व एशिया का यह सर्वोच्च सेनापति एक जन्मजात सैनिक था और निर्भीकता तथा दृढ़ता जैसे गुणों के लिए वह प्रख्यात था। वह भारत

बनाने या मरने के लिए दृढ़ संकल्पित भारत आया था, और 'बनाया', यानी विभाजित भारत। वह मानव वध के प्रति उदासीन था, मानो उसे कोई फर्क ही न पड़ता हो। उसकी आँखों के सामने खून की नदियाँ बहीं। जाहिर है, उसने सोचा होगा कि हिंदुओं के वध के साथ, उसके कई विरोधी भी मारे जाएँगे। जितना अधिक शत्रुओं का संहार होगा, उतनी ही बड़ी जीत होगी। उसने अपने लक्ष्य तक पहुँचने का अथक प्रयास किया और निष्कर्ष भी तार्किक दृष्टि से वैसा ही निकला। जून 1948 से बहुत पहले सत्ता सौंपने की आधिकारिक तारीख पर हिंदुओं की कुल हत्याओं का असर दिखाई देने लगा था। जिस कांग्रेस ने अपने राष्ट्रवाद और लोकतंत्र की शेखी बघारी थी, उसने सचमुच जिन्ना की बंदूक की नोक पर पाकिस्तान बनना स्वीकार कर लिया था और मो. जिन्ना के सामने दयनीय रूप से आत्मसमर्पण कर दिया था। भारत का विभाजन हुआ। 15 अगस्त, 1947 तक भारतीय क्षेत्र का एक-तिहाई हिस्सा विदेशी भूमि बन गया।

कांग्रेस की मंडलियों में लॉर्ड माउंटबेटन का वर्णन भारत के अब तक के ज्ञात सबसे महान् वायसराय और गवर्नर जनरल के रूप में किया गया। 30 जून, 1948 से दस महीने पहले भारत को डोमिनियन (अनौपचारिक रूप से स्वतंत्र भारत) राज्य के रूप में जाना जाने लगा था। तीस साल की निर्विवाद तानाशाही के बाद गांधीजी ने यही हासिल किया और कांग्रेस पार्टी ने इसे 'स्वतंत्रता' कहा। दुनिया के इतिहास ने आज तक शायद ही कभी, किसी भी इस तरह के नरसंहार या उसके परिणाम को 'स्वतंत्रता' और 'शांतिपूर्ण सत्ता हस्तांतरण' की संज्ञा दी हो! किसी भी इतिहास ने इतने घोर नरसंहार को स्वतंत्रता के नाम पर शायद ही अनदेखा किया होगा। भारत में 1946, 1947 और 1948 में जो हुआ, उसे अगर शांतिपूर्ण कहा जाए तो सोचने का विषय यह है कि फिर 'हिंसक' क्या होगा? आखिर में हिंदू-मुसलिम एकता का बुलबुला अंत में फट ही गया और नेहरू तथा उनके गिरोह की सहमति से एक अलग धार्मिक और सांप्रदायिक राज्य स्थापित किया गया, और उसे 'बलिदान की कीमत पर उनके द्वारा जीती गई स्वतंत्रता' कहा गया था। किसका बलिदान?

(भ) **गांधीजी गायों की बलि देते थे :** गांधीजी यह दिखाते अवश्य थे कि वे गायों की रक्षा करने की तीव्र इच्छा रखते थे, लेकिन उन्होंने उस दिशा

में स्वयं कभी कदम नहीं बढ़ाया। इसके विपरीत, अपनी प्रार्थना के बाद अपने एक भाषण में उन्होंने गायों का वध बंद करने की कोशिश के दावे का समर्थन करने में अपनी असमर्थता को स्वीकार किया था। इस संबंध में उद्धृत उनके भाषण का एक अंश उद्धृत कर रहा हूँ—"राजेंद्र बाबू ने मुझे सूचित किया कि गोहत्या कानून पर प्रतिबंध के संबंध में उनके पास लगभग पचास हजार पोस्टकार्ड और आग्रह के 20 से 30 हजार टेलीग्राम आए हैं। इस विषय में मैं पहले ही आपसे बात कर चुका हूँ। आखिर क्यों उन्होंने मुझे इतने पत्र और तार भेजे ? ऐसा नहीं है कि उनका कोई फायदा नहीं हुआ हो। गायों के वध पर रोक लगाने वाला कोई कानून नहीं बनाया जा सकता। मैं अपनी इच्छा उस पर कैसे थोप सकता हूँ, जो गोहत्या नहीं छोड़ना चाहता ? भारत केवल हिंदुओं का नहीं है। मुसलमान, पारसी और ईसाई, सब यहाँ रहते हैं। यह दावा बिल्कुल गलत है कि भारत हिंदुओं की धरती बनकर रह गया है। यह भूमि उन सभी की है, जो यहाँ रहते हैं। मैं एक ऐसे रूढ़िवादी वैष्णव हिंदू को जानता हूँ, जो अपने बच्चे को गाय का सूप पिलाते हैं।"

(म) **तिरंगे झंडे को हटाना :** कांग्रेस ने गांधीजी के सम्मान में चरखे के साथ तिरंगे झंडे को राष्ट्रीय ध्वज के रूप में अपनाया। कई मौकों पर इस तिरंगे की प्रशंसा भी की गई। कांग्रेस की हर सभा में झंडा फहराया जाता था। राष्ट्रीय कांग्रेस के प्रत्येक अधिवेशन में इसकी लोकप्रियता बढ़ती गई। प्रभात फेरी भी इस झंडे को आगे लेकर चलने से शुरू होती थी। हर प्रभात फेरी इस झंडे के बिना अधूरी थी। कांग्रेस की काल्पनिक या वास्तविक सफलता के अवसर पर इस झंडे से सार्वजनिक सभाओं, जैसेकि दुकानों और निजी आवासों, दोनों को सजाया जाता। यदि कोई हिंदू शिवाजी के भगवा झंडे को महत्त्व देता; वह शिवाजी, जिसने भारत को मुसलिम शासकों से आजाद कराया, तो उसे हिंदू सांप्रदायिक माना जाता था। लेकिन यह भी उतना ही सच है कि गांधीजी के इस तिरंगे झंडे ने कभी भी किसी भी हिंदू महिला को बलात्कार या किसी मंदिर को अपवित्र होने से नहीं बचाया, फिर भी उत्साही कांग्रेसियों ने स्वर्गीय भाई परमानंद को एक बार ध्वज को श्रद्धांजलि देने में विफल होने पर उन्हें खरी-खोटी सुनाई थी। कॉलेज के छात्र-छात्राओं ने शैक्षणिक भवन पर उस झंडे को फहराकर अपनी देशभक्ति की अभिव्यक्ति की थी। ऐसा माना जाता है कि

बंबई के एक मेजर ने अपनी 'नाइटहुड' की उपाधि खो दी थी, क्योंकि उसकी पत्नी ने निगम भवन में यह झंडा फहराया था। ऐसा माना जाता था कि कांग्रेस के लोगों की वफादारी उनके 'राष्ट्रीय ध्वज' से जानी जा सकती है। जब महात्मा गांधी ने 1946 में हिंदुओं पर हुए क्रूर हमलों के बाद नोआखाली और टिपर से यात्रा की, तो ध्वज को अपने अस्थायी केबिन में फहराया था। हालाँकि, जब एक मुसलमान ने वहाँ जाकर उस झंडे की उपस्थिति का विरोध किया तो गांधीजी ने तुरंत उस झंडे को हटाने का आदेश दिया।

एक मिनट में लाखों कांग्रेसियों और देशभक्तों की झंडे के प्रति सम्मान से जुड़ी गहरी भावनाओं को ठेस पहुँची, लेकिन ऐसा करना गांधीजी को मंजूर था, क्योंकि उन्हें बुरा लगा, क्योंकि उससे कट्टरपंथी मुसलमान खुश हो रहे थे, लेकिन इस सबके बावजूद, महान् उदार महात्मा अपनी तथाकथित हिंदू-मुसलिम एकता के स्वप्न के करीब तक नहीं आ पाए।

□

भाग-3
गांधीजी और स्वतंत्रता

71. कई हजारों की संख्या में लोग इस धोखे में हैं कि भारत में मुक्ति आंदोलन 1914-15 में गांधीजी के आगमन के साथ शुरू हुआ और 15 अगस्त, 1947 को समाप्त हो गया। और हमें बताया जाता है कि देश के 'राष्ट्रपिता' की बदौलत, उनके नेतृत्व के कारण हमने अपनी आजादी हासिल की है। इतिहास में कभी लडिनोस ने भी इतनी शानदार कल्पना को बढ़ावा नहीं दिया होगा, जितना यहाँ की भोली-भाली जनता द्वारा एक हजार साल से अधिक समय तक निगला जाएगा। अपने नेतृत्व में स्वतंत्रता प्राप्त करना तो दूर, गांधीजी ने भारत को एक हजार से अधिक वर्षों तक घावों से घायल और लहूलुहान छोड़ दिया। भारत में हमेशा से ही एक ऐसा आंदोलन रहा है, जिसे कभी दबाया नहीं गया। 1818 में जब अंततः मराठा साम्राज्य पर अंग्रेजों का प्रभुत्व हो गया, तो अंग्रेजों ने सोचा कि मुक्तिदाता सेनाएँ अर्थात् देश की आजादी चाहने वाली सेनाएँ अब भारत के कुछ ही हिस्सों में बची होंगी और छिपी होंगी, लेकिन सच्चाई यह निकली कि उत्तर भारत में अंग्रेजों के वर्चस्व को इतनी चुनौती देने वाली सिख शक्ति से अंग्रेजों की चिंता बढ़ गई। और, जब 1848 में गुजरात में सिखों को पराजित किया गया, तो फिर 1857 में सक्रिय होकर संगठित रूप से विद्रोह करने का प्रयास किया गया। वह विद्रोह इतना प्रबल और व्यापक हो गया कि उसकी ताकत से ब्रिटिश साम्राज्यवादी काँपने लगे थे और एक से अधिक बार वे भारत छोड़कर जाने पर गंभीरता से विचार करने लगे थे। ब्रिटिश सरकार द्वारा बिछाए गए जाल और भारतीयों द्वारा उनके साम्राज्य को उखाड़ फेंकने के महान् प्रयासों की कहानियों का विस्तृत वर्णन वीर सावरकर द्वारा लिखित 'स्वतंत्रता संग्राम-1857' के पन्नों में मिलता है। जब तक अंग्रेज दोबारा भारत पर नियंत्रण पाते, तब तक भारतीय राष्ट्रीय कांग्रेस (इंडियन नेशनल कांग्रेस) ने अंग्रेजों के प्रभुत्व को चुनौती देने हेतु

खुद को प्रस्थापित कर लिया था; 1885 के बाद से ही राष्ट्रीय पैमाने पर स्वतंत्रता की इच्छा, पहले संवैधानिक कानूनों के माध्यम से और बाद में सैन्य पद्धतियों के माध्यम से खुद को मुखर करने लगी थीं। बाद में 1906 में खुदीराम बोस द्वारा बम गिराए जाने पर आजादी का जुनून सशस्त्र प्रतिरोध बन गया।

72. गांधीजी 1914-15 में भारत आए। इससे लगभग आठ साल पहले ही क्रांतिकारी आंदोलन देश के एक बड़े हिस्से में फैल चुका था। मुक्ति आंदोलन कभी भी खत्म नहीं हुआ था। वह फीनिक्स की तरह उसकी राख से उठ खड़ा हुआ था। सत्य और अहिंसा के लिए गांधीजी की आवश्यकता से अधिक धुन के कारण आंदोलन फीका पड़ने लगा। हालाँकि सुभाष चंद्र बोस और महाराष्ट्र, पंजाब और बंगाल में क्रांतिकारियों का आभार, कि लोकमान्य तिलक की मृत्यु के बाद भी गांधीजी के नेतृत्व के उत्थान के साथ-साथ यह आंदोलन फलता-फूलता रहा।

73. यहाँ तक कि कांग्रेस में नरमपंथियों के नेतृत्व वाले संवैधानिक आंदोलनों ने भी स्वतंत्रता की दिशा में महत्त्वपूर्ण योगदान दिया। इसके बाद 1892 में सरकार ने अंग्रेजों को तत्कालीन विधान परिषदों का विस्तार करने के लिए मजबूर किया। इसके बाद 1909 में मार्ले-मिंटो सुधार हुए, जब लोगों के पहले निर्वाचित प्रतिनिधियों ने विधानसभा के काम में आवाज और वोट दोनों में भाग लेने का अधिकार सुनिश्चित किया। बारह साल बाद, प्रथम विश्वयुद्ध के बाद, मॉन्टेग्यू चेम्सफोर्ड रिफॉर्म्स ने आंशिक प्रांतीय गृह नियम प्रदान किया तथा केंद्र और प्रांतों दोनों को स्थायी अनौपचारिक बहुमत देने के लिए चुने गए सदस्यों की संख्या में वृद्धि की; और 1935 में पूर्ण प्रांतीय स्वायत्तता और पर्याप्त केंद्रीय जिम्मेदारी आई, जिसमें विदेश नीति, सशस्त्र सेनाएँ और वित्त में कुछ उपायों को छोड़कर हर मुद्दे को शामिल किया गया। गांधीजी संसदीय निकायों के लिए कोई प्रशंसा नहीं करते थे। उन्होंने संसदीय निकायों को वेश्या कहकर हमेशा उनके बहिष्कार के लिए लोगों को उकसाया। 1935 की संवैधानिक प्रगति चाहे कम लग रही थी, पर हासिल की गई थी। निस्संदेह 1935 का अधिनियम गंभीर रूप से दोषपूर्ण था। विशेष रूप से अंग्रेजों के हितों के लिए दी गई असंख्य और कष्टप्रद गारंटियों और सांप्रदायिक व्यवस्था को दिए गए शुल्कों के कारण।

74. गवर्नर और गवर्नर जनरल को दिए गए 'वीटो' के अधिकारों के आधार पर इस पर आपत्ति जताई गई थी। यह भी उतना ही सच है कि यदि गांधीजी के नेतृत्व में अधिनियम का बहिष्कार नहीं किया गया होता, तो भारत बहुत पहले ही

एक डोमिनियन का दर्जा हासिल कर चुका होता, जिसका हम एक-तिहाई क्षेत्र खोकर आनंद लेते हैं।

75. मैं पहले ही उस क्रांतिकारी दल का उल्लेख कर चुका हूँ, जो कांग्रेस से अलग स्वतंत्र अस्तित्व रखता था। उनके समर्थकों में कई कांग्रेसी भी थे। इस तबके ने कभी भी ग्रेट ब्रिटेन के गुट (जंजाल) से कभी संधि नहीं की। 1914-1919 के बीच, प्रथम विश्वयुद्ध के दौरान, कांग्रेस वामपंथी पार्टी की ओर मुड़ी और वामपंथी दल के समानांतर भीषण आंदोलनकारी गतिविधियाँ शुरू कर दीं। उसी समय गदर पार्टी ने 'एक्सिस पावर्स' (जर्मनी, इटली, जापान) की मदद से भारत में डोमिनियन ब्रिटिशों को उलटने के लिए यूरोप और अमेरिका में भी प्रयास करने शुरू कर दिए। 'कामागाटामारू' घटना सर्वविदित है और निस्संदेह स्पष्ट है कि 'एमडेन' समुद्र तट पर मद्रास की घटना को अंजाम देते समय जर्मन कमांडर के दिमाग में यह बात तक नहीं थी कि भारत अंग्रेजों के कारण असंतोष से जल रहा है। हालाँकि, 1920 के बाद से गांधीजी ने बल और शक्ति के प्रयोग को प्रोत्साहित नहीं किया, जबकि कुछ साल पहले ही उन्होंने ग्रेट ब्रिटेन की सेना में अच्छे सैनिकों की भरती के लिए खुद ही अभियान चलाया था। 'रॉलेट रिपोर्ट' ने भारत में क्रांतिकारियों की ताकत का बखूबी वर्णन किया है। 1916 से 1918 तक, एक के बाद एक राष्ट्रवादी क्रांतिकारियों ने ब्रिटिश लोगों को उनके नौकरों सहित भून दिया था। अंग्रेज अधिकारी वर्ग अपने अस्तित्व के लिए काँप उठे थे। तब भारत के लिए राज्य सचिव के रूप में मि. मॉन्टेग्यू आए और भारत सरकार अधिनियम तथा देश के प्रशासन में भारतीयों की भागीदारी बढ़ाने की जिम्मेदारी का वादा किया। उन्होंने भारत में स्वशासी संस्थाओं में विकास का प्रस्ताव रखा। भले ही आप क्रांतिकारी उत्साह की धारा को थोड़ा सा मोड़ने में आंशिक रूप से ही सफल रहे। 1919 का अधिनियम : 'अराजक और क्रांतिकारी अपराध अधिनियम-1919' ने ब्रिटिश सरकार को आतंकवादी गतिविधियों के संदेह में किसी को भी गिरफ्तार करने के लिए अधिकृत किया गया था, जिसमें जनरल डायर ने जलियाँवाला बाग में 'रॉलेट एक्ट' का विरोध करने के लिए एकत्र सार्वजनिक सभा में हजारों भारतीयों को गोलियों से भून डाला था। सर माइकल ओ डायर 'रॉलेट एक्ट' की निंदा करने वालों के खिलाफ अपने क्रूर बेईमान प्रतिशोध के लिए विख्यात था। उसने बीस साल बाद अपनी इस गलती का भुगतान किया, जब ऊधम सिंह ने लंदन में उसकी गोली मारकर हत्या कर दी। मदनलाल ढींगरा, कान्हेरे, भगत सिंह, राजगुरु, सुखदेव और चंद्रशेखर आजाद विदेशी गुटों के जंजाल के विरुद्ध युवा भारत के जीवंत विरोधी थे। उन्होंने स्वतंत्रता

का झंडा फहराया और उसे ऊँचा रखा। उनमें से कुछ ऐसे थे, जो गांधीजी का नाम सुनने से बहुत पहले से देश की आजादी के संघर्ष में जुटे थे; यहाँ तक कि भारतीय राष्ट्रीय कांग्रेस के संवैधानिक आंदोलन के स्वीकृत नेता भी नहीं थे।

76. गांधीजी ने पहले बंगाल और महाराष्ट्र में शुरू हुए और फिर पंजाब तक पहुँचे विद्रोह को क्रांतिकारी आंदोलन घोषित कर दिया था। गांधीजी से जुड़े युवा नेता सामान्य जनता और समाज की भीड़ से आए थे। वे शिक्षित और सुसंस्कृत पुरुष थे, जो अपने निजी जीवन में बहुत ही प्रतिष्ठित और उच्च दर्जे के परिवारों से ताल्लुक रखते थे। उन्होंने मातृभूमि की स्वतंत्रता की वेदी पर अपने आरामदायक और शांतिपूर्ण जीवन का बलिदान दे दिया। वे ऐसे शहीद थे, जिनके रक्त ने भारतीय स्वतंत्रता के चर्च की इमारत में सीमेंट का काम किया था। लोकमान्य तिलक ने उस पर चर्च का निर्माण किया और महात्मा ने इस आंदोलन से संचित संवेग का निजी स्वार्थ के लिए लाभ उठाया। मेरा दृढ़ विश्वास है कि 1909 और 1935 के बीच संवैधानिक प्रगति का प्रत्येक चरण, पृष्ठभूमि में काम कर रही क्रांतिकारी ताकतों के परिणामस्वरूप संभव हुआ।

77. एक सामान्य उदारवादी राय ने क्रांतिकारी हिंसा की निंदा की। लेकिन गांधीजी सार्वजनिक रूप से हर दिन प्रत्येक मंच से और कभी प्रेस के माध्यम से देश की आजादी के लिए प्रतिबद्ध क्रांतिकारियों की निंदा करते। हालाँकि इसमें कोई संदेह नहीं है कि लोगों की भारी भीड़ की चुप्पी इन सशस्त्र प्रतिरोध करने वालों के प्रति कोई प्रतिक्रिया नहीं देती थी, लेकिन हृदय में राष्ट्रीय स्वतंत्रता के लिए काम करने वाले इन देशभक्तों का समर्थन करती थी। हालाँकि क्रांति का एक सिद्धांत होता है कि एक राष्ट्र हमेशा उसे गुलाम बनाकर रखने वाले अपने विदेशी विजेताओं के खिलाफ युद्ध छेड़ने की कोशिश करता है। वह विजेता के, शासक के प्रति कोई निष्ठा नहीं रखता और उसके अधिकार क्षेत्र का मात्र यह तथ्य होता है कि उसे (विदेशियों को) किसी भी समय निष्कासित किया जा सकता है।

अब मैं अपने राज्य (राष्ट्र) के प्रति नागरिक की वफादारी के सिद्धांत के तहत विदेशी भगवान् के अधीन एक व्यक्ति के बारे में सशस्त्र प्रतिरोध निर्णय को अलग कर देता हूँ। देश की आजादी की लड़ाई में महात्मा के तरीकों (बल) के प्रयोग की जितनी मैंने निंदा की, उतने ही वे लोकप्रिय हुए। यह तथ्य मार्च 1931 में कांग्रेस के कराची अधिवेशन में प्रदर्शित किया गया; गांधीजी के विरोध को नकारते हुए खुले सत्र के दौरान एक प्रस्ताव पारित किया गया था, जिसमें 1929 में लेजिस्लेटिव असेंबली पर बम गिराने पर भगत सिंह के साहस और बलिदान की भावना की

प्रशंसा की गई। गांधीजी ने अखिल भारतीय कांग्रेस समिति की बैठक के दौरान कहा कि भगत सिंह के प्रति कराची कांग्रेस द्वारा व्यक्त की गई प्रशंसा वास्तव में गोगटे ने जो श्री हॉटसन पर गोली चलाई, उसकी प्रशंसा थी। सुभाष चंद्र बोस ने उसी बैठक के दौरान इस आश्चर्यजनक बयान को चुनौती दी थी। उन्होंने तुरंत गांधीजी से असहमति जताई। संक्षेप में कहें तो भारतीय मुक्ति संग्राम में क्रांतिकारी युवाओं की भागीदारी किसी भी तरह से निंदनीय नहीं है और जो लोग कहते हैं कि गांधीजी ने स्वतंत्रता दिलाई, वे न केवल क्रांतिकारियों की वीरता और समर्पण के प्रति कृतघ्न हैं, बल्कि वे झूठा इतिहास लिखने का प्रयत्न करते हैं। 1895 से भारत की स्वतंत्रता की सच्ची कहानी तब तक नहीं लिखी जाएगी, जब तक कि देश गांधीवादी समूह के प्रभुत्व के नीचे है। क्रांतिकारी युवाओं की भागीदारी छिपी रहेगी, जबकि उन्होंने एक महान् और प्रशंसनीय भूमिका निभाई।

78. गांधीजी ने केवल उनका विरोध नहीं किया, जो स्वतंत्रता संग्राम में बल और शास्त्रों को मंजूरी देते थे; बल्कि गांधीजी उनसे अलग राजनीतिक दृष्टिकोण रखने वाले और उनके सत्य-अहिंसा के सिद्धांत को रामबाण औषधि स्वीकार न करने वालों से भी घृणा करते थे। वे जिनको पसंद नहीं करते थे, उनमें किस प्रकार अरुचि दिखाते थे, इसका एक लाजवाब उदाहरण है, सुभाष चंद्र बोस का। जहाँ तक मुझे पता है, गांधीजी ने सुभाष के निर्वासन के खिलाफ छह साल तक कोई विरोध नहीं किया और हरिपुरा कांग्रेस के अध्यक्ष पद के लिए बोस का चुनाव तभी संभव हो पाया, जब उन्होंने हिंसा के लिए किसी भी तरह की सहानुभूति का खंडन किया। हालाँकि, व्यवहार में सुभाष ने अपने कार्यकाल के दौरान उन नियमों का कभी भी पालन नहीं किया, जो गांधीजी चाहते थे। फिर भी सुभाष देश में इतने लोकप्रिय थे कि गांधीजी की डॉ. पट्टाभि के पक्ष में घोषित इच्छा के बावजूद, वे (सुभाष) आंध्र देश और डॉ. पट्टाभि के प्रांत से, बहुमत से दूसरी बार कांग्रेस के अध्यक्ष चुने गए। इससे गांधीजी बहुत नाराज हुए और उन्होंने अपना रोष व्यक्त किया। एक महात्मा होते हुए भी उन्होंने जहर से भरा हुआ भाषण देते हुए यह घोषणा की कि 'सुभाष की जीत वास्तविक रूप में जीत नहीं और डॉ. पट्टाभि की हार, सुभाष की हार है, जीत नहीं।' यहाँ तक कि इस बयान के बाद भी सुभाष चंद्र बोस के खिलाफ उनका गुस्सा कम नहीं हुआ। त्रिपुरा कांग्रेस के अधिवेशन से अनुपस्थित रहकर, केवल कोसने के लिए गांधीजी ने राजकोट में द्वेषपूर्ण अनशन के साथ प्रतिपक्षी समारोह का मंचन किया, और जब तक सुभाष की गद्दी कांग्रेस से उखाड़ नहीं फेंकी गई, तब तक गांधीजी का गुस्सा पूरी तरह शांत नहीं हुआ।

79. सुभाष के कांग्रेस के दूसरी बार शीर्ष पद पर चुने जाने की यह घटना और अध्यक्ष के कार्यालय से उनके निष्कासन तक का घटनाक्रम महात्मा के उस पाखंड का परिचायक है कि वे किस प्रकार कांग्रेस को नियंत्रित करते थे और किसी को स्वीकार किया जाना या न किया जाना, उन्हीं के आदेशानुसार होता था। 1934 के बाद से उन्होंने बार-बार अनासक्ति दिखाते हुए यह घोषित किया कि कांग्रेस पार्टी से और इससे उनका कोई लेना-देना नहीं और वे पार्टी के चार आने (रुपए का सोलहवाँ भाग) जितना महत्त्व रखने वाले सदस्य भी नहीं हैं। हालाँकि, जब सुभाष को दूसरी बार चुना गया, गांधीजी ने नियंत्रण खो दिया और सबसे अच्छा सबूत दिया कि उन्होंने आरंभ से ही डॉ. पट्टाभि का पक्ष लेते हुए उस चुनाव में हस्तक्षेप किया था। यह उनकी कांग्रेस के हर सोपान में प्रतिद्वंद्विता और क्षुद्र तकरार में उनकी निश्चित और आकर्षक रुचि का प्रमाण है, जबकि वे हमेशा कांग्रेस के सदस्य न होने का दावा करते रहे।

80. जब कांग्रेस ने 8 अगस्त, 1942 को गांधीजी की पहल के तहत 'भारत छोड़ो' आंदोलन चलाया, इससे पहले कि वे कोई काररवाई शुरू कर पाते, ब्रिटिश सरकार ने अपने अधिकांश नेताओं को गिरफ्तार कर लिया। इस तरह अहिंसा प्रेरित आंदोलन शुरू में ही रुक गया। कांग्रेस का एक और अंश/हिस्सा था, वह भूमिगत हो गया। उन्हें गांधीजी की तकनीकों को अपनाने में दिलचस्पी नहीं थी और वे न ही उनके नियमों का पालन करके जेल जाना चाहते थे। बल्कि इसके विपरीत, वे जितना हो सके, जेल जाने से बचना चाहते थे और इस बीच संचार के माध्यम काटकर आगजनी कर रही सरकार, धमकी, लूटपाट और हिंसा के अन्य कार्य में व्यस्त, यहाँ तक कि हत्याएँ करके, सरकार को अधिकतम नुकसान पहुँचाना चाहते थे। उस श्रेणी (कांग्रेस के हिस्से) ने गांधीजी के बयान 'करो या मरो' की व्याख्या, स्वतंत्रता न देने के अवरोधों का हर प्रकार विरोध और उसके लिए अगर तोड़-फोड़ करनी पड़े तो करो, के अर्थ में की। वास्तव में, उन्होंने विश्वयुद्ध में सरकारी प्रयासों को किसी हद तक पंगु बनाने के लिए ऐसा किया। उन्होंने पुलिस थाने में आग लगा दी और डाक संचार विभाग को हिंसक रूप से बाधित किया। उत्तरी बिहार और अन्य स्थानों पर उन्होंने लगभग 900 रेलवे स्टेशनों को जला दिया और कुछ समय के लिए तो प्रशासन को भी लगभग ठप कर दिया।

81. ये गतिविधियाँ सीधे तौर पर कांग्रेस की अहिंसा और सत्याग्रह की कार्य-पद्धति के विरुद्ध थीं; गांधीजी इन गतिविधियों का न तो समर्थन कर सकते थे और न ही विरोध। वे अगर उनका समर्थन करते, उनका अहिंसा का पंथ झूठा

सिद्ध होता, और यदि सार्वजनिक रूप से उनका विरोध करते, तो जनता में उनकी लोकप्रियता कम हो जाती; क्योंकि भारत की जनता को अंग्रेजों का निष्कासन चाहिए था और उन्हें इस बात से कोई फर्क नहीं पड़ता कि निष्कासन हिंसा से किया गया या अहिंसा से!

असल में, 'भारत छोड़ो' अभियान किसी और चीज की तुलना में कांग्रेस के इस वर्ग के हिंसा के कृत्यों से अधिक प्रसिद्ध हुआ। गांधीजी की अहिंसा 'भारत छोड़ो' अभियान शुरू होने के दो हफ्तों बाद ही दम तोड़ चुकी थी, क्योंकि 'भारत छोड़ो' अभियान के तहत जो हिंसा हुई, वह उनकी पसंद की नहीं थी। 8 अगस्त, 1942 के बाद कुछ हफ्तों में कांग्रेस पार्टी और उनके समर्थकों की गतिविधियों में गांधी की कार्य-पद्धति का दृष्टिकोण विलुप्त था। उन्होंने कहीं भी अहिंसा का न तो दावा किया और न ही अभ्यास; क्योंकि अभियान के समर्थक गांधीजी के कहे शब्दों के अनुसार 'करो या मरो' के लिए तैयार थे। वह तो लॉर्ड लिनलिथगो ने 1943 में गांधीजी के साथ पत्राचार किया और उन्हें स्पष्ट रूप से 'भारत छोड़ो' अभियान के समर्थकों द्वारा हिंसा किए जाने को स्वीकार या अस्वीकार करने की चुनौती दी, तब जाकर गांधीजी ने हिंसा की निंदा की। एक तरह से उन्होंने निंदा करने के लिए गांधीजी को मजबूर किया था। युद्ध प्रयासों को हुई क्षति, नुकसान, दंड या असुविधा कांग्रेस के उसी विशिष्ट वर्ग के समर्थकों की हिंसक गतिविधियों का परिणाम थी, महात्मा की तथाकथित अहिंसा के कारण नहीं। महात्मा की अहिंसा पूरी तरह विफल हो चुकी थी। यह कहा जा सकता है कि किसी हद तक हिंसा अपने कार्य में सफल थी। हालाँकि गांधीजी को जेल से सरकार को रिपोर्ट देनी पड़ती थी। इस तरह गांधीजी ने उत्साही स्वतंत्रता क्रांतिकारियों के संघर्ष को हतोत्साहित किया, जबकि 8 अगस्त, 1942 के कुछ समय बाद स्वतंत्रता की उनकी अपनी रणनीति पूरी तरह ध्वस्त हो चुकी थी।

82. इस समय तक श्री सुभाष चंद्र बोस, जो जनवरी 1941 की शुरुआत में रहस्यमय तरीके से भारत से भाग निकले थे, अफगानिस्तान के रास्ते बर्लिन पहुँचकर वहाँ से जापान पहुँच चुके थे। जिस तरह जनवरी 1941 में श्री सुभाष चंद्र बोस कलकत्ता से फरार हो गए, काबुल जाते हुए उन्हें भारतीय सीमा के रास्ते से होकर गुजरना पड़ा और वहाँ से बर्लिन पहुँचने तक जो कठिनाइयाँ और पीड़ाएँ झेलनी पड़ीं, उसका विशद वर्णन श्री उत्तम चंद ने अपनी पुस्तक 'व्हेन बोस वाज जियाउद्दीन' में किया है। जिस साहस और दृढ़ता के साथ बोस ने सभी कठिनाइयों और खतरों का सामना किया, उनका वर्णन उस पुस्तक को और भी

रोमांचक और रूमानी बना देता है। जब तक 1942 में मिशन क्रिप्स भारत पहुँचा, बोस पहले ही जापान पहुँच चुके थे और आक्रमण के आयोजन की तैयारी कर रहे थे। सुभाष के जर्मनी छोड़ने से पहले ही हिटलर उन्हें 'महामहिम' की उपाधि से सम्मानित कर चुके थे और जब वे जापान पहुँचे, उन्होंने जापानियों को अंग्रेजों के खिलाफ भारतीयों की सहायता करने को तैयार पाया। जापान संयुक्त राज्य अमेरिका के पर्ल हार्बर पर हमले के साथ अक्ष (एक्सिस पावर्स) की ओर से पहले ही विश्वयुद्ध में शामिल हो चुका था। जर्मनी ने रूस पर युद्ध की घोषणा कर दी थी; तथा ग्रेट ब्रिटेन और फ्रांस ने क्रमिक रूप से इटली, जर्मनी और जापान पर युद्ध की घोषणा की। जापान में मलाया के संघीय राज्य, बर्मा और सुदूर पूर्व के अन्य भागों में सुभाष का वहाँ पर रहने वाले भारतीयों ने अत्यंत उत्साह और अपार समर्थन के साथ स्वागत किया।

83. जापानियों ने अपने युद्ध प्रयासों को तेज कर दिया था तथा बर्मा, डच ईस्ट इंडीज, मलाया के संघीय राज्य और अंडमान सहित संपूर्ण सुदूर पूर्व द्वीपों पर कब्जा कर लिया था। इस तरह सुभाष चंद्र बोस ने भारतीय क्षेत्र में एक भारतीय अस्थायी सरकार की शुरुआत की। 1944 तक वे जापानियों की सहायता से भारत पर अंग्रेजों के विरुद्ध आक्रमण शुरू करने को सुसज्जित थे। पं. नेहरू ने कहा कि अगर सुभाष चंद्र बोस जापानियों के सहयोग से भारत आए तो हम उनका सामना करके उन्हें रोकेंगे। 1944 की शुरुआत में भारतीय राष्ट्रीय नौसेना और जापानियों के साथ सुभाष भारत के द्वार पर गर्जना करते हुए पहुँचे। वे पहले ही मणिपुर और असम सीमा के भीतर आ चुके थे। आई.एन.ए. (INA) में सुदूर पूर्व की भारतीय जनसंख्या और उन भारतीयों की, जो जापानी जेलों से छूटे हुए स्वयंसेवक शामिल थे, ब्रिटिश सरकार के विरुद्ध इनका जो अभियान असफल हुआ, उसमें सुभाष की गलती नहीं थी; उनके आदमी ट्रोजन की तरह लड़े। कठिनाइयाँ बहुत बड़ी थीं और उनकी सेना आधुनिक हथियारों से पर्याप्त रूप से सुसज्जित्त नहीं थी। आई.एन.ए. (INA) के पास कोई विमान नहीं था और उसकी आपूर्ति लाइन कमजोर थी। अनेक सैनिक भूख और बीमारी से मर गए, क्योंकि उनके पास पर्याप्त चिकित्सा उपचार की सुविधाएँ उपलब्ध नहीं थीं। लेकिन सुभाष ने उनमें जो जज्बा संचारित किया था, वह अद्भुत था। उन्होंने प्यार से सुभाष को 'नेताजी' की उपाधि देते हुए नेताजी 'सुभाष चंद्र बोस' कहा और उनके नेतृत्व में 'जय हिंद' के नारे को अपनाया।

84. गांधीजी ने सुभाष चंद्र बोस के भारत पर आक्रमण का विरोध किया। नेहरू ने बोस पर इसलिए आपत्ति जताई, क्योंकि उन्हें यह मंजूर नहीं था कि जापानी

आक्रमण करने के लिए बोस का समर्थन करें! लेकिन इन सभी बातों के बावजूद, बोस और अन्य भारतीय नेताओं के बीच मतभेद के बावजूद, सुभाष अन्य सभी देशभक्तों से अधिक प्रिय और लोकप्रिय थे, क्योंकि उन्होंने अपने बलबूते पर किसी और की मदद लिये बिना ब्रिटेन के साम्राज्यवाद को नष्ट करने के अथक प्रयास किए थे। अगर सुभाष जापानियों की हार के बाद जीवित रहते और 1945 में भारत में प्रवेश करते, तो निस्संदेह पूरी आबादी एक होकर सुभाष का नेतृत्व स्वीकारती और भारत में प्रवेश करने पर गांधीजी से अधिक गर्मजोशी से स्वागत करती। फिर भी गांधीजी अधिक भाग्यशाली थे। 1920 में लोकमान्य तिलक का निधन हुआ और गांधीजी देश के निर्विवाद नेता बन गए। सुभाष की सफलता गांधीजी को जबरदस्त हार देती, लेकिन भाग्य ने फिर से गांधीजी का साथ दिया और सुभाष देश के बाहर शहीद हो गए। इसलिए गांधी और उनकी पार्टी के लिए यहाँ लाल किले पर 1946 में सुभाष चंद्र बोस और उनके आई.एन.ए. (INA) की प्रशंसा करना, उनके कुछ अधिकारियों का ग्रेट स्टेट ट्रायल में बचाव करना और प्यार का दावा करना आसान था। यहाँ तक कि उन्होंने सुभाष द्वारा सुदूर पूर्व में दिया 'जय हिंद' का नारा भी अपनाया। उन्होंने सुभाष और आई.एन.ए. (INA) के नाम से अपनी लोकप्रियता बढ़ाने का कारोबार जारी रखा। इन दो मुद्दों ने कांग्रेस को 1945-46 के चुनावों में जीत दिलाई। एक तो उन्होंने आई.एन.ए. (INA) के साथ प्यार का नाटक किया और सुभाष की स्मृति में पाखंडी श्रद्धांजलि दी तथा दूसरा, कांग्रेस पार्टी ने वादा किया था कि वह पाकिस्तान बनने के निर्णय का हर कीमत पर विरोध करेगी।

इन दो गारंटियों के साथ उन्होंने आई.एन.ए. (INA) के साथ थोड़ा शिष्ट और अच्छा व्यवहार किया, लेकिन जहाँ तक पाकिस्तान निर्माण की बात थी, कांग्रेस ने निश्चित रूप से घुटने टेक दिए और अपना वादा नहीं निभाया।

85. इस बीच मुसलिम लीग ने अपनी विश्वासघाती गतिविधियों का प्रदर्शन किया और हर तरह से हिंदुओं के खिलाफ एक जानलेवा अभियान चलाकर भारत की अमन/शांति भंग की। लॉर्ड वेवेल और लॉर्ड माउंटबेटन उदासीन होकर इन सारी घटनाओं के मूक दर्शक बने रहे। कांग्रेस मुसलिम तुष्टीकरण की अपनी नीति को अपनाते हुए इस अपार नरसंहार की निंदा करने या इन्हें रोकने का किसी भी तरह का साहस नहीं कर सकी। गांधीजी की दृष्टि में जो व्यक्ति, गतिविधि या काररवाई उनकी सार्वजनिक पद्धति के साँचे में नहीं बैठती थी, उन सभी गतिविधियों को दबा दिया जाता था। इसलिए मुझे बहुत आश्चर्य होता है, जब कई बड़े-बड़े लोग बार-बार यह दावा करते हैं कि 'हमने गांधीजी के कारण स्वतंत्रता प्राप्त की है!'

मेरी राय है कि दोनों को बढ़ावा देने के लिए मुसलिम लीग का यह आजादी पाने का तरीका था। उन्होंने (गांधीजी) ही मुसलिम लीग नामक भस्मासुर बनाया था, जिसने अपने निर्माता को ही निगलकर समाप्त कर दिया और भारत की अखंडता नष्ट करते हुए भारतीय क्षेत्र का एक-तिहाई हिस्सा निगल गए और स्थायी रूप से शत्रुता का भाव रखने वाले, दोषान्वेषी, अस्नेही और आक्रामक पड़ोसी की स्थापना उस क्षेत्र में कर दी, जो कभी हमारा था। आज स्वराज और स्वतंत्रता प्राप्त करने के बाद यह मानता हूँ कि महात्मा का योगदान नगण्य था। लेकिन मैं गांधी को ईमानदार देशभक्त जैसी जगह देने के लिए तैयार हूँ, हालाँकि उनकी शिक्षाओं ने विपरीत परिणाम उत्पन्न किए और उनके नेतृत्व ने राष्ट्र को उपहास का पात्र बनाया। मेरी राय में एस.सी. बोस आधुनिक भारत के श्रेष्ठ नायक और महान् शहीद हैं। उन्होंने जनता की क्रांतिकारी मानसिकता को जीवित रखा और भारत की मुक्ति के लिए आवश्यकता पड़ने पर शस्त्र और बल का उपयोग करते हुए देश के सम्मान की रक्षा का प्रयास किया और स्वतंत्रता के लिए अनवरत संघर्ष किया। गांधीजी और उनके अहंकारियों की भीड़ ने भारत के सम्मान को हमेशा ठेस पहुँचाई। इसलिए महात्मा को भारतीय स्वतंत्रता के वास्तुकार के रूप में प्रस्तुत करना बिल्कुल गलत है।

86. ब्रिटिश वापसी के असल तीन कारण कुछ और हैं और उसमें गांधी की सत्य-अहिंसा कार्य-पद्धति कोई मायने नहीं रखती। जो तीन सशक्त कारण हैं, वे हैं—

(i) भारतीय क्रांतिकारियों के 1857 से 1932 तक, अर्थात् इलाहाबाद में चंद्रशेखर आजाद के शहीद होने तक आंदोलन; बाद में, 1942 का राष्ट्रव्यापी विद्रोह, जो एक क्रांतिकारी चरित्र का आंदोलन था, न कि गांधी की सत्य-अहिंसा कार्य-पद्धति पर आधारित; और सुभाष चंद्र बोस द्वारा समर्थित सशस्त्र विद्रोह, जिसके परिणामस्वरूप भारतीय सैन्य बलों में एक क्रांतिकारी जज्बे और जोश की लहर दौड़ गई; ये ही वे सच्चे गतिशील कारक हैं, जिन्होंने भारत में डोमिनियन ब्रिटिश की नींव को हिला दिया। गांधीजी ने स्वतंत्रता के लिए किए गए इन सभी प्रभावी प्रयासों का विरोध किया।

(ii) इसका श्रेय उन लोगों को भी देना चाहिए, जिन्होंने देशभक्ति की भावना से ओत-प्रोत होकर संवैधानिक कानूनों के तहत असेंबली मीटिंग रूम में कड़ाई से अंग्रेजों से लोहा लिया और भारतीय नीतियों में उल्लेखनीय प्रगति हुई। इस पूरे वर्ग का उद्देश्य, हमने जो भी अंग्रेजों से अपने

अधिकार हासिल किए हैं, उनका अधिकतम लाभ उठाते हुए आजादी पाने तक लड़ना था। इस वर्ग का प्रतिनिधित्व करने वाले थे—दिवंगत लोकमान्य तिलक, सर्वश्री एन.सी. केलकर, सी.आर. दास, माननीय सरदार पटेल के भाई विट्ठलभाई पटेल, पं. मालवीय, भाई परमानंद और पिछले दस वर्षों के दौरान नेता रहे हिंदू सभा के सदस्य। हालाँकि गांधीजी और उनके अनुयायियों ने इन सभी दिग्गजों को शिकारी या सत्ता चाहने वाले कहकर उनका उपहास किया, जबकि वे स्वयं उन्हीं जैसी कार्य-पद्धतियों या तरीकों का सहारा लेते थे!

(iii) हालाँकि, एक और महत्त्वपूर्ण कारण है कि अंग्रेजों ने सत्ता क्यों छोड़ी और वह यह है कि लेबर सरकार का आना और मि. चर्चिल का तख्तापलट, जोकि गंभीर आर्थिक परिस्थितियों और दिवालिएपन की परिस्थितियों के कारण हुआ और विश्वयुद्ध के कारण ग्रेट ब्रिटेन की स्थिति कमजोर होने लगी।

87. जब तक गांधीवादी कार्य-पद्धतियाँ ऊँचाई पर थीं, हताशा ही एकमात्र अपरिहार्य परिणाम था। उन्होंने हर जगह क्रांतिकारी, कट्टरपंथी या आध्यात्मिक व्यक्ति या समूह हो, हृदय और आत्मा से उनका केवल विरोध किया और लगातार अपने चरखे, अपनी अहिंसा और उसके सत्य को ही आगे बढ़ाने का प्रयास किया, और यही सच है। चरखा, गांधीजी के 34 सर्वोत्तम प्रयासों के बाद भी मशीनीकृत कपड़ा उद्योग का विस्तार, केवल 200 प्रतिशत के आसपास ही बढ़ पाया। जहाँ तक सच्चाई की बात है, तो मैं इस संबंध में यही कह सकता हूँ कि औसत कांग्रेसी की सच्चाई अर्थात् देश के लिए निष्ठा और समर्पण, निस्संदेह राह चलते आम व्यक्ति से ज्यादा थी, लेकिन असल में उनके जीवन में एक झूठ है, जो ईमानदारी के एक पतले से नकाब के पीछे छुपा हुआ झूठ ही था।

□

भाग–4

आदर्श के हाथों मिली हताशा

88. सच कहूँ तो हिंदू–मुसलिम एकता का विचार तभी समाप्त हो गया था, जब गांधीजी के भारतीय राजनीति में आने के बाद भी पाकिस्तान बनने की बात उठी, क्योंकि मुसलिम लीग भारत को एक राष्ट्र के रूप में देखने के विरुद्ध थी; और दृढ़ता के साथ उन्होंने बार–बार घोषणा की थी कि वे भारतीय नहीं थे। जिस हिंदू–मुसलमान इकाई की कल्पना गांधीजी ने प्रस्तुत की थी, वह यह नहीं थी। वे चाहते थे कि हिंदू–मुसलिम एक–दूसरे के सहयोगी बनकर स्वतंत्रता संग्राम में हिस्सा लें। उनकी हिंदू–मुसलिम एकता के प्रति यह राय थी। हिंदुओं ने गांधीजी की सलाह का पालन किया, लेकिन मुसलमानों ने हर बार उनकी उपेक्षा करते हुए हिंदुओं का अपमान करके अपने असली व्यवहार को उजागर किया, जब तक कि देश के विभाजन के रूप में परिणाम सामने नहीं आ गया।

89. गांधीजी और मो. जिन्ना के बीच संबंध भी उल्लेखनीय हैं। एक समय था, जब मो. जिन्ना एक प्रसिद्ध राष्ट्रवादी थे। लेकिन 1920 के बाद, जब से वे सांप्रदायिक प्रणाली की श्रेणी के सदस्य बने, तब से उन्होंने स्पष्ट रूप से अपने व्यवहार और गतिविधियों से यह बताया कि वे भारतीय नहीं थे और उनका इरादा मुसलिम समुदाय के हितों को देखना था और वे कांग्रेस या उसके नेताओं पर बिल्कुल भरोसा नहीं करना चाहते थे और उन्होंने यह भी स्पष्ट कर दिया था कि कांग्रेस के साथ वे आजादी की लड़ाई का समर्थन नहीं करेंगे। केवल इतना ही नहीं, मो. जिन्ना ने खुलकर पाकिस्तान की माँग की। जहाँ तक सिद्धांतों की बात है, मैं यह कहूँगा कि मो. जिन्ना ने किसी को धोखा नहीं दिया। वह एक सार्वजनिक शत्रु का व्यवहार था। वह बिना परवाह किए सुगमता से देश को विभाजित करने की भाषा ही बोल सकता था।

92. यह जानकर कि वह अपनी आध्यात्मिक शक्तियों के साथ मो. जिन्ना को प्रभावित नहीं कर सकते, पर गांधीजी को अपनी नीति बदलनी पड़ेगी या हार स्वीकार करें और अपने से अलग राजनीतिक विचार रखने वालों को मुसलिम लीग से निपटने और विभाजन रोकने के लिए मनाने का मौका दें, गांधीजी ने ऐसा नहीं किया। वे इतने ईमानदार नहीं थे। वे हर परिस्थिति में अपना फायदा देखते थे और स्वार्थ के आगे उन्हें देशहित कभी भी दिखाई नहीं देता था। हिमालय जितनी बड़ी-बड़ी भूलें की गईं और ऐसी स्थिति में व्यावहारिक राजनीति के लिए कोई स्थान नहीं था।

93. नोआखाली के भयानक नरसंहार के बाद लगभग एक साल तक लगातार हमारा देश खून से भरे तालाब में नहाया। मुसलमानों ने भयानक और बीभत्स मानवीय नरसंहारों को खुली छूट दी, जिसके बाद देश के कुछ हिस्सों से हिंदुओं की प्रतिक्रिया आई। पूर्वी पंजाब, बिहार या दिल्ली में मुसलमानों के खिलाफ हिंदुओं के आक्रमण, मुसलमानों द्वारा किए गए अत्याचारों की केवल प्रतिक्रिया के कार्य थे। ऐसा नहीं था कि गांधीजी को पता नहीं था कि ऐसा होने का मुख्य कारण मुसलिम बहुल प्रांतों में हिंदुओं पर हुए हमलों की यह प्रतिक्रिया थी, फिर भी गांधीजी ने हिंदुओं की काररवाई की कड़ी निंदा की और कांग्रेस सरकार ने तो बिहार में मुसलमानों के विरुद्ध हिंदुओं के असंतोष और प्रतिक्रियाओं को रोकने के लिए हिंदुओं पर बम गिराने की धमकी तक दे डाली, जो असल में नोआखाली और अन्य स्थानों पर मुसलमानों के दंगों और अत्याचारों की वारदातों के कारण हिंदुओं की प्रतिक्रिया थी। गांधीजी अपनी प्रार्थना सभाओं में प्राय: इस बात की वकालत करते थे कि भारत में हिंदुओं को मुसलमानों के साथ सम्मान और उदारता का व्यवहार करना चाहिए, भले ही पाकिस्तान में हिंदू और सिख मारे जाएँ; और भले ही श्री सुहरावर्दी गुंडों (ठगों) के नेता हों, उसे दिल्ली के आसपास स्वतंत्र रूप से और सुरक्षित रूप से उसे घूमने दिया जाए। गांधीजी के निम्नलिखित प्रार्थनोत्तर प्रवचनों के अंशों से उपरोक्त बातों का प्रमाण मिल जाएगा—

(क) यदि हम कभी आक्रोश से भर जाएँ तो ठंडे दिमाग से चिंतन करें। हिंदुओं को मुसलमानों के प्रति अपने हृदय में क्रोध नहीं रखना चाहिए, भले ही वे उन्हें नष्ट करना चाहें। यदि हिंदुओं को मारकर मुसलमान अपना शासन स्थापित कर भी लें तो भी हम अपने प्राणों की आहुति देकर एक नई दुनिया की शुरुआत कर रहे होंगे, जन्म और मृत्यु तो हर एक के लिए अवश्यंभावी है। हम खुशी या शोक क्यों मनाएँ ? यदि हम अपने लबों पर

मुसकान रखते हुए मृत्यु को प्राप्त होते हैं, तो हम एक नए भारत में प्रवेश करेंगे। एक नए भारत का सूत्रपात करेंगे।

(ख) "कुछ 'रावलपिंडी नाइट्स' ने आज मुझे बुलाया। वे दृढ़, बहादुर और अपने कार्य में मगन थे। मैंने उन्हें शांत रहने की सलाह दी। आखिरकार ईश्वर महान् है। ऐसी कोई जगह नहीं, जहाँ ईश्वर न हो; उसका मनन करो और उसका जाप करो; सबकुछ ठीक हो जाएगा। उन्होंने मुझसे पूछा कि उनका क्या होगा, जो पाकिस्तान में थे? मैंने उनसे पूछा कि वे यहाँ (दिल्ली में) क्यों आए थे? वे वहाँ क्यों नहीं मरे? मैं अभी भी यही मानता हूँ कि इनसान को वहीं रहना चाहिए, जहाँ उसकी जगह हो; भले ही उसके साथ गलत व्यवहार किया गया हो और यहाँ तक कि अगर उसकी हत्या भी हो जाए; यदि लोग हमें मारना चाहें तो मारें। आइए, हम बहादुरी से ईश्वर का नाम लेते हुए मृत्यु को प्राप्त हों, होंठों पर ईश्वर का नाम हो। चाहे हमारी कौम के लोग शांतिपरस्त हैं, फिर भी हम किसी से नाराज क्यों हों? चाहे वे भी मारे जाते हैं तो उन्हें लगना चाहिए कि उनका अच्छा और सही अंत हुआ। विधाता हमें ऐसा बना दे। भगवान् हमें सही और इसी दिशा की ओर ले जाएँ। हमें हृदय से यही प्रार्थना करनी चाहिए। इसलिए मैंने उन्हें वही सलाह दी, जो मैंने रावलपिंडी के निवासियों को दी कि वे (अधिकारी) वहाँ जाएँ और सिख तथा हिंदू शरणार्थियों से मिलकर विनम्रता से बताएँ कि उन्हें पुलिस या सेना की सहायता से वापस पाकिस्तान चले जाना चाहिए।" (23 सितंबर, 1947)

(ग) "पंजाब में जो मरे हैं, उनमें से कोई भी वापस नहीं आएगा। अंत में, हमें भी वहीं (ईश्वर के पास) जाना है। यह सच है कि उनकी हत्या कर दी गई, लेकिन कई लोग हैजे जैसी बीमारियों से या अन्य कारणों से भी तो मरते हैं। जो पैदा हुआ है, उसे मरना होगा। यदि मारे गए लोग बहादुरी से मरे हैं तो उन्होंने कुछ खोया नहीं है, बल्कि कुछ पाया ही है। लेकिन उन लोगों का क्या किया जाए, जिन्होंने लोगों को मारा है? यह एक बड़ा प्रश्न है। यह माना जा सकता है कि गलती करना मानवीय है और इनसान तो गलतियों का पुतला है। पंजाब में हमारी सुरक्षा उनकी वजह से (ब्रिटिश सेना) है। पर क्या इसे सुरक्षा कहा जा सकता है? मैं अब भी चाहता हूँ कि अगर मुट्ठी भर लोग अपनी रक्षा खुद करें और मौत से न डरें। आखिरकार, हत्यारे कोई और नहीं, बल्कि हमारे मुसलिम भाई होंगे। क्या

हमारे भाई धर्म के अलग होने के कारण हमारे भाई नहीं रहेंगे ? और क्या हमने भी वही काम नहीं किया है ? हमने भी तो बिहार में महिलाओं का काम पूर्ववत् छोड़ दिया ?

94. गांधीजी को इस बात का ध्यान रखना चाहिए था, प्रतिशोध की जो इच्छा हिंदुओं के मन में उत्पन्न हो रही थी, वह बस एक स्वाभाविक प्रतिक्रिया थी। उन्होंने (मुसलमानों) मुसलिम बहुल प्रदेश में हजारों हिंदुओं का कत्लेआम सिर्फ इसलिए किया, क्योंकि वे हिंदू थे और हमारी सरकार इन अभागे लोगों को सहायता या सुरक्षा देने में असमर्थ रही। यह हो सकता है कि एक प्रांत के हिंदुओं की उदासी और दर्द की लहरें दूसरे प्रांत के लोगों तक स्वाभाविक रूप से पहुँची हों और इसमें कुछ अजीब या हैरानी की बात नहीं है, क्योंकि दूसरे का दुःख समझकर इस तरह की प्रतिक्रियाएँ मनुष्य के अपनत्व की गरमाहट के लक्षण हैं। केवल अपने भाइयों और पड़ोसियों के दुःखों और विपत्तियों को कम करने के उद्देश्य से अपनों को सुरक्षा और सांत्वना देने के उद्देश्य से हिंदुओं ने ऐसा किया, क्योंकि वे मानने लगे थे कि उन पर होने वाले अत्याचारों को रोकने का यही एक तरीका है कि मुसलमानों से प्रतिशोध लिया जाए। जब लोगों (हिंदुओं) ने देखा और महसूस किया कि भारतीय संघ सरकार पाकिस्तान में रहने वाले भाइयों को सुरक्षा देने में असमर्थ है तो फिर उन्होंने कानून को अपने हाथों में लेने की सोची। बिहार में हिंदुओं द्वारा मुसलमानों से प्रतिशोध का कारण मुसलमानों द्वारा हिंदुओं पर दूसरे प्रांतों में घृणित अत्याचार किया जाना था। इस तरह की प्रतिशोध की भावना उतनी ही स्वाभाविक है, जितनी कि मनुष्य में दया और आध्यात्मिकता की भावना।

95. यह महान् क्रांति भी केवल इसलिए सफल रही, क्योंकि शासकों की करतूतों के विरुद्ध जनता में तीव्र संतोष की भावना फैली और वहीं से शासकों को उखाड़ फेंकने के विचार ने जन्म लिया। दुष्टों के समाज के शासन को समाप्त करना असंभव हो जाता, यदि दुष्ट तानाशाहों के खिलाफ असंतोष और प्रतिशोध जैसी भावनाएँ न उठ खड़ी होतीं। रामायण और महाभारत में वर्णित प्राचीन ऐतिहासिक घटनाएँ और हाल ही में जर्मनी और जापान के विरुद्ध इंग्लैंड और संयुक्त राज्य अमेरिका के युद्ध इसी तरह की बात की क्रियाओं और उसके कारण होने वाली प्रतिक्रियाओं के संकेत देते हैं। वह अच्छा या बुरा हो सकता है, लेकिन मनुष्य का स्वभाव ऐसा ही होता है।

96. मैं भारतीय राजनीति की दृष्टि से अपने आख्यान में पहले भी कह चुका हूँ कि किस प्रकार गांधीजी ने देश की स्वतंत्रता-प्राप्ति के लिए कार्यरत लोगों के

विभिन्न प्रयासों का पुरजोर विरोध किया। उनकी अपनी राजनीतिक रणनीति में और विशेष रूप से उनके अपने व्यवहार में, जब अभी आखिरी युद्ध लड़ा गया।

97. उन्होंने सबसे पहले यह सिद्धांत प्रकट किया कि भारत को चाहिए कि वह इंग्लैंड और जर्मनी के बीच युद्ध में इंग्लैंड की मदद न करे। 'युद्ध मतलब हिंसा और मैं कैसे मदद कर सकता हूँ' कहा गया। हालाँकि गांधीजी के धनी सहकर्मी और अनुयायी सरकार से युद्ध के लिए सामग्री की आपूर्ति के लिए उनको बहुत से ठेके मिले और उनके धन में बहुत वृद्धि भी हुई। खैर, नाम लेना जरूरी नहीं है, क्योंकि उन धनी व्यक्तियों को सभी जानते हैं, जैसे—बिड़ला, डालमिया, वालचंद हीराचंद, नानजीभाई कालिदास आदि। इनमें से प्रत्येक व्यक्ति से गांधीजी और उनकी कांग्रेस को बहुत सहायता मिली। हालाँकि गांधीजी ने इस सच्चाई को कभी स्वीकार नहीं किया और इन धनी लोगों द्वारा दिए गए धन को लेने से मना भी नहीं किया। उन धनी लोगों ने पैसों की पेशकश की, चाहे वे पैसे खून से लथपथ युद्ध से आए थे। और न ही उन्होंने अमीर लोगों को सरकार से युद्ध की सामग्री आपूर्ति के अनुबंध (ठेके) लेने से रोका। सिर्फ यही नहीं, बल्कि गांधीजी ने कांग्रेस को खादी भंडार से अनुबंध करते हुए नौसेना को कंबलों की आपूर्ति की सहमति जताई।

98. 1944 में गांधीजी की जेल से रिहाई के बाद कई अन्य नेताओं की रिहाई हुई। हालाँकि सरकार को जापान के खिलाफ युद्ध के लिए कई कांग्रेसी नेताओं की मदद लेनी पड़ी। गांधीजी ने इस युद्ध का विरोध नहीं किया, बल्कि सरकार के प्रस्ताव का समर्थन किया।

99. गांधीजी की राजनीति में विचारों और तर्क की निरंतरता के लिए कोई जगह नहीं थी। सत्य वही था, जो गांधीजी परिभाषित करते थे। आज के समय में न ही उनकी नीतियाँ पुराने अंधविश्वासों पर आधारित थीं, जैसे—आत्मा की शक्ति, आंतरिक आवाज, उपवास, प्रार्थना और मन की पवित्रता।

100. गांधीजी ने एक बार कहा था—

> *"मेरा मानना है कि जहाँ कायरता और हिंसा के बीच केवल एक विकल्प है, मैं हिंसा की सलाह दूँगा। मैं भारत को कायर होकर अपने अपमान का एक असहाय गवाह बनने के बजाय, अपने सम्मान की रक्षा के लिए हथियारों का सहारा लेने की सलाह दूँगा।"*

लेकिन उनकी कथनी और करनी में हमेशा फर्क रहा। ऊपर दिए गए कई उदाहरणों से मैं यह बात स्पष्ट कर चुका हूँ।

101. उनकी अहिंसा के सिद्धांत की काररवाई में कितना विरोधाभास था,

उसका एक ताजा उदाहरण उल्लेखनीय है। भारत विभाजन और निर्माण के बाद तुरंत ही कश्मीर समस्या आ खड़ी हुई। पाकिस्तान ने कश्मीर को जीतने और निगलने के लिए एक भयानक आक्रमण किया। कश्मीर के महाराजा ने सरकार से मदद माँगी तो नेहरू इस शर्त पर मदद करने को तैयार हुए कि शेख अब्दुल्ला को मुख्य प्रशासक नियुक्त किया जाए। प्रत्येक महत्त्वपूर्ण विषय पर कांग्रेस के अध्यक्ष नेहरू गांधीजी से सलाह लिया करते थे। कश्मीर मामले में भी पक्षपात की पूरी संभावना थी। कश्मीर नेहरू का जन्मस्थान था और इसी बात के कारण नेहरू ने गांधी से सलाह ली कि क्या कश्मीर में सैन्य सहायता भेजनी चाहिए ? और केवल सिर्फ गांधी की सलाह और सहमति के बाद ही उन्होंने कश्मीर के बचाव के लिए कश्मीर में सेना भेजी। यह बात खुद पं. नेहरू ने अपने एक भाषण में कही थी।

102. हमारे राजनीतिक नेता शुरू से ही जानते थे कि पाकिस्तान ने कश्मीर में हमलावरों के आक्रमण का समर्थन किया। इससे यह स्पष्ट था कि कश्मीर को सहायता भेजने का मतलब था, पाकिस्तान के खिलाफ सीधे युद्ध छेड़ रहे हैं। गांधीजी ने स्वयं सशस्त्र युद्ध का विरोध किया और बार-बार इस बात की घोषणा भी की, लेकिन जब शेख अब्दुल्ला को प्रधान प्रशासक बनाया गया तो वे कश्मीर के महाराजा की पाकिस्तान के विरुद्ध मदद करने को तैयार हो गए। कश्मीर में जो कुछ हो रहा है, उसका एकमात्र निष्कर्ष यह निकाला जा सकता है कि आज भारत के लिए स्वतंत्रता पाने के बावजूद और गांधीजी की कृपा से हमारी सरकार युद्ध का सहारा ले रही है; वह युद्ध, जहाँ इनसानों को मारने के लिए सरकारी प्रक्रिया (मशीनरी) का प्रयोग किया जाता है।

103. यदि गांधीजी का अहिंसा के सिद्धांत में इतना ही विश्वास था तो वे सशस्त्र टुकड़ियों के बजाय सत्याग्रहियों को कश्मीर की रक्षा करने का प्रयोग करने के लिए सीमा पर सैनिकों की तरह भेजकर देखते। राइफल के बजाय 'तकली' और बंदूकों के बजाय चरखे भेजते। स्वतंत्रता की शुरुआत में गांधीजी के लिए सत्याग्रह की शक्तियाँ और सामर्थ्य दिखाने का यह अच्छा अवसर था। यह भी एक प्रयोग (Experiment) करके देख लेते।

104. लेकिन गांधीजी ने ऐसा कुछ नहीं किया। उन्होंने अपनी इच्छा के अनुसार स्वतंत्र भारत के अस्तित्व की शुरुआत के दौरान ही एक नया युद्ध छेड़ दिया। इस विरोधाभास और असंगति का क्या कारण था ? गांधीजी के अहिंसा के सिद्धांत, जिस पर वे स्वयं इतना जोर देते थे, उसी को पैरों तले कुचल डाला ? मेरी राय में कारण बहुत ही सरल और प्रत्यक्ष था और वह यह कि वे शेख अब्दुल्ला के

लिए लड़ रहे थे। कश्मीर की प्रशासनिक शक्ति मुसलमानों के पास चली गई और गांधीजी ने केवल इसी कारण से सशस्त्र बलों के माध्यम से आक्रमणकारियों के विनाश के लिए सहमति दी। गांधीजी ने कश्मीर में युद्ध के बारे में भयानक समाचार पढ़ा, जबकि यहाँ दिल्ली में कुछ मुसलमान सुरक्षित नहीं रह पाए, इसीलिए आमरण अनशन किया। हालाँकि उतनी ही निर्भीकता से कश्मीर में आक्रमणकारियों का विरोध करने के लिए उपवास नहीं रखा और न ही हिम्मत से उनके विरुद्ध सत्याग्रह करने का साहस किया। ये सारे व्रत और नीतियाँ बस हिंदुओं को मजबूर करने के लिए थे।

105. मुझे लगता है कि वर्तमान बीसवीं शताब्दी में यह दुर्भाग्यपूर्ण है कि भारत की आज तक की राजनीति में इतना बड़ा पाखंडी नेता समस्त भारतीय राजनीति का नेता था। इन महात्मा के मन पर हैदराबाद राज्य में हिंदुओं के खिलाफ आक्रमणों का प्रभाव नहीं देखा गया; और महात्मा ने कभी भी हैदराबाद के निजाम को सिंहासन छोड़ने के लिए नहीं कहा। यदि भारतीय राजनीति गांधीजी के निर्देशन और प्रभुत्व के तहत इसी प्रकार आगे बढ़ती रहती तो इस विभाजित भारत को आज मिली स्वतंत्रता का संरक्षण करना भी आने वाले समय में असंभव हो जाता। ये विचार बार-बार मेरे दिमाग में कौंधते रहे और मेरा मन-मस्तिष्क इन विचारों से भर गया। और उपरोक्त सभी घटनाओं के बाद जब 13 जनवरी, 1948 को गांधीजी ने हिंदू-मुसलिम एकता की खातिर फिर से अपने उपवास की घोषणा की तो स्वयं पर मैंने अपना लगभग पूरा नियंत्रण खो दिया।

106. पिछले चार वर्षों से मैं एक अखबार के संपादक के साथ काम कर रहा हूँ और इस अवधि से पहले भी मैंने अपना अधिकांश समय जनता की सेवा में लगाया। इसलिए मुझे भारतीय राजनीति के सभी घटनाक्रमों के संपर्क में रहने की आदत थी।

107. वे भारतीय राजनीति के तीन निकायों, यानी मुसलिम लीग, कांग्रेस और हिंदू महासभा के आपसी संबंधों के विचारों से पूरी तरह वाकिफ थे। मुसलिम लीग कांग्रेस को हमेशा एक हिंदू संगठन के रूप में उल्लेखित करती है, लेकिन उसके हिंदू नेताओं को हिंदू संगठन के नेता कहलाने में शर्म आती थी। कांग्रेसियों ने जब हिंदू नेताओं को 'सांप्रदायिक' कहा तो उन्होंने खुद को अपमानित महसूस किया।

108. वास्तव में, यदि कोई संस्था राष्ट्रीय भावना के विकास में बाधा डाले बिना किसी विशेष समुदाय के हितों की तलाश करे तो भी कोई ऐसी संस्था के लिए 'सांप्रदायिक' शब्द कहकर उसे अपमानित क्यों करेगा? हाँ, कोई संस्था एक

स्वार्थी जीव के रूप में राष्ट्रीय भावना के सार को नष्ट करती है तो ऐसी संस्था को 'सांप्रदायिक मानसिकता वाली संस्था' कहना उचित होगा। लेकिन कांग्रेस ने अपनी अभिव्यक्ति में मुसलिम लीग और हिंदू महासभा, दोनों को 'सांप्रदायिक' शब्द से उद्बोधित किया। हालाँकि जिस बात को इंगित किया जाना चाहिए, वह यह है, जहाँ कांग्रेस मुसलिम लीग की प्रत्येक माँग के सामने झुकी, वहीं दूसरी ओर हिंदू महासभा की राष्ट्रवादी राजनीति पर भी उचित ध्यान नहीं दिया और उसके नेताओं के खिलाफ दुष्प्रचार किया है।

109. जब कांग्रेस ने मुसलिम लीग को मुसलिम समुदाय की दृष्टि से मान्यता दी तो तार्किक दृष्टि से हिंदू महासभा को हिंदुओं के प्रतिनिधि के रूप में मान्यता दी जानी चाहिए थी या कम-से-कम कांग्रेस को यह घोषित करना चाहिए था कि वह (कांग्रेस) हिंदुओं के हितों का ध्यान रखेगी। हालाँकि कांग्रेस ने कभी ऐसा नहीं किया। इस सबके परिणामस्वरूप मुसलिम लीग जैसे शक्तिशाली संगठन के अस्तित्व के बावजूद जो अपने समुदाय के हितों के बारे में सोचता है; यही नहीं, कुछ मुसलमान, जो अभी भी कांग्रेस के सदस्य थे, वे भी अपने स्वार्थ की पूर्ति के रास्ते ढूँढ़ रहे थे; लेकिन हिंदुओं की देखभाल करने वाला कोई नहीं था। हालाँकि जिस कांग्रेस ने हिंदू महासभा को 'सांप्रदायिक' कहकर उसका उपहास किया था, उसी कांग्रेस ने महामहिम लॉर्ड वेवेल द्वारा शिमला में बुलाए गए नेताओं के सम्मेलन में भाग लिया और 50 प्रतिशत हिंदुओं के प्रतिनिधित्व के सिद्धांत को स्वीकार कर लिया। इतना ही नहीं, बल्कि गांधीजी के मामले में कांग्रेस के नेताओं को हिंदुओं की जाति के प्रतिनिधियों के रूप में मान्यता देने के लिए तैयार करवाया गया था। कांग्रेस द्वारा लिया गया यह निर्णय मुसलमानों को खुश करने के लिए अपनाई गई नीति के परिणामस्वरूप सबसे बीभत्सकारी और सांप्रदायिक था।

110. क्या कांग्रेस के सामने ही विभाजन ने भारत की स्वतंत्रता का आदर्श खंडित नहीं कर दिया था? यह जानने के बाद कि कितने ही महान् राष्ट्रीय नेताओं व बुद्धिजीवियों ने राष्ट्र की स्वतंत्रता के आदर्श को बनाए रखने के लिए अनन्य त्याग किए; कितनों ने पूर्ण लोकतंत्र के आदर्श प्राप्त करने के लिए इस विशाल देश के बड़े और छोटे समुदायों के बीच आपसी सहयोग और सामंजस्य रखने के प्रयास में असंख्य बलिदान दिए तथा स्वतंत्रता के संघर्ष में पंजाब, बंगाल, सिंध और NWF प्रांत के कुछ हिस्से, जो अब पाकिस्तान क्षेत्र में आते हैं, भारत के अन्य हिस्सों की तुलना में किसी भी तरह कम महत्त्वपूर्ण नहीं थे। उसी तरह कई देशभक्त, जिन्होंने आजादी के अपने आदर्श को सामने रखा, देश के हर कोने से आए थे। ऐसे

भी कई थे, जिन्होंने कांग्रेस से बाहर होते हुए भी क्रांतिकारियों के रूप में अग्रणी भूमिका निभाई; जिन्होंने हँसते-हँसते फाँसी के फंदों को चूम लिया; अपनी मातृभूमि के बाहर निर्वासन के रूप में अपने दिन बिताए या अंडमान की अँधेरी सड़ी-गली कोठरियों में आजादी के सपने देखे। क्या इन सभी को 'विभाजन' के साथ देश की स्वतंत्रता मिलना उचित था? क्या उनके अतुल्य बलिदानों का पुरस्कार भारत देश के एक हिस्से में एक अलग देश की स्थापना था, जो केवल धर्मांध कट्टरपंथियों द्वारा स्थापित था?

111. खैर! गांधीजी के नेतृत्व में कांग्रेस ने उसी समय से मुसलमानों के सामने आत्मसमर्पण करना शुरू कर दिया था, जब तक मो. जिन्ना की पाकिस्तान बनने तक की 14 माँगें पूरी नहीं हो गईं। लोगों के लिए यह खेदजनक दृश्य नहीं है, जब वे कांग्रेस को भारत में तब आजादी का उत्सव मनाते हुए, भारत के एक क्षेत्र में अलग सरकार स्थापित होते हुए देख रहे हैं, जबकि वहाँ पूर्वी और पश्चिमी पाकिस्तान भारत से नोंचकर अलग कर दिया गया और देश के बीच में हैदराबाद काँटे की चुभन दे रहा है! गांधीजी के नेतृत्व में कांग्रेस का पतन देख मुझे राजा भर्तृहरि का श्लोक इस प्रसंग में याद आता है और उचित भी लगता है—

(गंगा स्वर्ग से शिवजी के सिर पर गिरी, उनकी जटाओं से हिमालय में गिरी, वहाँ से धरती पर उतरी और वहाँ से समुद्र तक पहुँची। उसी तरह अविवेकी लोग अपने विचारों और कृत्यों से सौ-सौ तरीकों से निम्न और निम्न स्तर पर गिरते जाते हैं।)

□

भाग-5

देश-विरोधी चेहरों की असल पराकाष्ठा

112. जिस दिन मैंने गांधीजी को राजनीतिक पटल से हटाने का निश्चय किया, मुझे यह बात स्पष्ट रूप से पता थी कि मैं व्यक्तिगत रूप से वह सबकुछ खो दूँगा, जो मेरा है या मेरा हो सकता है। मैं धनी व्यक्ति नहीं हूँ, लेकिन मैं मध्यमवर्गीय समाज में सम्मानित व्यक्तियों में अपना स्थान रखता हूँ। मैं अपने प्रांत के सार्वजनिक जीवन में रहा हूँ और जो सेवा मैं लोगों को देने में सक्षम रहा हूँ, उसके कारण मुझे मेरे लोगों के बीच आदर और सम्मान मिला है। संस्कृति और सभ्यता के विचार मेरे लिए अजनबी नहीं हैं। मेरे पास कुछ रचनात्मक परियोजनाएँ थीं, जो मैं आने वाले समय में करना चाहता था और मुझे लगता है कि मेरे पास इतनी शक्ति है कि मैं भविष्य में इन्हें सफलतापूर्वक पूरा कर सकूँगा। मुझे कोई शारीरिक बीमारी नहीं है और न ही मुझे किसी उपाध्यक्ष के पद को पाने की चाह है। भले ही मैं बहुत प्रबुद्ध व्यक्ति नहीं हूँ, लेकिन मैं उनकी बहुत प्रशंसा और सम्मान करता हूँ, जो प्रबुद्ध हैं।

113. वर्ष 1929-30 के प्रारंभ में, जब कांग्रेस ने 'सविनय अवज्ञा आंदोलन' का अपना पहला अभियान शुरू किया, तब मैंने एक सार्वजनिक कार्यकर्ता का जीवन आरंभ किया। तब मैं सिर्फ एक छात्र था। इस आंदोलन से संबंधित सम्मेलन और अखबारों में छपी रिपोर्ट और खबरों ने मुझ पर गहरा असर डाला। मैंने इस आंदोलन में शामिल होने और एक सार्वजनिक कार्यकर्ता के रूप में इसे भविष्य में अपना पेशा (कॅरियर) बनाने का फैसला किया। ठीक उसके बाद, जब यह आंदोलन मुसलिम संबंधित मुद्दों को लेकर चरम पर था और मुद्दों ने एक गंभीर रूप ग्रहण कर लिया था, तो उस समय हिंदुओं के एकीकरण के बारे में गहनता से विचार किया गया और उसके लिए एक और आंदोलन चलाया

गया, जिसका नेतृत्व हिंदू सभा के नेता जैसे डॉ. मुंजे, भाई परमानंदजी, पं. मदन मोहन मालवीय के अलावा आर्य समाज के नेता और राष्ट्रीय स्वयंसेवक संघ के कार्यकर्ता कर रहे थे।

सभी संगठनों के राजनेता उत्साह से सामुदायिक पुरस्कार की चर्चा कर रहे थे। यहाँ इस बात का उल्लेख आवश्यक हो जाता है कि वर्ष 1935 में हुए हिंदू महासभा के अधिवेशन में यह तय हुआ कि विधायकों के चुनावों में हिंदू महासभा कांग्रेस के विपक्ष में चुनाव लड़ेगी, क्योंकि कांग्रेस का रवैया मुसलमानों के पक्ष में और हिंदुओं के लिए अन्यायपूर्ण था। हिंदू महासभा ने इस मुकाबले में कांग्रेस के खिलाफ मुकाबला करने की सोची, जिसकी कमान स्वर्गीय पं. मदन मोहन मालवीय के हाथ में थी, जो उस समय कांग्रेस के दिग्गज नेता भी थे।

114. फिर इसके बदले सन् 1932 के आसपास नागपुर के स्वर्गीय डॉ. हेडगेवार ने महाराष्ट्र में राष्ट्रीय स्वयंसेवक संघ की स्थापना की। उनकी प्रार्थना ने मुझे बहुत प्रभावित किया और मैं संघ में एक स्वयंसेवक के रूप में शामिल हो गया। मैं महाराष्ट्र के उन स्वयंसेवकों में से एक हूँ, जो संघ में उसके प्रारंभिक चरणों में शामिल हुए। कुछ सालों तक मैंने महाराष्ट्र प्रांत के बौद्धिक पक्ष में रहकर भी काम किया। मुझे महसूस हुआ कि हिंदुओं के आध्यात्मिक उत्थान के लिए काम करने के बाद मैं देश की राजनीतिक गतिविधियों में हिंदुओं के अधिकारों की रक्षा के लिए भाग ले सकता हूँ, इसीलिए मैं संघ छोड़ हिंदू महासभा में शामिल हो गया।

115. 1938 में मैंने हिंदू महासभा के स्वयंसेवकों के पहले समूह का नेतृत्व किया, जो हैदराबाद राज्य के क्षेत्र में जिम्मेदार सरकार की माँग के लिए शांतिपूर्ण प्रतिरोध करते हुए मार्च कर रहे थे। मुझे गिरफ्तार कर लिया गया और एक साल की जेल की सजा सुनाई गई। मैं असभ्यों ही नहीं, हैदराबाद के बर्बरतापूर्ण शासन का व्यक्तिगत अनुभव ले चुका हूँ और मैंने जेल में एक विशिष्ट समय पर 'वंदे मातरम्' गाने के लिए दर्जनों कोड़ों की सजा भुगती है।

116. 1943 में बिहार सरकार द्वारा एक उद्घोषणा जारी की गई, जिसमें हिंदू महासभा को भागलपुर में अधिवेशन करने से प्रतिबंधित कर दिया गया। हिंदू महासभा ने संकल्प लिया कि इस निषेध को चुनौती दें, क्योंकि सरकार की यह काररवाई अनुचित और अवैध थी। हिंदू महासभा ने सरकार द्वारा इसे रोकने के पूर्ण प्रयास और सावधानियाँ बरतने के बाद भी सत्र का आयोजन किया। मैंने लगभग एक महीने तक छिपे रहकर इस सत्र की तैयारी के लिए नेतृत्व की भूमिका की जिम्मेदारी ली। इस एक महीने के दौरान समाचार-पत्र पढ़ते हुए मैंने ऐसे लेख देखे,

जिनमें मेरे कार्यों की प्रशंसा की गई थी और मैंने यह भी सुना कि लोग सार्वजनिक जीवन में मेरे हिस्से और भूमिका के लिए अपनी स्वीकृति व्यक्त करते हैं।

मैं उग्र स्वभाव का व्यक्ति नहीं हूँ। बड़गे, जो मुखबिर थे, उन्होंने अपने 225 पृष्ठों की गवाही में यह बयान दिया कि मैंने चाकू निकालकर श्री भोपटकर को मारने का प्रयास किया। यह कथन सर्वथा झूठा है। आजकल श्री भोपटकर आरोपियों का बचाव करने वाले वकीलों का समय-समय पर मार्गदर्शन कर रहे हैं। मुखबिर द्वारा वर्णित हमला अगर मैंने किया होता तो क्या आप हमारे बचाव में सहायता की पेशकश करते? जिस घटना का आप आरोप लगा रहे हैं, तो शायद ही आप श्री भोपटकर की मदद लेने की सोचते।

117. जो मुझे व्यक्तिगत रूप से जानते हैं, वे जानते हैं कि मैं अंतर्मुखी और संकोची स्वभाव का व्यक्ति हूँ। लेकिन जब कांग्रेस के उच्च पदस्थ नेताओं ने गांधीजी की सहमति से देश की चीर-फाड़ और विभाजन होने दिया तो मेरा मन-मस्तिष्क अत्यधिक क्रोध से भर गया। मैं यह स्पष्ट कर देना चाहता हूँ कि मैं कांग्रेस का दुश्मन नहीं हूँ। मैंने हमेशा उस संगठन को आध्यात्मिक उत्थान करने वाली मुख्य संस्था के रूप में देखा है। मेरे उनके नेताओं से विचार मतभेद रहे हैं। यह बात साफ तौर पर 28 फरवरी, 1938 (RXD/30) को वीर सावरकर को संबोधित मेरे पत्र में देखी जा सकती है। वह पत्र मेरे द्वारा लिखा गया और मेरे द्वारा हस्ताक्षरित है और मैं उसमें लिखी विषय-वस्तु को लिखने की जिम्मेदारी लेता हूँ।

118. व्यक्तिगत स्तर पर मेरे और गांधीजी के बीच कोई शत्रुता नहीं थी। वे लोग, जो पाकिस्तान-निर्माण में गांधीजी का अच्छा मकसद होने की बात कहते हैं, मुझे उनसे केवल इतना कहना है कि मैंने गांधी के विरुद्ध जो इतना बड़ा कदम उठाया, उसमें मेरे हृदय में राष्ट्रहित का शुद्ध हेतु था। वे ऐसे व्यक्ति थे, जो बहुत सी भयावह घटनाओं के लिए जिम्मेदार थे, जिनकी परिणति पाकिस्तान निर्मिति में हुई। गांधीजी के विरुद्ध की गई अपनी कारवाई के बाद, मैं भविष्य में आने वाले अपने परिणाम को देख सकता था, उन परिणामों की उम्मीद कर सकता था और मुझे एहसास था कि जिस क्षण लोगों को गांधी को मेरे द्वारा गोली मारने की घटना का पता चलेगा, उन सभी का मेरे प्रति दृष्टिकोण बदल जाएगा, फिर चाहे परिस्थितियाँ कोई भी हों। समाज में लोगों का मेरे प्रति जो सम्मान, रुतबा और सहानुभूति है, वह समाप्त हो जाएगी, नष्ट हो जाएगी और बचा हुआ मान भी कुचल दिया जाएगा। मुझे पूरा एहसास था कि समाज में मुझे सबसे नीच और घृणित व्यक्ति के रूप में देखा जाएगा।

119. मुझे स्पष्ट था कि प्रेस द्वारा मुझ पर हर तरह के प्रखर और प्रचंड हमले किए जाएँगे और मेरे विरुद्ध आग उगली जाएगी। लेकिन मैंने कभी नहीं सोचा था कि मुझ पर किए गए हमले मुझे धमका पाएँगे। लेकिन अगर इंडियन प्रेस ने गांधीजी और उनके सहयोगियों की राष्ट्र-विरोधी नीतियों की निष्पक्ष होकर आलोचना की होती और अगर उनकी आलोचना ने लोगों को देश के हित में विचार करने के लिए प्रेरित किया होता तो मजाल है कि किसी एक व्यक्ति की जिद और सनक (चाहे वह इनसान कितना ही बड़ा महात्मा क्यों न था) को पूरा न होने देते! गांधीजी और उनके अंध अनुयायी कभी भी मुसलमानों को इतनी आसानी से पाकिस्तान देने की हिम्मत नहीं कर पाते, जितनी आसानी से उन्होंने पाकिस्तान बनाने दिया। जिस कांग्रेस ने नेताओं की गलतियों को दरकिनार कर दिया, राजनीतिक चालें चलीं, उसी कांग्रेस आलाकमान के सामने प्रेस कमजोर और कांग्रेस के अधीन दिखाई दी और इन सभी ने मिलकर विभाजन को आसान बना दिया। उस प्रेस का डर, जो स्वयं कमजोर और कांग्रेस की गुलाम थी, मेरे निश्चय को नहीं डिगा सका।

120. कुछ बैठकों में सरकार द्वारा यह घोषित किया गया कि जब तक पाकिस्तान नहीं बनेगा, तब तक लोग खुद को स्वतंत्र न समझें। हालाँकि मैंने इसे बिल्कुल अलग और गलत राय के रूप में लिया। मेरे अनुसार, यह केवल नेताओं द्वारा स्वयं की कारवाई को उचित ठहराने का एक तरीका था। गांधीवादी पंथ के नेता अकसर दावा करते हैं कि उन्होंने अपने सत्य और अहिंसा से 'स्वराज्य' पाया।

मैं यह पूछना चाहूँगा कि जो अंग्रेज कमजोर पड़ गए थे, क्या वे इस स्थिति में थे कि पाकिस्तान बनने की शर्त पर भारत के बाकी हिस्सों को आजाद करने की शर्त रखते? सच तो यह है कि वे सभी (कांग्रेसी) गांधी और उनके अनुयायियों की पाकिस्तान के निर्माण के लिए अपनी सहमति पाने के लिए रुके हुए थे। इन सभी को यह दरशाने की आदत थी कि पहले विरोध करो, हिचकिचाहट दिखाओ और थोड़े प्रदर्शन के बाद मुसलमानों की माँगों के सामने आत्मसमर्पण कर दो!

121. मुसलिम लीग को 15 अगस्त, 1947 को पाकिस्तान दे दिया गया और वो भी कैसे? पाकिस्तान दिया गया, लोगों को बेवकूफ बनाकर; पाकिस्तान दिया गया, बिना पंजाब, बंगाल, उत्तर-पश्चिम सीमांत प्रांत (NWF प्रांत), सिंध आदि के लोगों की भावनाओं या विचारों का सम्मान करे! अविभाज्य भारत दो भागों में विभाजित किया गया था, जिसमें से एक भाग पर धर्म-शासित राज्य था। मुसलमानों को उनके देशद्रोही आंदोलनों और कार्यों का फल पाकिस्तान के रूप में मिल गया था। गांधीवादी मत के लोगों ने पाकिस्तान निर्माण के विरोधियों का 'सांप्रदायिक

सोच रखने वाले' कहकर उपहास किया था और 'देशद्रोही' विशेषण से संबोधित किया, जबकि स्वयं मो. जिन्ना की माँगों के सामने आत्मसमर्पण करते हुए भारत में मुसलिम राज्य की स्थापना की। इस घटना ने मेरे मन की शांति भंग कर दी। हालाँकि, अगर पाकिस्तान बनने के बाद भी यह गांधीवादी सरकार पाकिस्तान के हिंदुओं के हितों की रक्षा के लिए कुछ करती, तो संभव था कि मैं अपने मन-मस्तिष्क को वश में कर लेता, जोकि लोगों की हताशा देखकर भयंकर विचलित था। हालाँकि, लाखों हिंदुओं को पाकिस्तान में मुसलमानों के रहमोकरम पर छोड़ने के बाद गांधीजी और उनके समर्थकों ने उन्हें पाकिस्तान में ही रहने की सलाह दी थी। परिणामतः हिंदू मुसलमानों के हाथों में पड़ गए और ऐसी परिस्थितियों में घिर गए, जिसके लिए वे तैयार नहीं थे और एक के बाद एक आपदाएँ होती गईं। आज भी जब मैं वह घटनाएँ याद करता हूँ तो मेरा शरीर उन त्रासदियों की भयावहता को महसूस कर गुस्से से जल उठता है और मेरे रोंगटे खड़े हो जाते हैं।

122. प्रत्येक नया दिन अपने साथ समाचार लेकर आता कि किस प्रकार हजारों हिंदुओं का नरसंहार किया गया, तकरीबन 15,000 सिखों को गोली मार दी गई, सैकड़ों महिलाओं को निर्वस्त्र कर जुलूस निकालते हुए बाजार में मवेशियों की तरह बेचा गया। हजारों हिंदुओं को जान बचाकर भागना पड़ा और उन्होंने अपना सबकुछ खो दिया। शरणार्थियों का एक बड़ा जत्था, जो लगभग 40 मील तक फैला दिखाई देता था, भारतीय संघ की ओर बढ़ रहा था। और संघ सरकार ने इस भयानक घटना का सामना कैसे किया? आह, हवा में से शरणार्थियों पर रोटियाँ फेंककर!

123. यह अत्याचार और रक्तपात किसी तरह रोका जा सकता था, यदि भारत सरकार पाकिस्तान में अल्पसंख्यकों पर हो रहे और थोपे गए अत्याचार के खिलाफ विरोध अभिव्यक्त करती या उन्हें (पाकिस्तानी प्रशासन) धमकी देती कि भारत में भी प्रतिशोध के उपाय के रूप में अल्पसंख्यकों के साथ भी वैसा ही व्यवहार किया जाएगा, जैसाकि हिंदुओं के साथ पाकिस्तान में हो रहा है, तो पाकिस्तान में रह रहे हिंदुओं पर हो रहे अत्याचारों को कम किया जा सकता था। लेकिन सरकार ने, जो गांधीजी के अँगूठे के नीचे थी, किसी और ही माध्यम का सहारा लिया। अगर प्रेस के द्वारा पाकिस्तान में अल्पसंख्यकों की शिकायतों को अभिव्यक्त करने की कोशिश की जाती तो यह कहा जाता था कि प्रेस के माध्यम से लोग समुदायों के बीच असंतोष फैला रहे हैं और अपराधों को बढ़ावा दे रहे हैं; विभिन्न प्रांतों में कांग्रेस की सरकार ने 'आपातकालीन शक्तियाँ अधिनियम' के तहत प्रेस से भुगतान राशि माँगनी शुरू कर दी। मुझे ही लगभग मुकदमा चलने के मुआवजे के रूप में

16,000 रुपए भरने के आदेश मिले और केवल बंबई प्रांत में लगभग 900 मामले सामने आए, और जैसाकि कहा गया है, इसमें होम मेंबर श्री मोरारजी भाई का भी हिस्सा था। भले ही इसके प्रतिनिधिमंडल मंत्रियों की सेवा करते हैं, लेकिन प्रेस की शिकायतों के निस्तारण के लिए कुछ नहीं किया गया। इस तरह गांधीवादी पंथ द्वारा निर्देशित कांग्रेस सरकार पर शांतिपूर्ण तरीके से दबाव बनाने की मेरी पूरी कोशिश को निराशा ही मिली।

124. जब ये सारी घटनाएँ पाकिस्तान में हुईं तो गांधीजी ने एक भी शब्द से इसका विरोध या निंदा नहीं की और न ही पाकिस्तान सरकार या इसमें शामिल मुसलमानों के विरुद्ध कोई वक्तव्य दिया। पाकिस्तान में हिंदुओं पर जो हिंदू संस्कृति और समाज को जड़ से उखाड़ने के लिए मुसलमानों द्वारा अत्याचार किए गए, वह सबकुछ गांधीजी की शिक्षाओं और व्यवहार के कारण हुआ। यदि भारत ने विदेश नीतियों को व्यावहारिक रूप से इस्तेमाल किया होता तो मानव इतिहास का इतना अनपेक्षित नरसंहार कभी नहीं हुआ होता।

125. सबसे खास और अहम बात यह है कि जब बात मुसलमानों की थी, गांधीजी ने कभी लोगों की राय की परवाह नहीं की; उनकी अहिंसा की नीति मानव रक्त से सराबोर थी, जिसकी वजह से भारतीयों के हृदय में पाकिस्तान के लिए अच्छे विचार आए ही नहीं। जब तक भारतीय संघ सरकार के पड़ोसी के रूप में धर्मशासित राज्य (देश) रहेगा, तब तक भारत की शांति और सौहार्द हमेशा खतरे में रहेगा। इन सभी तथ्यों के बावजूद, गांधीजी ने एक ऐसे प्रचार का कार्यभार ग्रहण किया, जो मुसलिम लीग के समर्थक भी निश्चित रूप से वफादारी से नहीं कर पाते और वह था—लोगों के मन में पाकिस्तान के बारे में प्रतिकूल राय बनाने से रोकना।

126. यही वह समय था, जब उन्होंने आखिरी भूख हड़ताल का सहारा लिया। उनके द्वारा दी गई उपवास तोड़ने के लिए हर शर्त मुसलमानों के पक्ष में और हिंदुओं के खिलाफ थी।

127. गांधीजी ने भूख हड़ताल खत्म करने को जो सात शर्तें रखी थीं, उनमें से एक थी, शरणार्थियों द्वारा दिल्ली की सभी मसजिदों में ली गई शरण। ऐसे हालातों में गांधीजी ने कहा कि दिल्ली की जिन सभी मसजिदों में शरणार्थियों ने कब्जा किया है, वे खाली कर दी जाएँ और मुसलमानों को वापस कर दी जाएँ। गांधीजी उपवास द्वारा और कुछ नेताओं को धमकाकर मजबूर करके अपनी इस शर्त को स्वीकार कराने में कामयाब रहे। यह तब हुआ, जिस समय मैं दिल्ली में था और कुछ घटनाओं को घटित होते हुए मैंने व्यक्तिगत रूप से देखा। वे दिल्ली की ठिठुरा देने

वाली ठंड के दिन थे और जिस दिन गांधीजी ने अपना उपवास तोड़ा था, उस दिन बारिश हो रही थी। इस असामान्य से वातावरण के कारण मौसम इतना सर्द था कि धनी लोग भी ठंड से कँपकँपा जाएँ। शरणार्थी परिवार, जो आश्रय के लिए दिल्ली आए थे, उन परिवारों को मसजिद से निष्कासित कर दिया गया और ऐसा करने में उन्हें शरण या निवास के लिए कोई अन्य स्थान भी नहीं दिया गया। एक-दो परिवार, जो महिलाओं, अपने बच्चों और अपने साथ लाए हुए थोड़े-बहुत सामानों के साथ थे, उन्होंने कहा, "गांधीजी, हमें रहने के लिए जगह दें!" वे बिड़ला हाउस भी आए और चले गए। लेकिन आलीशान बिड़ला हाउस में रहने वाले गांधीजी के कानों तक बेचारे हिंदुओं की चीख-पुकार नहीं पहुँच पाई। मैं स्वयं इस दृश्य का साक्षी था; ऐसा दृश्य, जो कठोर से कठोरतम के हृदय को भी पिघला देता। खैर! इससे भी अधिक गहरे विचार मेरे मन में आने लगे—क्या यह मजाक की बात थी और क्या शरणार्थियों को ये मसजिदें उनको अपने छोड़कर आए घरों से ज्यादा बेहतर लगी थी, जहाँ से उन्हें बेदखल कर दिया गया था? क्या गांधीजी उन कारणों और परिस्थितियों से अवगत नहीं थे, जिन कारणों से उन शरणार्थियों को मसजिदों में शरण लेनी पड़ी थी? जो हिस्सा पाकिस्तान बना, वहाँ कोई मंदिर या गुरुद्वारा नहीं था। इन शरणार्थियों ने वहाँ अपनी आँखों से देखा था कि किस तरह केवल सिखों और हिंदुओं का अपमानित करने के उद्देश्य से उनके मंदिरों और गुरुद्वारों को अपवित्र किया गया! शरणार्थी अपना सबकुछ छोड़कर, भागकर दिल्ली आए थे और उन्हें दिल्ली में किसी जगह शरण नहीं मिली। सरकार से क्या सवाल पूछा जाना चाहिए, जब पाकिस्तान के पंजाब और उत्तर-पश्चिम सीमा प्रांत में छोड़ आए अपने घरों की याद करके बार-बार रोए और भारत आकर भी उन्हें केवल सड़कों और पेड़ों के नीचे आश्रय मिले? इन परिस्थितियों में हिंदू शरणार्थियों ने मसजिदों पर कब्जा कर लिया था, तो क्या गलत था? क्या ऐसा करने में मसजिदों की छतों का मानवता के हित के लिए उपयोग नहीं किया गया था? अगर शरणार्थियों के मसजिदों के निष्कासन के समय गांधीजी ने सरकार से यह पूछा होता कि मसजिदों से निकाले जाने के बाद उनके लिए क्या वैकल्पिक व्यवस्था है, तो मैं समझता हूँ कि गांधीजी ने मानवीय स्पर्श प्रदर्शित किया है, सरकार और जनता से पूछते उनके लिए कोई वैकल्पिक व्यवस्था उपलब्ध कराने के संबंध में; बाहर फेंके जाने से पहले आवास, एक प्रदर्शित करेगा, आपकी माँग पर मानवीय स्पर्श प्रदर्शित किया है। अगर गांधीजी ने मसजिदों से हिंदू शरणार्थियों के निष्कासन के साथ सरकार के सामने यह शर्त भी रखी होती कि पाकिस्तान के मंदिर वापस हिंदुओं को सौंप

दिए जाएँ और इसी तरह की अन्य शर्तें, क्योंकि पाकिस्तान में भी हालात हिंदुओं के लिए ही बुरे थे। उनकी अहिंसा की शिक्षा; उनकी हिंदू-मुसलिम एकता को लेकर चिंता; औरतों के प्रति संवेदना; आत्मा की शक्ति में उसका विश्वास—ये सभी बातें यदि मुसलमानों और पाकिस्तान से भी अपेक्षित होतीं तो समझ आता कि गांधीजी निष्पक्ष, उत्साही और गैर-सांप्रदायिक सोचवाले थे। गांधीजी के पास इतना जानने की पर्याप्त अंतर्दृष्टि थी कि भूख हड़ताल की शर्त अगर वे पाकिस्तान के मुसलमानों के सामने रखते तो शायद ही कोई उनके अनशन और भूख हड़ताल से पिघलता, फिर चाहे अनशन के बाद उनकी मृत्यु ही क्यों न हो जाती! यही कारण था कि वे जानबूझकर मुसलमानों पर शर्तें थोपना टाल रहे थे। अतीत के अनुभव से यह स्पष्ट था कि मो. जिन्ना या मुसलिम लीग गांधीजी के उपवास से कभी भी परेशान या प्रभावित नहीं थे। उन्होंने शायद ही कभी गांधीजी की 'आंतरिक आवाज' के मूल्य को महत्त्व दिया था।

128. यहाँ यह बताना अप्रासंगिक नहीं होगा कि गांधीजी के अवशेष (राख) भारत और विदेश के बड़े शहरों और नदियों में प्रवाहित किए गए, लेकिन पाकिस्तान में स्थित श्री श्रीप्रकाश और भारतीय उच्चायुक्त के प्रयासों के बावजूद वे सिंधु नदी में उनके अवशेष प्रवाहित नहीं कर पाए, जोकि पाकिस्तान से होकर गुजरती है।

129. आइए, अब 55 करोड़ रुपए का मामला लेते हैं। मैं यहाँ भारतीय सूचना विभाग से प्राप्त 2 फरवरी, 1948 के कुछ अंश पढ़ रहा हूँ—

1. माननीय सरदार वल्लभभाई पटेल के 12 जनवरी, 1948 को आयोजित प्रेस कॉन्फ्रेंस में भाषण के अंश।
2. माननीय सर शनमुखम चेट्टी के भाषण के अंश।
3. भारत की सहज सद्भावना संकेत।
4. माननीय प्रधानमंत्री के कथन के अंश।

इन 55 करोड़ रुपए के बारे में खुद गांधीजी ने कहा था कि सरकार को अपना निर्णय बदलने को मजबूर करना हमेशा मुश्किल होता है। हालाँकि, सरकार ने इसके मूल में बदलाव करके पाकिस्तान को 55 करोड़ रुपए के भुगतान पर रोक लगाने के फैसले को बदल दिया है और ऐसा करने का कारण गांधीजी की भूख हड़ताल थी। (21 जनवरी, 1948 के आसपास आयोजित प्रार्थना सभा के दौरान गांधीजी द्वारा दिए गए प्रवचन) पाकिस्तान को भुगतान के 55 करोड़ रुपए रोकने का निर्णय हमारी सरकार द्वारा लिया गया, जो लोगों की सरकार होने का दावा करती है। और लोगों की यह सरकार गांधीजी द्वारा किए गए उपवास के कारण अपना फैसला

उलट देती है। मेरे लिए इसका अर्थ यही था कि गांधीजी का पाकिस्तान के प्रति रुझान भारत के जनमत की शक्ति की तुलना में ज्यादा महत्त्वपूर्ण था।

130. पाकिस्तान का निर्माण मुसलमानों की राष्ट्रीय आंदोलन के प्रति शत्रुता का परिणाम है। इसी सरकार ने पाकिस्तान के प्रति वफादारी दिखाने वाले कई लोगों को कैद कर लिया। हालाँकि वही गांधीजी पाकिस्तान के सबसे बड़े समर्थक और रक्षक थे, लेकिन उनके पास ऐसी कोई शक्ति नहीं थी, जिससे कि वे पाकिस्तान या मुसलमानों पर कोई नियंत्रण या उनका रवैया बदल सकते।

131. ऐसी परिस्थितियों में, मेरे अनुसार, हिंदुओं पर मुसलमानों के अत्याचार से छुटकारा पाने का एक ही कारगर उपाय था, वह यह था कि गांधीजी को इस दुनिया से हटा ही दिया जाए!

132. गांधीजी राष्ट्रपिता कहे जाते हैं, महान् सम्मान का प्रतीक! लेकिन अगर ऐसा है, तो वे देश के अभिभावक होने की जिम्मेदारी में इस हद तक विफल रहे कि उन्होंने देश के विभाजन की सम्मति देकर राष्ट्र के साथ विश्वासघाती तरीके से काम किया। यदि गांधीजी वास्तव में पाकिस्तान के निर्माण के संबंध में अपना विरोध बनाए रखते, तो मुसलिम लीग के पास इसकी माँग करने की ताकत नहीं होती और अंग्रेजों ने इसे स्थापित करने के अपने सबसे बड़े प्रयासों के बावजूद, इसे नहीं बनाया होता। इसका कारण समझना बहुत कठिन नहीं है। इस देश के लोग पाकिस्तान के विरोध में अधीर रहे और दृढ़ निश्चय और उग्र प्रबलता से काम नहीं लिया। लेकिन गांधीजी ने लोगों के साथ खिलवाड़ किया और देश का हिस्सा पाकिस्तान के निर्माण के लिए मुसलमानों को दे दिया। मैं दृढ़ता से कहता हूँ कि राष्ट्रपिता होने के नाते गांधीजी अपनी जिम्मेदारी निभाने में असफल रहे। वे पाकिस्तान के राष्ट्रपिता सिद्ध हुए। केवल इसी कारण से मैंने भारतमाता के आज्ञाकारी पुत्र के रूप में, तथाकथित राष्ट्रपिता के जीवन का अंत करना अपना कर्तव्य माना; ऐसे राष्ट्रपिता, जो हमारी मातृभूमि के, देश के विभाजन के लिए बहुत से निर्णयों और भूमिकाओं की वजह से उत्तरदायी थे।

133. हैदराबाद मामले की भी यही कहानी है। यहाँ निजाम के मंत्री और रजाकारों के जघन्य दुष्कर्मों का उल्लेख आवश्यक नहीं है। हैदराबाद के प्रधानमंत्री लायक अली ने जनवरी 1948 के अंतिम सप्ताह में गांधीजी के साथ एक साक्षात्कार किया था। उनके तरीके से स्पष्ट था कि गांधीजी जल्द ही अपनी अहिंसा की नीति का प्रयोग करने के लिए कासिम रजवी को उनके दत्तक पुत्र के रूप में लेंगे, जैसाकि उन्होंने सुहरावर्दी के साथ किया था। यह देखना मुश्किल नहीं था कि गांधीजी के होते

हुए सरकार को अपनी पूरी शक्ति लगाने के बावजूद, हैदराबाद जैसे मुसलिम राज्य के प्रति कड़े कदम उठाना असंभव हो जाता। अगर सरकार हैदराबाद के विरुद्ध कोई सैन्य काररवाई या पुलिस काररवाई करने का निर्णय लेती, उसे फिर वापस लेने के लिए मजबूर किया जाता, जैसाकि हिंदू-मुसलिम एकता की आड़ में 55 करोड़ रुपए के भुगतान के मामले में किया गया, क्योंकि गांधीजी ने फिर आमरण अनशन किया होता और सरकार के हाथ फिर उनकी जान बचाने के लिए बँधे होते।

134. गांधीजी के अनुसार बिना दिखावे के सहना और हमलावर द्वारा किए गए प्रहारों को हथियारों या शारीरिक बल द्वारा कोई प्रतिरोध न करना ही अहिंसा का आचरण है। जब गांधीजी अहिंसा का स्पष्टीकरण देते हैं, तो बाघ का उदाहरण देते हैं कि किस तरह गायों ने खुद को बाघों को इतनी मात्रा में सौंपा कि लालच से खाते-खाते, वह शिकार करते-करते थक गया और उसने हिंसक प्रवृत्ति छोड़ दी। यह बात हमेशा याद रखी जाएगी कि कानपुर में अपने घर में गणेश शंकर विद्यार्थी मुसलमानों के हाथों खूनी हमले का शिकार हो गया। गांधीजी अकसर इस बात का उदाहरण देते थे कि अहिंसा के पंथ के लिए उन्होंने किस प्रकार मुसलमानों की मार के आगे झुककर एक आदर्श उदाहरण प्रस्तुत करते हुए मृत्यु को सहर्ष स्वीकारा! मुझे दृढ़ विश्वास है कि जिस प्रकार के अहिंसा का विवरण ऊपर दिया गया है, वह नीति राष्ट्र को बरबाद कर देगी और पाकिस्तान के लिए प्रवेश करना आसान बना देगी और जो बचा है, उस पर कब्जा कर लेना पाकिस्तान के लिए आसान हो जाएगा।

135. संक्षेप में, मैंने अपने आप को बता दिया था और भविष्य देख पा रहा था कि गांधीजी को मारने के बाद मैं हर तरह से बरबाद हो जाऊँगा; मेरा मान-सम्मान, जो मुझे प्राणों से भी प्यारा है, खो दूँगा। लोग मुझसे नफरत करेंगे। लेकिन साथ ही यह भी विश्वास था कि गांधीजी की अनुपस्थिति में भारत की राजनीति सशस्त्र बलों के साथ निश्चित रूप से अधिक व्यावहारिक, प्रतिशोध में सक्षम और शक्तिशाली हो जाएगी। इसमें कोई शक नहीं कि मेरा भविष्य पूरी तरह से बरबाद हो जाएगा, लेकिन देश पाकिस्तान के गलत इरादों का शिकार होने से बच जाएगा। लोग चाहे मुझे मूर्ख, विवेकहीन समझेंगे, लेकिन राष्ट्र तर्क के आधार पर अपने निर्णय लेने, प्रगति के उपक्रमों और राष्ट्र-हित के लिए कार्य करने को स्वतंत्र होगा, जो मेरे अनुसार, राष्ट्र-निर्माण में अत्यंत आवश्यक था। मामले पर पूरी तरह से विचार करने के बाद मैंने इस मामले पर अंतिम निर्णय लिया, लेकिन मैंने इसके बारे में किसी से कोई बात नहीं की। मैंने स्वयं को अपने दोनों हाथों से फौलादी बनाया और हाँ, 30 जनवरी, 1948 को बिड़ला हाउस में प्रार्थना करने के लिए गए गांधीजी को मैंने गोली मारी।

136. अब मेरे कहने के लिए शायद ही कुछ बचा हो। यदि राष्ट्र-भक्ति, राष्ट्र के प्रति समर्पण का अर्थ पाप है, तो मैं यह मानता हूँ कि मैंने यह पाप किया है। यदि राष्ट्र-भक्ति गौरव की बात है, तो मैं विनम्रतापूर्वक इस गौरव को स्वीकार करता हूँ। मुझे पूरा विश्वास है कि यदि इस मर्त्य और नश्वर संसार द्वारा स्थापित कानूनों से परे कोई कानून और अदालत है, तो उस अदालत में मेरा यह कार्य अन्यायपूर्ण नहीं माना जाएगा। यदि मृत्यु के बाद मेरे कृत्य के सही-गलत फैसले की कोई जगह नहीं है, तो फिर कहने को कुछ भी नहीं है। मैंने जो भी काररवाई या कृत्य किया, वह केवल मानवता के लाभ के लिए किया था। मैं स्वीकार करता हूँ कि मैंने उस व्यक्ति को गोली मारी, जिसकी नीतियों और कार्यों ने लाखों हिंदुओं का विनाश किया, उन्हें असह्य पीड़ाएँ और यातनाएँ दीं।

137. वास्तव में गांधीजी को गोली मारने के बाद से मेरा जीवन भी समाप्त जैसा ही हो गया है। तब से मैंने अपने दिन समाधि और ध्यान में ही बिताए हैं। इस दौरान मैंने जो भी अपने आसपास देखा, उससे मुझे पूरी संतुष्टि ही मिली।

138. हैदराबाद राज्य की समस्या, जो गांधीजी की मृत्यु के कारण अनावश्यक रूप से विलंबित और स्थगित कर दी गई थी, सरकार ने सशस्त्र बल के उपयोग के माध्यम से उसका समुचित समाधान निकाला है। शेष भारत की वर्तमान सरकार व्यावहारिक राजनीति का मार्ग अपना रही है। सरकार के किसी मूल सदस्य ने कहा है कि राष्ट्र की सेना पूरी तरह से आधुनिक हथियारों और दुश्मन से मुकाबला करने की आधुनिक यांत्रिकी (मशीनरी) से लैस होनी चाहिए। यह बताते हुए उस सदस्य ने यह भी कहा कि यह सबकुछ गांधीजी के आदर्शों को ध्यान में रखते हुए किया जाएगा। ऐसा आप अपनी संतुष्टि के लिए कह सकते हैं। लेकिन साथ ही यह नहीं भूलना चाहिए कि बिना हथियारों और सेना के और गांधीजी की अहिंसावादी नीतियों से हम राष्ट्र की हिटलर, मुसोलिनी, चर्चिल या रूजवेल्ट से रक्षा शायद ही कर पाएँ! फिर यह कहना भी असंभव होगा कि गांधीजी की विशेष अहिंसा से हम दुनिया को नया शांति संदेश दे पाए हैं।

139. मैं यह स्वीकार करने के लिए तैयार हूँ कि गांधीजी ने राष्ट्र की भलाई के लिए बहुत सी तकलीफें झेलीं। असल में, उन्हीं की वजह से लोगों के मन में स्वतंत्रता के प्रति जागृति उत्पन्न हुई। उन्होंने कई बार अपने बारे में भी नहीं सोचा; लेकिन मुझे यह कहते हुए अत्यंत पीड़ा होती है कि उन्होंने अपने अहिंसा के सिद्धांत की पूर्णतः असफलता को स्वीकार नहीं किया। मैंने ऐसे कई बुद्धिमान और महान् देशभक्तों की जीवनियाँ पढ़ी हैं, जिन्होंने गांधीजी से भी बड़े बलिदान दिए हैं। मैंने

उनमें से कुछेक को व्यक्तिगत रूप से देखा भी है। लेकिन जो कुछ भी है, मैं गांधीजी और उन्होंने जो देश की सेवा की, उनके सम्मान में उनको नमन करता हूँ; और इससे पहले कि मैं उन्हें गोली मारता, मैं उनके सामने पहले नतमस्तक हुआ था। हालाँकि, मैं मानता हूँ कि देश के इस सेवक के पास भी देश का विभाजन करने का कोई अधिकार नहीं था, फिर भी उन्होंने पुजारी की छवि बनाए रखी और लोगों को धोखा दिया। ऐसा कोई कानूनी तंत्र नहीं था, जिसके द्वारा उन जैसे अपराधी को दंडित किया जा सकता हो, और यही कारण था कि मैंने गांधीजी को गोली मारने का निर्णय किया, क्योंकि मेरे पास अपनी मातृभूमि के भविष्य को बचाने का वही एक रास्ता और तरीका बचा था, जो मैं कर सकता था।

140. यदि मैंने यह कृत्य नहीं किया होता तो निस्संदेह मेरे लिए बेहतर होता। खैर! परिस्थितियाँ मेरे नियंत्रण से बाहर थीं। मेरा उद्वेग और क्रोध इतना प्रबल था कि मुझे लगने लगा कि इस व्यक्ति को प्राकृतिक तरीके की मौत के भरोसे नहीं छोड़ना चाहिए, ताकि लोगों को पता चले कि उस व्यक्ति ने देश के कट्टरपंथियों का गलत तरीके से पक्ष लिया, अनुचित, देश-विरोधी और खतरनाक काम करने का भुगतान किया है। मैंने इस मामले और भविष्य के हजारों-सैकड़ों हिंदुओं के नरसंहारों को बचाने और समाप्त करने का फैसला किया। हिंदुओं को भी भविष्य के दोषारोपण से बचाने का फैसला किया। ईश्वर उन्हें उनके स्वार्थी स्वभाव के लिए क्षमा करे, जो इस देश की पवित्र भूमि के प्यारे बच्चों के लिए विनाशकारी साबित हुआ।

141. मैं किसी विशिष्ट के प्रति कोई शत्रुता या वैमनस्य का भाव महसूस नहीं करता और न ही मुझे लगता है कि कोई मेरे लिए शत्रुता का भाव रखता होगा। मैं यह स्वीकार करता हूँ कि वर्तमान सरकार के लिए मेरे मन में गलत तरीके से मुसलमानों का पक्ष लेने की नीति के कारण कोई सम्मान नहीं था। लेकिन साथ ही मैं यह भी देख सकता था कि यह नीति केवल गांधीजी की उपस्थिति के कारण थी। हालाँकि, उनकी उपस्थिति के दबाव के अभाव में सही अर्थों में एक धर्मनिरपेक्ष राज्य की स्थापना का रास्ता अब साफ हो गया है। मुझे यह बात बड़े ही अफसोस के साथ कहनी पड़ रही है कि माननीय प्रधानमंत्री पं. नेहरूजी भूल जाते हैं कि धर्मनिरपेक्ष राज्य की बात करते हुए कई बार उनकी कथनी और करनी में अंतर आ जाता है। इस बात पर जोर देना इसलिए जरूरी है, क्योंकि उन्होंने धर्म-शासित देश पाकिस्तान की स्थापना में अत्यंत महत्त्वपूर्ण भूमिका निभाई है।

उन्हें भी एहसास हो गया होगा कि धार्मिक अंधभक्ति और कट्टरता पर आधारित और स्थापित देश, भारतीय संघ के लिए कभी भी समृद्धि का कारण नहीं

बन सकते। इन सभी बातों पर विचार करने के बाद मेरे मन-मस्तिष्क ने गांधीजी के खिलाफ यह कारखाई करने का निर्णय लिया। किसी ने मुझ पर किसी प्रकार का कोई दबाव नहीं डाला।

142. माननीय न्यायालय मेरे मन के इस आवेग और उसके तहत की गई कारखाई के लिए जो उचित समझे, सजा के आदेश को निर्धारित कर सकता है।

मैं इसके बारे में कुछ नहीं कहना चाहता। मैं नहीं चाहता कि मुझ पर कोई दया की जाए। और मैं यह भी नहीं चाहता कि मेरे लिए कोई दया की सिफारिश करे।

143. यहाँ बहुत से ऐसे लोग हैं, जिन्हें इस घटना में मेरे साथ साजिशकर्ता समझा जा रहा है। लेकिन मैं पहले ही कह चुका हूँ कि मेरे इस कृत्य में मेरा कोई साथी नहीं था और इसके लिए केवल मैं और केवल मैं ही जिम्मेदार हूँ। अगर उन पर आरोप नहीं लगाया जाता, तो बचाव के लिए कोई वकील भी नहीं करता, क्योंकि मुझे यह स्पष्ट है कि मैं नहीं चाहता कि मेरे वकील 30 जनवरी, 1948 की घटना से जुड़े गवाहों से कोई पूछताछ भी करें।

144. मैंने पहले ही यह स्पष्ट कर दिया है कि व्यक्तिगत रूप से मैं शांतिपूर्ण प्रदर्शन के पक्ष में कभी भी नहीं रहा, फिर चाहे 20 जनवरी, 1948 को गांधीजी द्वारा अपनी प्रार्थना सभा में किया गया प्रभावी प्रचार ही था, बल्कि मैं गांधीजी की प्रार्थना की बैठक के इस प्रदर्शन में अनिच्छा से शामिल होने के लिए तैयार हो गया था, पर सौभाग्य से उसका हिस्सा नहीं बन पाया। और जब मुझे यह पता लगा कि किसी कारणवश मैं उस बैठक में शामिल नहीं हो पाया हूँ, तो मुझे बड़ी हताशा और नाउम्मीदी भी हुई। श्री आप्टे और अन्य सहयोगियों द्वारा बंबई, पूना और ग्वालियर से लाए गए स्वयंसेवकों के प्रयत्नों का फल भी नहीं मिला। फिर मुझे गांधी का अंत करने के अलावा कोई दूसरा रास्ता नहीं दिखाई पड़ा।

145. ये सभी विचार मेरे मन-मस्तिष्क में चल रहे थे, जब मैं दिल्ली के शरणार्थी शिविर में गया। यहाँ मुझे एक फोटोग्राफर मिला, जिसकी पीठ पर कैमरा था। मैंने उसे अपनी फोटो खींचने को कहा। वह शरणार्थी दिखाई पड़ता था। वह मान गया और उसने मेरी तसवीर खींची। दिल्ली के रेलवे स्टेशन वापस आने पर मैंने श्री आप्टे को दो पत्र लिखे, जिसमें उन्हें अपनी मानसिक स्थिति का हलका सा ब्योरा देते हुए अपनी तसवीरें भी संलग्न कीं, क्योंकि श्री नानाराव आप्टे मेरे अखबार व्यवसाय में करीबी सहयोगी होने के कारण उन्हें इस सबके बारे में सूचित करना मैंने अपनी जिम्मेदारी समझी। इनमें से एक पत्र मैंने पूना के पते पर भेजा और दूसरा 'हिंदू राष्ट्र' के कार्यालय में।

146. मैं यह बात भी जोड़ना चाहूँगा कि सभी बयान जो मैंने दिए हैं, पूरी तरह से सत्य और सही हैं तथा प्रत्येक बयान अधिकृत पुस्तकों के संदर्भ से मेल खाता है। मैंने सूचना विभाग भारत सरकार के कई प्रकाशनों का उपयोग किया है, जो जनता को सूचित करने के लिए भारत सरकार की मशीनरी का एक अंग है, जो ' इंडियन ईयरबुक, हिस्ट्री ऑफ कांग्रेस, गांधीजी की आत्मकथा, समय-समय पर जारी कांग्रेशनल बुलेटिन तथा 'हरिजन' और 'यंग इंडिया' के अभिलेखागार, और गांधीजी के प्रार्थना के बाद के प्रवचन—ये सभी प्रकाशित करता है। इतना लंबा वक्तव्य मैंने इसलिए नहीं बनाया, ताकि लोग मेरी प्रशंसा करें। ऐसा करने का मेरा मकसद सिर्फ इतना है कि मैं उनके दिमाग में कोई गलतफहमी नहीं छोड़ना चाहता। कोई अस्पष्टता नहीं रखना चाहता।

147. ईश्वर करे कि देश, जिसे हिंदुस्तान के नाम से जाना जाता है, दोबारा मिलकर एक हो जाए और लोगों को यह सिखाया जाए कि उस पराजयवादी मानसिकता से छुटकारा पाएँ, जिसने हमें उग्र और आक्रामक लोगों के सामने आत्मसमर्पण करने को मजबूर किया। हिंदुस्तान के नाम से मशहूर देश हो, फिर से एक हो जाते हैं और लोगों को सिखाया जाता है, उस जिसने उन्हें अधीन कर दिया हमलावरों के सामने। यही मेरी अंतिम इच्छा और सर्वशक्तिमान से अंतिम प्रार्थना है।

148. मैं अब कह चुका, मेरा काम हो गया है, लेकिन बैठने से पहले जनाब, मैं आपके प्रति हृदय से और सम्मान से आभार प्रकट करना चाहता हूँ कि आपने मेरी बातें धैर्यपूर्वक सुनीं। आभारी हूँ उस शिष्टाचार का और सुविधाओं का, जो मुझे दी गईं। उसी तरह, मैं अपने कानूनी सलाहकारों और वकीलों का धन्यवाद करना चाहता हूँ, जिन्होंने इतने बड़े परीक्षण के दौरान मेरी मदद की। इस मामले से जुड़े पुलिस अधिकारियों के प्रति मुझे कोई द्वेष महसूस नहीं होता। उन्होंने जो मेरा ध्यान रखा और जो मेरे साथ व्यवहार किया, उसका मैं आभारी हूँ। उसी तरह मैं जेल अधिकारियों का धन्यवाद करता हूँ, जिन्होंने मेरे साथ अच्छा सुलूक किया।

149. यह सच है कि 300 या 400 लोगों की भीड़ की उपस्थिति में गांधीजी पर दिन के भरे उजाले में मैंने गोली चलाई। मैंने बचने का कोई प्रयास नहीं किया; बल्कि मेरे मन में कभी भी भागने का विचार था ही नहीं। मैंने खुद को गोली मारने की कोशिश भी नहीं की; और मेरा ऐसा करने का इरादा था भी नहीं। खैर, सबके समक्ष सार्वजनिक रूप से अपने विचार प्रकट करने की मेरी यह तीव्र इच्छा थी।

150. मेरे इस कृत्य को करने की भावना और मेरे नैतिक मूल्यों में मेरा विश्वास मेरी आलोचनाओं के बाद भी कम नहीं हुआ है। मेरा आत्मविश्वास अभी

भी वैसा ही है। मुझे इसमें कोई संदेह नहीं है कि इतिहासकार मेरे इस कृत्य पर ईमानदारी से विचार करेंगे तथा इतिहास लिखते समय ध्यान रखेंगे और शायद भविष्य में किसी दिन मेरे इस कृत्य का महत्त्व समझ पाएँगे।

अखंड भारत अमर रहे!

वंदे मातरम्!

(विशेष न्यायाधीश)

(नाथूराम वी. गोडसे)

दिल्ली, 8 नवंबर, 1948

□

विशेष न्यायाधीश के समक्ष आरोप, उच्च न्यायालय में परीक्षण (ट्रायल) और अपील

आरोपियों के 8 नवंबर, 1948 से 22 नवंबर, 1948 तक के बयान दर्ज किए गए। वे कुल 260 पृष्ठों के हैं। बदले में बचाव पक्ष ने 119 दस्तावेज पेश किए। अन्य प्रतिवादियों में से मदनलाल पाहवा ने कबूल किया है कि उन्होंने 20 जनवरी, 1948 को प्रार्थना के पश्चात् प्रार्थना सभाओं के अहाते में जब गांधीजी भाषण दे रहे थे तो उन्होंने लौह-चूर्ण जलाया। उनकी काररवाई गांधीजी की मुसलिम समर्थक नीति के खिलाफ थी, जोकि राष्ट्रीय हितों के खिलाफ थी, लेकिन न ही कोई साजिश थी और न ही वे किसी साजिश के सदस्य थे।

दिगंबर बड़गे, एक मुखबिर बन गए। उनका बयान आरोप लगाने वाले पक्ष के पास, जो अभियुक्तों का इतिहास है, उसे दृढ़ करने या साबित करने तक ही सीमित था।

नाथूराम गोडसे ने स्पष्ट रूप से कहा है कि उन्होंने जानबूझकर गोली चलाई, वध के इरादे से पिस्तौल निकाली और ऐसा करने के अपने विस्तृत कारण बताए हैं। उन्होंने साजिश के आरोप से इनकार किया। अन्य सभी प्रतिवादियों ने भी साजिश के आरोप से इनकार किया या दावा किया कि वे इसके बारे में नहीं जानते।

अभियोजक के कार्यालय और बचाव पक्ष की दलीलें 1 दिसंबर, 1948 को शुरू हुईं और वे आने वाले दिनों में दिन-प्रतिदिन चलीं। नाथूराम वी. गोडसे ने अपना मामला खुद लड़ा, जबकि श्री पी.आर. दास पटना ने वीर सावरकर की

ओर से मुकदमे की पैरवी की। कोर्ट रूम में उन दो घटनाओं का उल्लेख करना आवश्यक है।

मुकदमे में नाथूराम ने कहा कि बंदूक से दो गोलियाँ बाहर आईं, जबकि मेडिकल रिपोर्ट से पता चला है कि तीन गोलियाँ निकलीं।

श्री सी.के. दफ्तरी ने अभियुक्त (नाथूराम) की बात को प्रस्तुत करते हुए कहा कि अभियुक्त नाथूराम ने संदेह के लाभ के आधार पर तर्क का समर्थन करते हुए कहा, "बंदूक से दो गोलियाँ चलीं।"

तो नाथूराम ने तुरंत खड़े होकर जवाब दिया—

"पिस्तौल स्वचालित (ऑटोमेटिक) थी और घोड़ा (ट्रिगर) एक ही बार दबाया गया था। अब अगर दो गोलियाँ बाहर आएँ या तीन, यह बात मायने नहीं रखती। चूँकि केवल एक ही काफी थी और वह मैंने चलाई थी। अगर 'संदेह का लाभ' देना ही है तो आरोपी पक्ष को दिया जाए।"

दूसरी घटना तब, जब श्री सी.के. दफ्तरी अपने तर्क को प्रस्तुत कर आधी बात ही कह पाए थे कि हत्या करने का कृत्य एक 'अनैतिक' कृत्य है, तो नाथूराम गोडसे उठे और इसका विरोध किया—

"कम-से-कम, जहाँ तक इस मामले का संबंध है, न ही अभियोजक कार्यालय को, न ही न्यायालय को इस कृत्य की नैतिकता पर चर्चा करने का कोई अधिकार है। मैं विनम्रतापूर्वक तर्क देते हुए कहता हूँ कि इस मामले को तय करने के लिए उनके पास कोई अधिकार क्षेत्र नहीं है। यह हमेशा से देखा गया है कि नैतिकता की अवधारणाएँ एक समाज से दूसरे समाज में, एक देश से दूसरे देश में और एक सदी से दूसरी सदी तक परिवर्तित होती रहती हैं। किसी विशेष समाज में औरतों का बुरका (घूँघट) न पहनना अनैतिक माना जाता, जबकि अन्य देश में यह न पहनना पूरी तरह से नैतिक हो सकता है। कुछ देशों में मदिरापान का सेवन बिल्कुल भी अनैतिक नहीं माना जाता। किसी शताब्दी में, जहाँ तक मैं समझ पाया हूँ, गैर-ब्राह्मणों को वैदिक परंपराओं को पढ़ाना अत्यधिक अनैतिक माना जाता था, लेकिन आज के समय में ऐसा नहीं है। इस तरह नैतिकता की अवधारणाएँ बदल रही हैं। इसलिए नैतिकता या अनैतिकता का सभी समयों के लिए कोई भी मानक मानदंड निर्धारित करने में सक्षम नहीं हो सकता, फिर चाहे कैसा भी देश हो या कैसा भी वातावरण।

यदि अभियोजक का कार्यालय उस हत्या को पूरी तरह से बिना किसी 'अनैतिक' अपवाद के हत्या का ही जामा पहनाना चाहता है, तो यह मानना पड़ेगा कि वर्तमान शासक सर्वाधिक अनैतिक तरीके से व्यवहार करते हैं, क्योंकि कभी-

कभी उन्हें भी लोगों को गोली मारने का सहारा लेना पड़ता है।

अभियोजक के कार्यालय के पास इस सवाल को उठाने का न तो कानूनी अधिकार है और न ही नैतिक अधिकार। अगर सरकारी वकील उन्हें अब जितना मिल रहा है, उससे थोड़ा अधिक भुगतान किया जाए, तो निस्संदेह वे रक्षा वकील (निजी वकील) के रूप में काम कर सकते हैं।

क्या सिर्फ इसलिए ऐसा कहा जा सकता है कि उन्होंने नैतिकता या नैतिक पक्ष का त्याग कर दिया है? न्यायालय के पास केवल इतना अधिकार है कि वह मेरे कृत्य की वैधता तय करे, लेकिन जहाँ तक नैतिकता का सवाल है, मुझे विश्वास है कि मैंने जो किया, वह पूरी तरह से नैतिक था और उस दृढ़ विश्वास के संबंध में इस न्यायालय के पास इसके बारे में निर्णय सुनाने का क्षेत्राधिकार नहीं है।

तर्क 12/30/1948 को समाप्त हुए। इससे हमें लगा कि एक महीने में हमारे मामले पर अदालत का निर्णय आ जाएगा। 10 फरवरी, 1949 आ गया। हम ट्रिब्यूनल पहुँचे। लाल किला विशेष न्यायालय के न्यायाधीश श्री आत्माचरण ने फैसले तय कर लिये थे। अदालत ने एक के बाद एक अभियुक्तों को सजा सुनाई। सभी के मैं की जिज्ञासा समाप्त हो गई। और सभी अभियुक्त कुशलता से संयम सँजो रहे थे। नाथूराम और नाना आप्टे को फाँसी पर लटकाए जाने की सजा सुनाई गई थी, जबकि विष्णु करकरे, मदनलाल पाहवा, मैं (गोपाल गोडसे), शंकर किस्तैया और डॉ. परचुरे, हमें 'जीवन के लिए निर्वासन' की सजा सुनाई गई थी। दिगंबर बड़गे को मुखबिर बनने के लिए क्षमा दी गई थी, जबकि वीर सावरकर को सम्मानपूर्वक बरी कर दिया गया। वातावरण में अजीब सा सन्नाटा छा गया, एक बेचैनी-सी थी, लेकिन फिर हम सभी 'घोषित दोषी' एक स्वर में चिल्लाए—

स्वातंत्र्य लक्ष्मी की जय, हिंदू राष्ट्र की जय!

अखंड भारत अमर रहे! वंदे मातरम्।

जिस दिन सजा सुनाई गई, वह दिन नवीन और बाद की घटनाओं के कारण जल्दी बीतता जान पड़ रहा था। जब हम उठे तो हमें एहसास हुआ कि हम दूसरी ही दुनिया में चले गए हैं!

हमारा स्वप्न बेड़ियों में जकड़ा परेशान था। हमारी हालत चाहे कितनी भी बेकार थी, लेकिन हम यह सोचकर खुश थे कि हमारे किसी परिचित ने हमें उस अवस्था में नहीं देखा।

हमें विशेष कोर्ट के फैसले के खिलाफ अपील दायर करने के लिए पंद्रह दिनों की अवधि दी गई थी। हमारे वकील हमारी अपीलों को दर्ज कराने और प्रस्तुत करने

में व्यस्त थे। इसलिए वे दो या तीन दिन बाद हमसे मिलने आए, लेकिन हममें से किसी के चेहरे पर लेशमात्र भी दुःख या कष्ट का भाव नहीं था। नाथूराम ने दंड संहिता की धारा-302 के तहत लगे आरोप और पारित की गई सजा के खिलाफ कोई अपील नहीं की। अपील दूसरे आरोपों के विरुद्ध थी, जो उन पर लगाए गए थे। दो महीने बाद हमें पुलिस द्वारा चालित एक ट्रक में पानीपत के रास्ते सेंट्रो अंबाला जेल ले जाया गया।

नाथूराम और नाना को अभियुक्तों के लिए निर्धारित कोठरियों में ले जाया गया। पर हम शेष पाँच को आँगन जैसी खुली जगह भेजा। नाथूराम और नाना से डेथ सेल (फाँसी की कोठरी) में कभी भी मिलने जा सकते थे। अंबाला जेल के अफसरों का रवैया हमदर्दीपूर्ण था और संतोषजनक भी। शायद वह रवैया दो कारणों से था।

इन अधिकारियों ने हमें कुछ दिनों तक निगरानी में रखा, किसी में भी आपराधिक वृत्ति के साक्ष्य नहीं मिले। दूसरा कारण शायद यह था कि वे अपने हृदय की गहराई में जानते थे कि गांधीजी क्यों मारे गए थे!

हमें 14 अप्रैल, 1949 को मृत्यु के मामले पर मुद्रित फाइलों की पुस्तकें मिलीं, जबकि सुनवाई के लिए केवल पंद्रह दिन शेष थे। उसी मौके और क्षण में नाथूराम ने इन पुस्तकों का अध्ययन करना और उन पर टिप्पणियाँ लिखना आरंभ कर दिया।

सवाल यह था कि क्या नाथूराम गोडसे को व्यक्तिगत रूप से अपना बचाव या 'मध्यस्थ' के रूप में अनुमति दी जाती है या सरकार द्वारा प्रदान किए गए एक बचाव पक्ष के वकील की स्वीकृति दी जाती है? एक अदालती न्यायिक अधिनिर्णय भी आकर्षक था, जो 24 मार्च, 1949 को दिया गया था और जो 'नाथूराम वी. गोडसे बनाम द क्राउन' के रूप में रिपोर्ट किया गया। (ए.आई.आर. 1949 पूर्वी पंजाब 321)। कोर्ट ने उनकी याचिका स्वीकार कर ली और नाथूराम गोडसे को व्यक्तिगत रूप से पेश होने और अपने मामले की खुद ही पैरवी करने की अनुमति दे दी। हमें शिमला लाया गया।

जब नाथूराम शिमला में थे तो 19 मई, 1949 को उनका 40वाँ जन्मदिन था। हमारे छोटे भाई दत्तात्रेय यरवदा सेंट्रल जेल (पुणे, महाराष्ट्र) से कुछ महीने पहले रिहा कर दिए गए थे। वे अदालत की प्रक्रिया देखने-सुनने शिमला पहुँचे।

19 मई की दोपहर को जब मैं नाथूराम को उनके जन्मदिन की बधाई देने के लिए जाने के लिए तैयार था, तभी एक लड़की उनसे मिलने आई। संयोग से दत्तात्रेय ने उसे अदालत में देखा था।

लड़की ने दत्तात्रेय से उसे नाथूराम के पास ले जाने को कहा, क्योंकि वह नाथूराम से मिलना चाहती थी। "लेकिन," दत्तात्रेय ने उससे कहा, "केवल रिश्तेदारों को अनुमति है।" लड़की ने विश्वास दिलाते हुए कहा, "मैं सँभाल लूँगी; बस मुझे उस कोठरी में ले चलो, जहाँ उन्हें रखा है।"

फिर उसने अपनी पहचान बताई। वह केस के लिए बिठाए गए एक सुपीरियर कोर्ट के जज की बेटी थी, लेकिन उसके पिता उस बेंच के सदस्य नहीं थे, जहाँ अपील या फरियादें सुनी जाती हैं। उसके पास एक छोटी सी टोकरी थी, जिसमें कुछ फल और फूल थे। अधिकारियों ने देखा कि आगंतुकों में एकमात्र दत्तात्रेय का नाम नोट किया गया था, इसीलिए आगंतुक के रूप में और लड़की को उनके साथ जाने की अनुमति दे दी। कन्या ने नाथूराम का अभिवादन किया और उन्हें साथ लाई फल-फूलों की टोकरी भेंट की। उसने नाथूराम की कम शब्दों में सराहना की। टोकरी में सबसे नीचे रखा हुआ उसने एक स्वेटर निकाला। वह चाहती थी कि उसे नाथूराम को दे दिया जाए। ड्यूटी पर तैनात अधिकारियों ने उसका निरीक्षण किया और फिर लड़की को नाथूराम को स्वेटर देने की अनुमति दी।

"इस स्वेटर को उस दिन पहनना, जब आप अपने मामले की पैरवी करें। मुझे खुशी महसूस होगी।" उस लड़की ने कहा। नाथूराम ने उसे धन्यवाद कहा और स्वेटर पहनाने को सहमत हो गए।

दिवंगत मौलाना आजाद ने अपनी पुस्तक 'इंडिया विन्स फ्रीडम' (भारत ने आजादी जीती) में पृष्ठ 225 पर लिखा है—"कुछ अच्छे परिवारों की महिलाओं ने नाथूराम के लिए स्वेटर बुनकर भेजा। यह बात इस सच्चाई को उजागर करती है कि एक प्रकार का अभिजात वर्ग ऐसा भी था, जो नाथूराम को नायक मानता था और यह एक सच्चाई भी थी कि नाथूराम गोडसे अपने पंथ के नायक थे।"

इस मामले में पूर्वी पंजाब के उच्च न्यायालय के न्यायाधीशों की बेंच में अमरनाथ भंडारी, अछरू राम और गोपालदास खोसला शामिल थे। उन्होंने हमारी अपीलों पर 23 मई, 1949 को सुनवाई शुरू की। सुनवाई अगले 15 दिनों तक जारी रही।

शिमला में नाथूराम के रहने के संबंध में एक उल्लेखनीय बात है। स्थानीय लोगों में और अन्य भारतीयों में भी नाथूराम के प्रति एक विशेष कौतूहल था, क्योंकि सिर पर मृत्यु की लटकती हुई तलवार होने के बावजूद, नाथूराम ने खुद अपने मामले की पैरवी करने की घोषणा की थी। अभी तक सब लोग जान चुके थे कि विशेष जज द्वारा लाल किले में सुनाई गई फाँसी की सजा के खिलाफ नाथूराम ने अपील

तक नहीं की थी। लोगों को बहुत आश्चर्य था कि ऐसी स्थिति में नाथूराम ने ऐसा समभाव संतुलन किस प्रकार अर्जित किया होगा कि वे अपने मामले की लगातार खुद पैरवी कर रहे थे! अदालतों के दर्शकों में मुख्य रूप से तत्कालीन शिमला की आबादी का बुद्धिजीवी वर्ग था।

न्यायाधीश श्री खोसला (जो पंजाब उच्च न्यायालय में थे बेंच ओरिएंटल), ने अपनी हाल ही में प्रकाशित पुस्तक 'द असैसिनेशन ऑफ महात्मा' में यह कहा है—

"अपील की सुनवाई में हमने जो पराकाष्ठा देखी, वह थी, नाथूराम गोडसे द्वारा अपने बचाव में दिया गया भाषण। नाथूराम कई घंटों तक बहस करते हुए पहले अपने मामले (केस) के तथ्यों और कारणों को आत्मविश्वास के साथ प्रस्तुत करते रहे, जो उन्हें महात्मा गांधीजी की जीवनलीला को समाप्त करने की ओर लेकर गए।"

दर्शक स्पष्ट रूप से भावुक दिखाई पड़ रहे थे। नाथूराम के चुप हो जाने पर एक गहन शांति छा गई। कुछ महिलाएँ रो पड़ीं और कुछ पुरुषों का गला रुँध गया और वे खुद को सँभालते हुए अपनी जेबों में रुमाल ढूँढ़ रहे थे। वह शांति गहन से गहनतम होती जा रही थी, मानसिक दबाव-सा बना रही थी और बीच-बीच में सिसकियों तथा सुबकने की आवाजें सुनाई पड़ रही थीं।

मुझे इसमें कोई संदेह नहीं है कि यदि अदालत में मौजूद लोगों की जूरी का गठन होता और उनकी सुनवाई होती, तो नाथूराम गोडसे भारी बहुमत से जीत जाते और 'निर्दोष' करार दिए जाते।

सुपीरियर कोर्ट का फैसला 22 जून, 1949 को सुनाया गया। डॉ. परचुरे और शंकर किस्तैया आरोपमुक्त घोषित किए गए। नाथूराम गोडसे और नाना आप्टे की फाँसी की सजा और बाकियों की सजा वैसी ही रही।

□

सुपीरियर कोर्ट परीक्षण (ट्रायल) के बाद का घटनाक्रम; फाँसी होने तक

अपील की सुनवाई समाप्त होने के बाद नाथूराम को जून 1949 के मध्य में वापस अंबाला की सेंट्रल जेल की कोठरी में लाया गया। नाना आप्टे पहले से ही वहाँ थे। वे दोनों अंत तक वहीं रहे।

जब नाथूराम शिमला की जेल में अस्थायी रूप से हिरासत में थे, उन्हें जेल के अधिकारियों ने अनिवार्य रूप से काट-छाँट किया हुआ पत्र दिया। वह पत्र गांधीजी के दो पुत्रों में से एक, श्री रामदास गांधी द्वारा लिखा गया था। पत्र कुछ इस प्रकार था—

खलासी डेस्टिनेशन, नागपुर, सी.पी.
दिनांक : 17 मई, 1949

प्रिय नाथूराम गोडसे,

इस पत्र का लेखक किसी का पुत्र है, जिसको लगता है कि आपने किसी को मौत के घाट उतारकर गर्व महसूस किया है।

मुझे यकीन है कि किसी दिन आपको महसूस होगा कि आपने मेरे पिता के सिर्फ नश्वर शरीर का अंत किया है और कुछ नहीं, क्योंकि केवल मुझमें ही नहीं, दुनिया भर के लाखों लोगों के दिलों पर मेरे पिता की आत्मा अभी भी राज करती है। यह बात इसी से सिद्ध हो जाती है कि दुनिया भर के असंख्य देशों और लोगों ने उन्हें श्रद्धांजलि दी है, प्रेम समर्पित किया है।

आप जानते हैं कि आज दुनिया भर में लोग शांति की प्यास रखते हैं, लेकिन आपको शायद यह जानकर हैरानी होगी कि वर्तमान समय के महान् सैन्य नेता इसी

बात में विश्वास करते हैं कि दुनिया में शांति परमाणु ऊर्जा नहीं लाएगी, बल्कि आपसी समझदारी और एक-दूसरे के प्रति सम्मान लाएगा। इस देश के करोड़ों लोग यह बात बहुत ही सरल और सार्थक शब्दों में समझते हैं और वे शब्द हैं—'सत्य और अहिंसा।'

मुझे विश्वास है, उपरोक्त तथ्य आपकी गांधीजी के प्रति जो गलतफहमी है कि उनकी दृष्टि केवल तुष्टीकरण की भावना से ग्रस्त थी, दूर हो जाएगी। यदि आप खुले दिमाग से सोचेंगे तो मुझे कोई संदेह नहीं है कि आप कभी-न-कभी यह महसूस करेंगे कि क्या आपने जो किया, वह एक ऐसा कार्य था, जो कभी दोहराया नहीं जाना चाहिए और हमेशा ही उसका बहिष्कार होना चाहिए, चाहे वह किसी भी कारण से हो; किसी के धर्म के हित में हो या राजनीतिक पंथ के हित में। मुझे पता है कि आपने हाल ही में घोषित किया है कि आप तर्क में विश्वास करने वाले व्यावहारिक व्यक्ति हैं। इसलिए मैं आपसे मेरी बातों पर चिंतन-मनन करने के लिए कहूँगा और अगर आप करेंगे तो आप समझ जाएँगे कि आपने जो किया, उसका कुछ भी फायदा किसी को भी नहीं हुआ।

भवदीय

हस्ताक्षर—आर. गांधी

पश्च लेख (पी.एस.) : मैं आपको सूचित करता हूँ कि मैंने 1 मई, 1949 को भारत के गवर्नर जनरल को भेजा था, जिसमें मैंने उन्हें अपने कारण बताते हुए आग्रह करते हुए कहा है कि आपको सुपीरियर कोर्ट द्वारा लगाए गए दंड का भागी नहीं बनाना चाहिए और संबंधित अधिकारियों ने जो आरोप आप पर लगाए हैं, उनकी जाँच की जाए।

हस्ताक्षर—आर. गांधी

नाथूराम ने उत्तर दिया—

'ओम!'

शिमला

3 जून, 1949

प्रिय भाई श्री रामदास गांधी,

मुझे तुम्हारा 17 मई, 1949 का पत्र कल मिला। मनुष्य होने के नाते मेरे पास तुम्हारे और उनके अन्य रिश्तेदारों को मेरे कृत्य से मिले घावों को अभिव्यक्त करने के लिए शब्द नहीं हैं। लेकिन मैं साथ में यह भी कहूँगा कि इस बात का दूसरा पक्ष भी है, जो देखा जाना चाहिए। ध्यान रहे कि मैं व्यक्तिगत रूप से मेरे सभी विचारों

को लिखने या उन्हें देखने की स्थिति में हूँ, लेकिन आप निश्चित ही मुझसे मुझे फाँसी होने से पहले जेल में मिलने आए हैं।

आपने कहा कि आपने सुना है कि मैं तर्क में विश्वास करने वाला एक व्यावहारिक व्यक्ति हूँ। सत्य है, लेकिन आपको यह जानकर हैरानी होगी कि मैं प्रबल भावनाएँ रखने वाला व्यक्ति भी हूँ और मातृभूमि के प्रति मेरी 'भक्ति' और समर्पण इनमें सर्वोच्च हैं। आप कह रहे हो कि मेरी गलतफहमी दूर होते ही मैं पछताऊँगा, अपनी गलती महसूस करूँगा।

लेकिन भाई, मैं कहता हूँ कि मैं तो खुले विचारों वाला और हमेशा सुधार करने को तैयार रहने वाला व्यक्ति हूँ। लेकिन अगर मेरी कोई गलतफहमी है तो उसे दूर करने का क्या उपाय है? और अगर है, तो ऐसा क्या करें कि मुझे पछतावा हो?

न तो फाँसी की सजा और न ही आपका मुझ पर दया करके सुपीरियर कोर्ट में मेरी सजा काम करवाने की याचिका दायर करने का दिखावा, मुझे इस बात का यकीन दिला सकता है कि मेरी गलती थी और मुझे पछताना चाहिए। अभी तक मुझे ऐसा कुछ नहीं मिला है, जो मुझे अपने कृत्य पर पछताने को मजबूर कर सके।

मुझे कई प्रमुख 'ईसाई मिशनरियों' से उनकी आस्था और 'पवित्र बाइबल' की शिक्षा के अनुसार नियमित रूप से कई पत्र लिखे। उन्होंने मुझे कुछ संदेश देने की कोशिश की है। उनका दृढ़ मत काफी समझदारी का मालूम पड़ता है। लेकिन आपका पत्र पहला ऐसा पत्र है, जो किसी हद तक आपके पूज्य पिता की सुप्रसिद्ध शिक्षाओं से मिलता-जुलता है। यह वाकई हैरानी की बात है! मुझे अभी तक अपमान और अपशब्दों से भरे अनेक पत्र मिले। मैं नहीं मानता कि वे पत्र आपके पिता के शिष्यों ने लिखे थे। बात को कैसे भी समझ लें, मैं चाहता हूँ, यदि संभव हो तो आप अपने पिता के कुछ प्रमुख शिष्यों के साथ, विशेष रूप से जो किसी भी राजनीतिक सत्ता में रुचि नहीं रखते, मुझसे आकर मिलें और मुझे मेरी घातक गलती बताएँ।

अन्यथा मैं हमेशा विश्वास करूँगा कि मेरे लिए यह सहानुभूति का केवल दिखावा है और कुछ नहीं।

यदि वास्तव में आप मुझसे मिलते हैं, बात करते हैं, चाहे भावुकता से भरी हों या व्यावहारिकता से भरी; कौन जाने आप मुझे बदलने में सक्षम हों और मुझे अपने किए पर पछताने पर मजबूर कर दें! या हो सकता है कि मैं आपकी राय बदल दूँ और आप मेरी बात और स्थिति समझ जाएँ! बात करने की शर्त केवल यह है कि सत्य का पालन करें।

मैं इनसान होने के नाते एक बार फिर आपके पिता की मृत्यु का कारण बनकर आपको कष्ट पहुँचाने के लिए अपनी संवेदनाएँ व्यक्त करता हूँ।

भवदीय

हस्ताक्षर—नाथूराम वी. गोडसे

ध्यान दें : यदि आप चाहें तो कृपया इसकी एक प्रति भारत के महामहिम, डोमिनियन के गवर्नर जनरल को भेजें।

श्री दास गांधी का अन्य पत्र इस प्रकार है—

खलासी गंतव्य, नागपुर

दिनांक : 13 जून, 1949

प्रिय श्री नाथूराम गोडसे,

मुझे आपका दिनांक 3 जून, 1949 का पत्र प्राप्त हुआ।

यह जानकर खुशी हुई कि आप वास्तव में खुले दिमाग से राय सुनने और स्वीकार करने के इच्छुक हैं। उसी तरह, यह जानकर अच्छा लगा कि आपने जो मेरे और मेरे पिता के करीबी सहयोगियों के साथ इस सवाल पर खुलकर बात करने की इच्छा व्यक्त की है कि क्या आपने मातृभूमि की भविष्य में अखंडता बनाए रखने के लिए जिन साधनों और कारणों को अपनाया, वे भविष्य के लिए सहायक थे? या यों कहें कि भविष्य में किसी भी अन्य धर्म द्वारा उकसाए जाने पर विरोधी स्थितियों से हमारे सदियों पुराने हिंदू धर्म की रक्षा के लिए आपके द्वारा किया गया कृत्य सहायक सिद्ध होगा?

उसी तरह अपने और अपने साथी या भारत सरकार की ओर से बिना बातचीत का वादा किए, मैं पं. जवाहरलाल नेहरू से उपरोक्त विषय पर बातचीत करने के लिए मुझे, श्री विनोबा भावे और श्री किशोरीलाल मशरूवाला को अनुमति प्रदान करने के लिए प्रार्थना-पत्र भेज रहा हूँ, क्योंकि आप ईमानदारी से, सच्चाई से बात करना चाह रहे हैं।

यदि नियति ने तय किया कि प्रस्तावित वार्त्ता होगी, तो यह वार्त्ता 25 जून, 1949 के बाद ही होगी। कारण ऐसा है, जो आप समझ पाएँगे कि 25 जून से पहले दिल्ली से नागपुर आना और फिर नागपुर से दोबारा वहाँ आना, जहाँ आपको रखा गया है, मेरे लिए असंभव है।

मेरे अनुसार, आपको 'हंसती का पालन करें' की शर्त नहीं रखनी चाहिए थी, क्योंकि मैं समझता हूँ कि यह बात न केवल मेरे मामले में, बल्कि मेरे पिता के करीबी लोगों के मामले में भी अनावश्यक है।

इस बीच मैं सुझाव देना चाहूँगा कि आप अपने सारे खाली समय में आत्मनिरीक्षण करें और पूरी श्रद्धा के साथ स्वयं को सर्वशक्तिमान को सौंप दें। आपको उससे प्रार्थना करनी चाहिए, क्योंकि वही आप पर अनुकूल कृपा करके आशीर्वाद और ज्ञान देगा तथा उसी की कृपा और शक्ति आपको अपनी गलती का एहसास कराएगी; और आपको अपने अंतर्मन की गहराइयों में एहसास होगा कि गांधीजी अपनी मातृभूमि की और विशेष रूप से हिंदू धर्म के अपमान और मान-भंग की रक्षा करना अच्छी तरह जानते थे। यदि आप ऐसा करें तो मुझे विश्वास है कि आपके और मेरे बीच अनुमानित बैठक के अंत में आप हमारे साथ भगवत गीता का 18वाँ अध्याय निम्नलिखित श्लोक, जोकि सुंदर और अर्थवान काव्य है, दोहराएँगे—

'हे अच्युत! आपके अनुग्रह से मेरी अज्ञानता समाप्त हुई और मैंने सामान्यता प्राप्त कर ली है। इसके साथ ही मेरी सारी शंकाओं का समाधान हो गया है। मैं वही करूँगा, जो तुम कहोगे।'

भवदीय

हस्ताक्षर—आर.एम. गांधी

नाथूराम द्वारा भेजा गया उत्तर—

केंद्रीय कारागार,

अंबाला,

24 जून, 1949

प्रिय श्री रामदास गांधी,

मुझे तुम्हारा दिनांक 13 जून का पत्र 23 तारीख को मिला और मैंने विषय-वस्तु लिख ली है।

मुझे खुशी है कि आपने मेरे अनुरोध का जवाब दिया है। आप अपनी सुविधानुसार कभी भी आ सकते हैं; आप मेरी फाँसी होने से एक दिन पहले भी मिल सकते हैं। मुझे इस बैठक की कोई जल्दी नहीं है। वे मुझसे मिलने का इरादा रखते हैं, यह बात मुझे अत्यंत संतुष्टि देती है। अगर अन्य कारणों या मुश्किलों से आप मुझसे नहीं मिल पाते हैं तो मुझे बुरा नहीं लगेगा, क्योंकि आपने दिल से मिलने की इच्छा प्रकट की है। इसमें ईमानदारी, उद्देश्य परिलक्षित होता है। यह मेरे लिए काफी है।

हालाँकि, मैं चाहूँगा कि आप इस बैठक को करने का पूरा प्रयास करें।

मैं आपके कथन से सहमत हूँ कि मुझे यह निर्धारित नहीं करना चाहिए था कि बैठक में सत्य का पालन जरूरी है। विश्वास करें कि जब मैंने यह लिखा,

तो मेरा इरादा उन्हें ठेस पहुँचाने का नहीं था। उस लेखन के पीछे मुख्य रूप से मेरे दिमाग में दो विचार थे। मैं 'सत्य' पंथ के कई तथाकथित भक्तों से मिला हूँ। हालाँकि, वास्तव में वे उस पंथ को व्यावहारिकता में लाने के लिए चिंतित भी नहीं होते। मैंने कई लोगों को गवाहों के रूप में शपथ लेकर सच्चाई को तोड़-मरोड़कर पेश करते देखा है।

और दूसरा कारण यह है कि मुझे हमारी बातचीत में कड़वे सच कहने पड़ सकते हैं। कम-से-कम मेरे अनुसार, वे सत्य भी होंगे और कड़वे भी। जो भी हो, आपके पत्र से मुझे और भी विश्वास हो गया है कि मुझे बिना डरे सच बोलना चाहिए।

अज्ञानता की समाप्ति के लिए मुझे गीता का श्लोक याद दिलाने के लिए मैं आपका आभारी हूँ। मुझे भगवद गीता ने ही मानसिक रूप से संतुलित और विवेकशील रखा है। मेरे अनुसार, गीता में केवल यही नहीं, हर श्लोक अर्थपूर्ण काव्य है।

अर्जुन के यह कहने के बाद 'मैं वही करूँगा, जो आप कहते हैं', अर्जुन कृष्ण के इन शब्दों को कि 'मेरा ज्ञान याद रखो और युद्ध करो' को व्यावहारिकता में ले आया।

श्री विनोबा भावे जन्म से महाराष्ट्रीयन हैं। यदि संभव हो तो मेरे कारावास से पहले के जीवन, चरित्र और व्यवहार पर श्री विनोबा भावे या अन्य किसी के माध्यम से शोध करें। हो सकता है कि इस विषय की पृष्ठभूमि आपको यह जानने में मददगार सिद्ध हो कि असल में किसने क्रूर और अवैध कृत्य किया है ?

अभी के लिए इतना ही।

भवदीय

हस्ताक्षर—एन.वी. गोडसे

24 जून, 1949

उपर्युक्त पत्राचार के अलावा भी बहुत-कुछ ऐसा है, जो नाथूराम के मानसिक संतुलन को दृढ़ विश्वास और यहाँ तक कि अन्य विचारों को खुले मन से ग्राह्य करने की मानसिकता को दरशाता है। उनके शब्द थे—

"यदि गांधीजी के शिष्य मुझे विश्वास दिला दें कि मैंने गलत किया है, मैं बिना किसी इनाम की अपेक्षा किए अपने पश्चात्ताप की घोषणा करूँगा और फाँसी पर चढ़ जाऊँगा। वहीं दूसरी ओर, अगर मैं अपने कार्य के औचित्य के बारे में उन्हें मना लेता हूँ, तो उन्हें ईमानदारी से खुले तौर पर बहुत सी बातें स्वीकारनी होंगी।

फाँसी से बचना मुझे कभी भी नहीं आया। इसलिए भी उस मामले में मैं फाँसी की रस्सी खुशी से गले में लगाने को तैयार हूँ।"

यह था नाथूराम का सामर्थ्य, जो गांधीजी जैसे महत्त्वपूर्ण राजनेता की मृत्यु का कारण बना। गांधीजी ऐसे प्रभावशाली नेता थे, जिन्होंने तकरीबन 35 वर्षों तक बिना अन्य समानांतर प्रभावी नेता के, अपने वध होने तक भारतीय राजनीति में महत्त्वपूर्ण भूमिका निभाई। और यही कारण है कि लोगों को नाथूराम गोडसे की पृष्ठभूमि और विचारों को जानना और जाँचना, उनका पुनर्परीक्षण अनिवार्य-सा लगने लगा। अगले अध्याय में गोडसे और अन्य अभियुक्तों का विस्तृत विवरण है।

मुझे लगता है कि नाथूराम, जो अंत तक अडिग रहे, ने स्वयं को सिद्ध करने के लिए जिन साक्ष्यों को उद्धृत और प्रस्तुत किया है, उससे ज्यादा साक्ष्य प्रस्तुत करने की उन्हें आवश्यकता नहीं पड़ेगी।

गांधीजी के वध के दिन से लेकर नाथूराम की फाँसी से मृत्यु तक साढ़े इक्कीस महीने या यों कहें, छह सौ पचपन दिन बीत गए। इन सभी दिनों में नाथूराम की दिनचर्या का व्यवस्थित रूप से अवलोकन किया गया। यहाँ तक कि उनके दैनिक धार्मिक अनुष्ठानों का भी।

उन्हें खाने-पीने से कोई आपत्ति नहीं थी और न ही नींद न आने की या कोई अन्य बीमारी थी। 11 नवंबर, 1949 को हमारे माता-पिता ने उन्हें एक टेलीग्राम भेजकर आशीर्वाद दिया। जिसके जवाब में नाथूराम ने उन्हें एक सांत्वना-पत्र लिखा, निम्नलिखित अनुवाद में उसका सार है। अनुवाद किया गया सारांश निम्नलिखित है—

अंबाला, 12 नवंबर, 1949

मेरे परम वंदनीय माताजी एवं पिताजी,

अत्यंत विनम्रता से मेरा अंतिम प्रणाम।

मेरे पास यहाँ आपके चित्र (फोटोग्राफ) हैं, जो मैं निहारूँगा, जब तक मैं ब्रह्मलीन न हो जाऊँ।

मुझे संदेह नहीं है कि मेरे चले जाने के बाद हमारे सांसारिक संबंध होने के कारण आपको अत्यंत पीड़ा और असह्य दर्द महसूस होगा। हालाँकि, मैं यह पत्र किसी दुःख की चर्चा या दार्शनिकता की बात कहने को नहीं लिख रहा।

आप गीता के पाठक हैं और मैंने भी पुराणों का अध्ययन किया है। भगवान् कृष्ण ने गीता का पाठ अर्जुन को आत्मज्ञान देने के लिए किया; और स्वयं भगवान्

कृष्ण ने अपने सुदर्शन चक से, एक आर्य राजा शिशुपाल का सिर, युद्ध के मैदान में नहीं, बल्कि राजसूय यज्ञभूमि में काट दिया! कौन कहेगा कि प्रभु कृष्ण ने ऐसा करके पाप किया? दुष्टों को उपहार देना या दान देना पुण्य का कार्य नहीं, बल्कि अधार्मिक माना जाता है। बलपूर्वक अपहरित सीता के लिए रावण के साथ एक विशाल युद्ध लड़ा जाना चाहिए; द्रौपदी के अपमान का बदला लेने के लिए महाभारत जैसा प्रसिद्ध युद्ध छेड़ा जाना चाहिए। यहीं! हमारे देश में, हमारी उपस्थिति में सैकड़ों और हजारों हिंदू महिलाओं का अपमान किया गया, जिनका बलात्कार किया गया और जबरन इसलाम में परिवर्तित होने के लिए ले जाया गया और इन जघन्य कृत्यों को अंजाम देने वालों की हरसंभव तरीके से मदद की गई। ऐसे हालातों में मैं चुप नहीं रह सका। ऐसी अवस्था में अपने प्राणों के भय से या जगत्-निंदा के डर से कुछ भी नहीं करने की कल्पना मुझसे सहन न हुई। मुझे यकीन है कि हजारों युवतियों का आशीर्वाद और समर्थन मेरे साथ है।

मैंने अपना जीवन अपनी प्यारी मातृभूमि के चरणों में अर्पित कर दिया है।

मेरा मन शुद्ध है और मेरी भावनाएँ सच्ची हैं। दया की भीख माँगकर अपने जीवन की भीख माँगना मुझे कभी भी पसंद नहीं था।

मृत्यु मेरे सामने नहीं आई; मैं मृत्यु के सामने जाकर खड़ा हो गया हूँ।

ऐसे लाखों लोग हैं, जो हमारे बलिदान करने से आँसू बहाएँगे। वे आपका दुःख और दर्द बाँटेंगे।

अखंड भारत अमर रहे!

वंदे मातरम्!

नाथूराम अपने आखिरी दिन तक नियमित रूप से पढ़ते-लिखते रहे। फाँसी से ठीक एक दिन पहले उन्होंने एक लंबा पत्र श्री जी.टी. मधखोलकर और अन्य लोगों को संबोधित करते हुए लिखा। उन्होंने अधिकारियों से अनुमति लेकर आए कुछ आगंतुकों की ऑटोग्राफ पुस्तक पर भी हस्ताक्षर किए।

वर्तमान मौत की सजा निष्पादन प्रक्रिया वास्तव में भीषण नहीं है; दोषी की मृत्यु जिस तरह से आती है, वह वर्णन करने योग्य नहीं है। दोषी के लिए भयावह क्षण वे होते हैं, जो वह जल्लाद की रस्सी की प्रतीक्षा में एक के बाद एक बिताता है।

तकनीकी अर्थ में, वास्तव में मौत की सजा कारावास की सजा नहीं है। कानून की अनिवार्यता के कारण सजायाफ्ता दोषी को आवश्यक रूप से जेल में सड़ना पड़ता है और जिसे सहन करना किसी भी अन्य प्रकार की कैद से कठिन है।

नाथूराम और नाना आप्टे भी सजायाफ्ता दोषियों पर लागू होने वाले किसी भी

नियम से अछूते नहीं थे। इसके तहत भी जेल की ऐसी निराशाजनक और दमनकारी स्थितियों में भी निंदित और 'अपराधी' घोषित व्यक्ति को रहना पड़ता है, वह चाहे अथवा न चाहे। दोषी व्यक्ति को आशा रहती है कि शायद उसकी मृत्युदंड की सजा को दूसरे प्रकार की सजा में बदला जा सकता है या शायद सजा रद्द कर दी जाए या पूरी तरह से मुक्त ही हो जाए, कौन जाने ? इसी एक गहरी आशा से भ्रमित होकर वह जेल के सभी अपमान और उत्पीड़न झेलता है।

हालाँकि, नाथूराम ने कभी कोई उम्मीद नहीं रखी, क्योंकि उन्होंने मौत की सजा के फैसले के खिलाफ कोई अपील नहीं की थी। इस कारण, इस मामले में सुपीरियर कोर्ट के पास उनकी अपील से संबंधित विचार बिंदुओं पर पुनर्विचार करने का कोई कारण नहीं था। नाना आप्टे भी कोई कम बहादुर और कम धैर्यवान नहीं थे।

जब हम अभियुक्तों को लाल किले की जेल की विशिष्ट कोठरी में कैदियों के रूप में रखा गया था, वहाँ नाथूराम, नाना आप्टे और सावरकर कई बार 'पतंजलि योग' के सूत्रों के बारे में तर्क-वितर्क किया करते थे।

समकालीन दोस्तों की मंडली में नाना विलासितापूर्ण जीवन-शैली के लिए जाने जाते थे, जबकि नाथूराम तपस्वी के रूप में। तपस्वी कहना शायद थोड़ा अतिशयोक्तिपूर्ण हो, लेकिन वे आत्म-संयमी अवश्य थे।

कुछ समय के लिए अगर हम मान भी लें कि नाना की जीवन-शैली विलासितापूर्ण थी, लेकिन अभियुक्तों की कोठरी में रखे जाने पर भी वे आत्म-संयमी और दृढ़-विश्वासी थे।

नाथूराम और आप्टे को अंबाला सेंट्रल जेल की दोषियों की कोठरियों में रखा गया था। केंद्र सरकार के मंत्रालय ने नाथूराम और आप्टे की फाँसी की सजा की तारीख की घोषणा करीब एक हफ्ते पहले की कि फाँसी की निष्पादन प्रक्रिया 15 नवंबर, 1949 को होगी। अभियुक्तों के निकट परिजनों को टेलीग्राफ द्वारा सूचित किया गया था कि वे 14 नवंबर, 1949 को आखिरी बार उन्हें देख और मिल सकते हैं। 30 से 35 लोग नाथूराम और आप्टे के अंतिम 'दर्शनों' के लिए एकत्र हुए।

आगंतुकों और अभियुक्तों की बैठक पहले तो मायूसी भरी थी, लेकिन बाद में ठीक रही। एक रिश्तेदार ने पूछा—

"भई नाथूराम! राख (अवशेष) को हरिद्वार में गंगा में, प्रयागराज के त्रिवेणी संगम में (तीन नदियों का संगम स्थान) में डुबाने की प्रथा है, (बैठक तीन नदियाँ) या नासिक में गोदावरी में। आपने अपने अवशेषों के विसर्जन के लिए 'सिंधु' नदी को क्यों चुना ?"

उनकी प्रतिक्रिया तत्काल थी—

"वही एकमात्र ऐसी नदी है, जो दूषित नहीं हुई है।"

बड़े से ठहाके की आवाज गूँजी। उपस्थित सभी लोग जानते थे कि गांधीजी के अवशेष 'सिंधु' में नहीं बहाए जा सके थे। नाथूराम ने इसका संदर्भ अपने बयान के 128वें अनुच्छेद (पैराग्राफ) में भी दिया था। रिश्तेदारों को नाथूराम की वसीयत के बारे में पता चल चुका था, इसीलिए नाथूराम की प्रतिक्रिया से हँसी का ठहाका लगा। बातचीत मराठी में थी। पंजाब से आए शरणार्थी से जेलर ने पूछा कि इसमें मनोरंजन और हँसी जैसा क्या था? जब जेलर को जवाब हिंदी में बताया गया, तो वह भी हँसे बगैर न रह पाया।

नाना आप्टे और उनकी पत्नी चंपूताई के बीच मुलाकात अत्यंत मार्मिक थी। नाना ने चंपूताई से कहा, "देखो! कल से तुम्हें रोना, रोना और सिर्फ रोना है! यह थोड़ा सा जो समय हमें अपने लिए मिला है, उसे हम खुशी का समय क्यों न बना लें?"

आगंतुकों का समूह यह देखकर बहुत संतुष्ट था कि मृत्यु की दहलीज पर भी दोनों में से कोई भी भयभीत नहीं था। उन्हें अगली सुबह फाँसी दी जानी थी। मैं, करकरे, मदनलाल नाथूराम और नाना आप्टे से दोबारा मिलने गए। हमने भगवद गीता के कुछ अध्यायों का पाठ किया, विशेष रूप से II, और XI और XVIII, जो नाथूराम को अत्यधिक प्रिय थे।

ड्यूटी पर मौजूद जेलरों ने उनसे रात भर गपशप की और बहुत सी बातें कीं, क्योंकि वे जानते थे कि उन्हें बाद में यह मौका दोबारा नहीं मिलेगा। यह सच भी था। अधीक्षक, जेलर और कर्मचारियों को उनके प्रति स्नेह उत्पन्न हो गया था, क्योंकि वे समझ गए थे कि इन सजायाफ्ता दोषियों के इस कृत्य के पीछे उनकी नैतिकता की नींव और उच्च नैतिक मूल्य थे।

हम सूर्योदय के समय नाथूराम और नाना को फिर से देखने गए। हममें से कोई भी भावुक नहीं हुआ और न ही दर्द से हताश हुआ। वे शांत और खुश थे; हम भी संयम बनाए हुए थे। निश्चित रूप से हम निराश नहीं हुए।

सूर्य की कोमल रश्मिरथियों के साथ सुबह 8 बजे दोनों, नाथूराम और नाना अविभाजित भारत का नक्शा, भगवा रंग का झंडा और भगवद गीता की एक प्रति हाथों में लिये फाँसी की सजा का सामना करने के लिए तैयार थे। आप्टे सूर्य की कोमल किरणों को देखकर प्रसन्न हुए और अत्यधिक प्रसन्नता से बोले, "पंडित, इस सुबह का सूरज कितना मनमोहक है!"

"वाह! स्वर्ग जितना सुंदर!" नाथूराम ने समान उत्साह से उत्तर दिया। "शिमला में मौसम अधिकतर खुशनुमा ही होता है।"

"अखंड भारत अमर रहे!" (अविभाजित भारत अमर रहे!)

और "वंदे मातरम्!"

(मैं आपको यहाँ नमन करता हूँ, हे माँ!)

जब उन्होंने उस कक्ष में प्रवेश किया, जहाँ उन्हें फाँसी दी जाने वाली थी, तो उनके होंठों पर ये हृदयविदारक नारे थे। एक बार उस नियत जगह पर जाने के बाद और उनके गले में रस्सियाँ डालने के साथ उन दोनों ने ऊँची आवाज में गाया—

नमस्ते सदा वत्सले मातृभूमि
त्वय हिंदुभूमे सुखं वर्धितोहम
महानमंगले पुण्यभूमे त्वदर्थे
पतत्वेश कायो नमस्ते, नमस्ते!
वंदे मातरम्!!!!

हिंदी में इसका अनुवादित अर्थ है—

सरलार्थ : हे वात्सल्यमयी मातृभूमि, तुम्हें सदा प्रणाम! इस मातृभूमि ने हमें अपने बच्चों की तरह स्नेह और ममता दी है। हे महामंगलमयी पुण्यभूमि! इस हिंदू भूमि पर सुखपूर्वक मैं बड़ा हुआ हूँ। यह भूमि महामंगलमय और पुण्यभूमि है। इस भूमि की रक्षा के लिए मैं यह नश्वर शरीर मातृभूमि को अर्पण करते हुए इस भूमि को बार-बार प्रणाम करता हूँ।

वंदे मातरम्!!!!!!

जैसे ही ये शब्द वातावरण में गूँजे, जल्लाद ने उनके पैरों के नीचे से तख्तों का पट्टा खींच दिया और दोनों का जीवन हमेशा के लिए पंचतत्त्व में विलीन हो गया! जल्लाद की काररवाई में भी प्रकृति का सहयोग था कि नाथूराम के 'वंदे' शब्द के बाद वे तख्ते तो हिले, लेकिन रस्सी जब तक अपना काम करती, उनके साथी नाना द्वारा 'मातरम्' शब्द के उच्चारण के लिए पर्याप्त समय मिल गया था।

मैं इस निष्कर्ष पर पहुँचा हूँ कि क्रांतिकारियों का भी अपना एक आध्यात्मिक दर्शन होता है, जो मेरी राय में बिना पलक झपकाए, मौत की आँखों में आँखें डालने का, फाँसी के तख्ते का हिम्मत से सामना करने का साहस देता है।

दाह-संस्कार जेल भवन के अंदर ही किया गया। उस दिन नाथूराम और आप्टे की फाँसी के अगले दिन जब आगंतुक अपनी वापसी की यात्रा के लिए अंबाला रेलवे स्टेशन लौटे, तो रेलवे स्टेशन पर स्थानीय लोगों की भीड़ उमड़

पड़ी थी, जो उन्हें विदा करने आई थी। और पूरा प्रांगण '···की जय' के नारों से सहानुभूति दरशाते हुए गूँज उठा। नाथूराम ने अपना 'वसीयतनामा' बनाया, जिसमें उन्होंने अंतिम इच्छा व्यक्त की कि लोग उनके अवशेषों (राख) को सिंधु (सिंधु नदी) में तभी बहाएँ, जब वह नदी भारत के राष्ट्रीय ध्वज की अविभाजित और अभिन्न अंग के रूप में भारत का हिस्सा बने। हो सकता है कि यह कई वर्षों के बाद और कई पीढ़ियों के बाद हो! आपके (नाथूराम) वसीयतनामे की एक प्रति परिशिष्ट में दिखाई देगी।

यह अभियुक्त क्रमांक 1 और 2 नाथूराम वी. गोडसे और नाना आप्टे का अंत था। अन्य अभियुक्तों ने उनको दी गई सजाएँ काटीं और फिर वे रिहा कर दिए गए।

□

नाथूराम गोडसे और अन्य अभियुक्तों का जीवन-परिचय

1. नाथूराम विनायक गोडसे (अभियुक्त क्रमांक 1) का जन्म 19 मई, 1910 को पूना जिले के बारामती में हुआ। गोडसे परिवार चितपावन ब्राह्मण समुदाय के अंतर्गत आता है। नाथूराम के दादा, अर्थात् उसके पिता वामनराव, एक विद्वान् ब्राह्मण थे। कृषि के अलावा वे पुरोहित का कार्य भी करते थे। उनके मूल निवासी उक्सान थे।

वामनराव की तीन बेटियाँ और एक बेटा था, जो 1875 में पैदा हुआ और जिसका नाम उन्होंने 'विनायक' रखा। जब विनायक सत्रह साल के थे और अपनी स्कूली शिक्षा के अंतिम वर्ष में थे, तब उनका विवाह 10 वर्षीय गोदावरी से हो गया। उनका नाम बदलकर 'लक्ष्मी' रखा गया।

विनायक विद्यालय की परीक्षा उत्तीर्ण करने के बाद डाक विभाग में पहले तीन रुपए महीने, फिर पंद्रह रुपए के मासिक वेतन के साथ काम पर लग गए। लक्ष्मी ने बारामती में 19 मई, 1910 को एक पुत्र को जन्म दिया।

उसे 'नाथू' उपनाम दिया गया था। यह उपनाम बाद में बदलकर 'नाथूराम' कर दिया गया। नाथूराम ने अपनी प्राथमिक शिक्षा बारामती से शुरू की।

नाथूराम ने मध्य ईवो और उन्नीसवीं सदी, नवनीता के मराठी काव्य से बहुत-कुछ याद कर लिया।

नाथूराम को बचपन से ही पढ़ने का शौक हो गया था। उन्होंने 'केसरी' पढ़ना शुरू किया, इसलिए नहीं कि वे उसकी सामग्री और विषय-वस्तु समझते थे, बल्कि इसलिए कि उन्हें पढ़ना अच्छा लगता था। स्वाभाविक रूप से देश

की आजादी को प्रभावित करने वाली बातें प्रत्यक्ष अथवा अप्रत्यक्ष रूप से उसमें होती थीं।

प्राथमिक विद्यालय की पढ़ाई के बाद उनकी मौसी उन्हें अंग्रेजी में शिक्षा दिलाने हेतु पुणे ले गईं। नाथूराम के तर्क करने का तरीका पूरी तरह तर्कसंगत था, लेकिन ऐसा उनके बड़े होने के बाद अधिक था। बचपन में वे भावुक अधिक और तर्कसंगत कम थे।

हर पीढ़ी में हमेशा एक उत्साही युवा होता है, जो सामाजिक कार्यों में बहुत रुचि लेता है और नाथूराम उन्हीं में से एक थे।

लोनावला में एक बार एक लड़का कुएँ में गिर गया। उसकी माँ और अन्य स्त्रियाँ कुएँ के चारों ओर चीख-पुकार करते हुए रोने लगीं। उसी समय नाथूराम और उनका एक मित्र वहाँ से गुजर रहे थे। कुएँ में सीढ़ियाँ थीं, छोटा लड़का डूबा नहीं था। तो नाथूराम ने तुरंत कुएँ में छलाँग लगा दी, लड़के को निकाला और तुरंत सीढ़ियाँ चढ़कर बाहर आ गए।

जिस बच्चे को बचाया, वह लोग कहते हैं कि महार जाति का था, जो अछूत मानी जाती थी। जातिप्रथा के विरुद्ध अभियान में शामिल होने के कई और भी कारण रहे हों, पर यह घटना निश्चित ही उनमें से एक रही होगी।

हालाँकि नाथूराम राजनीतिक रूप से पल-पल होने वाली गतिविधियों के प्रति सजग थे। उनकी राजनीतिक जागरूकता का एक परिणाम यह था कि उनका ध्यान उनकी पढ़ाई से हट गया था। उस समय गांधीजी के नेतृत्व में जब सत्याग्रह आंदोलन ने जोर पकड़ा था, उन्होंने अपने पिता से पूछा कि क्या वे उस आंदोलन में शामिल हो सकते हैं? उनके पिताजी ने उनसे कहा कि किसी और चीज से ज्यादा उन्हें शिक्षा को प्राथमिकता देनी चाहिए।

नाथूराम, जो नूतन मराठी विद्यालय में पढ़ रहा था, अपनी मैट्रिक (10वीं) की परीक्षा देने वाले थे। इस दौरान उनके पिता का स्थानांतरण 1929-30 में रत्नागिरि कर दिया गया। यह घटना केवल विनायकराव के जीवन की ही नहीं, नाथूराम के जीवन की भी एक क्रांतिकारी घटना थी।

उस समय वीर सावरकर रत्नागिरि में रहते थे। उस समय उन पर सरकारी प्रतिबंध था और उन्हें रत्नागिरि जिले की सीमा को छोड़ने से भी मना किया गया था। साथ ही राजनीतिक मुद्दों पर सम्मेलन, लेखन और चर्चा पर भी रोक थी। लोग सावरकर को केवल चोरी-छिपे जानते थे। तब तक उन्होंने अपने लेखों की शृंखला प्रकाशित की, जिसका नाम था 'माझी जन्मठेप' (जीवन के लिए मेरा निर्वासन),

लेकिन बाद में इसे पुस्तक के रूप में प्रकशित होने पर प्रतिबंधित कर दिया गया और पुस्तकें जब्त कर लीं। नाथूराम को वीर सावरकर की महानता का पता चल गया।

समय-समय पर नाथूराम वीर सावरकर से उनके लंदन के कारनामों के बारे में सुनते रहे। एक बार वे सावरकर से '1857 का स्वतंत्रता संग्राम' की एक प्रति घर ले आए और रात को वे पुस्तक पढ़ा करते थे। नाथूराम ने खुशी-खुशी वीर सावरकर द्वारा लिखित पुस्तक की नकल का काम अपने हाथों में ले लिया। वे बहुत खुश थे, क्योंकि वे बहुत से महान् व्यक्तियों से पहली बार मिले थे।

सावरकर अकसर उन्हें क्या पढ़ना है और कैसे पढ़ना है, के बारे में मार्गदर्शन देते रहते थे। नाथूराम ने राजनीतिक मुद्दों पर आधारित जनसभाओं में भाग लेना शुरू किया।

डॉ. हेडगेवार द्वारा स्थापित राष्ट्रीय स्वयंसेवक संघ (RSS), हिंदुओं को संगठित करने के इरादे से स्थापित किया गया था। वह तेजी से लोकप्रिय हो रहा था। नाथूराम को इस संगठन के बारे में जानकारी मिली।

स्वाधीनता-प्राप्ति के संघर्ष की ओर पूरे मुसलिम समुदाय का रवैया उस समय भी स्पष्ट रूप से उदासीन ही देखा गया था। कई बार और कई अवसरों पर खुले तौर से शत्रुतापूर्ण रवैया था।

श्री काशीनाथ पंत लिमये की अध्यक्षता में सांगली में राष्ट्रीय स्वयंसेवक संघ की एक शाखा खोली गई। नाथूराम संघ की गतिविधियों में लगन से शामिल होने लगे। वे जल्द ही बौद्धिक कार्यवाहक के रूप में शैक्षणिक विभाग के प्रधान बन गए।

सन् 1937 में कूपर-जमनादास मंत्रालय ने पूरी तरह से वीर सावरकर को रिहा कर दिया। बंबई आते हुए उन्हें कोल्हापुर, मिरज, सांगली, पुणे और अन्य जगहों पर सत्कार के रूप में बधाई दी गई और उन्होंने उनमें से प्रत्येक जगह पर व्याख्यान दिया। नाथूराम ने वीर सावरकर के साथ देश के हर हिस्से में जाना शुरू किया और उन्हें एहसास होने लगा कि हिंदुओं को संगठित करके उसे एक जाति के रूप में समरूप बनाना कितना बड़ा और कठिन कार्य है, और यह भी कि राष्ट्रीय स्वयंसेवक संघ (आर.एस.एस.) का काम इसे राजनीतिक क्षेत्र में विद्रोह करके पूरकता प्रदान करने की आवश्यकता थी। उनकी दूरदृष्टि यह महसूस करने लगी कि सांगली उनकी गतिविधियों के लिए एक बहुत छोटी सी जगह है। इसी कारण पुणे का स्थान इस संघ शाखा की स्थापना के लिए उचित रहेगा।

सन् 1938 में हिंदू महासभा ने हैदराबाद राज्य में हिंदुओं के प्रति हो रहे अन्याय को समाप्त करने का अभियान प्रारंभ करने का फैसला किया, ताकि उन्हें अपना वैध अधिकार प्राप्त हो सके।

हैदराबाद मामलों से संबंधित भागनगर में अहिंसक प्रतिरोध का आंदोलन चलाया गया।

नाथूराम ने शांतिपूर्ण प्रतिरोध के पहले समूह का नेतृत्व किया। उन्हें और उनके साथियों को हैदराबाद जेल में एक साल रहने की सजा सुनाई गई थी।

नाथूराम ने हिंदू महासभा के लिए एक अखबार शुरू करने का फैसला किया। पहले उसका नाम 'अग्रणी' था, फिर कुछ वर्षों बाद उसका नाम बदलकर 'हिंदू राष्ट्र' रख दिया गया। इस अखबार की बार-बार जमानत जब्त कर ली जाती। 31 जनवरी, 1948 के अंतिम अंक के प्रकाशन के बाद इस अखबार का प्रकाशन और वितरण बंद हो गया।

सन् 1948 तक तकरीबन छह से सात वर्ष की अवधि नाथूराम के जीवन की अत्यधिक व्यस्तता में बीती। समाचार-पत्रों के लिए लेख, भाषण, यात्रा-विवरण आदि तरह के लेखन कार्य में उनका जीवन बीत रहा था। उन्हें 'अग्रणी' अखबार का काम सँभालने के लिए कई बार अजीबोगरीब चीजें करनी पड़ती थीं और अखबार में उन लेखों के बीच विज्ञापनों को स्थान देने के लिए कार्य-सूची अलग से बनानी पड़ती थी और उससे संबंधित लेख भी लिखने पड़ते थे। संक्षेप में कहें तो नाथूराम ने हिंदुओं की एकता हेतु स्वयं को पूरी तरह से हिंदू संगठन के काम में समर्पित कर दिया, जो हिंदुओं की एकता का कारण है।

नाथूराम स्वभाव से शांत और उदार थे। हालाँकि राजनीतिक मंच ने उनके भावों को अभिव्यक्ति का प्रबल माध्यम दिया था, पर कई बार उनका प्रतिरोध चरम सीमा तक पहुँचता हुआ प्रतीत हो रहा था। वे संयम रखने के लिए भी संघर्ष करते रहते।

नाथूराम जितनी कुशलता से हारमोनियम बजा सकते थे, उतनी ही अच्छी बाँसुरी बजा लेते थे।

गांधीजी द्वारा जनजागरण के लिए शुरू की गई गतिविधियों से नाथूराम अपरिचित नहीं थे। उन्होंने इसके (जनजागरण) महत्त्व की कभी भी अवहेलना नहीं की। उन कारणों को देखना अत्यंत महत्त्वपूर्ण और आँखें खोलने वाला होगा कि किस मानसिक स्थिति में नाथूराम ने गांधी-वध करने का निर्णय लिया ?

जो गांधीजी हत्याकांड को आकस्मिक मानते हैं और समझते हैं कि यह एक

व्यक्ति की उकसाए जाने पर मामूली हरकत है और जल्दी से अपना आपा खो बैठते हैं, वे अज्ञानी हैं और प्रचार के निर्दोष शिकार हैं।

गांधीजी ने अपने सत्याग्रह की तकनीक से जनता को 'हमारे देश की गुलामी', 'स्वराज' आदि शब्दों का सही अर्थ बताया। गांधीजी के समय की उभरती पीढ़ी उनके होंठों के स्वतंत्रता गीतों की खुराक पर पली-बढ़ी। उस समय गांधीजी का राजनीतिक जीवन उत्कर्ष पर था।

सशस्त्र क्रांति कभी गांधीजी का रास्ता नहीं था। लेकिन लोगों की राजनीतिक चेतना इतनी तीव्र थी कि जनता को जगाने के अभियान में शामिल होने आए लोग उन्मुक्तता से 'सरदार भगत सिंह की जय' के नारे लगाते थे।

यह सत्य है कि कांग्रेस के नेता मानते थे कि गांधीजी की नीति सांप्रदायिक समस्या बढ़ा रही थी और उन्हें सक्रिय राजनीति से हट जाना चाहिए और देश के राष्ट्रीय फैसलों में दखलअंदाजी नहीं करनी चाहिए।

निस्संदेह शरणार्थियों की भावनाएँ गंभीर थीं। आजादी ? किस कीमत पर ? ऐसी दयनीय स्थिति थी शरणार्थियों की, क्योंकि बिना भूकंप के भी उनके पैरों तले जमीन खिसक गई थी। रक्तरंजित शरणार्थियों के जत्थे-के-जत्थे रोज भारत लौट रहे थे।

वास्तव में, प्रत्येक विस्थापित व्यक्ति स्वयं एक दर्दनाक घाव था, जिसके पास अपनी आवाज थी। कोई अखबार उस असंतोष और आक्रोश की अभिव्यक्ति नहीं कर सकता था, जो उनके दिलों में थी। कोई अखबार अपने समाचारों से, शब्दों से उनके गमगीन और गंभीर वातावरण को इतने बड़े पैमाने पर बयाँ नहीं कर सकता था, जो शरणार्थियों की अनगिनत आवाजों में था। पूरा माहौल ही इतना डरावना था—हर लफ्ज, हर ध्वनि, हर संकेत असंख्य आत्माओं के दर्द की प्रस्तुति दे रहा था।

अनगिनत लोगों ने न केवल अपने घरों में, बल्कि सार्वजनिक स्थानों पर अपशब्द कहे, बद्दुआएँ दीं। यह सबकुछ गांधीजी के कारण था कि उन लोगों ने अपने घरों को खो दिया और उनके पास दुनिया में कोई ठिकाना न था।

हालाँकि, गांधीजी को मारने का विचार अपने आप में बहुत अधिक दर्दनाक और घृणास्पद था।

संभावित जहर बाहर आ ही गया। क्या आप सोच सकते हैं कि कैसे नाथूराम के लिए गांधीजी का वध करने का निर्णय एक मुश्किल, किंतु निश्चित और अनिवार्य कर्तव्य रहा होगा; एक अमंगल दायित्व ?

दुनिया के सामने पिछले पूरे जीवन का कमाया हुआ आदर नष्ट हो जाना। हर तरह की अवमानना, तिरस्कार और अपमान, आत्मदाह करने से कहीं अधिक भयानक और असहनीय था। अतः यह स्पष्ट देखा जा सकता था कि जिसने गांधी पर गोली चलाई, वह कृत्य किसी एकोन्मादी का नहीं था, जो कट्टर और सनकी हो।

अतः यह स्वाभाविक है कि कोई तो शक्तिशाली कारण या कारणों की शृंखला रही होगी, जिसने इस हद तक नाथूराम के मन को उत्तेजित किया होगा कि उन्हें गांधीजी के सांसारिक अस्तित्व को नकारने की हद तक और परिणामतः स्वयं के अस्तित्व को मिटाने के लिए विवश किया होगा!

नाथूराम को कम-से-कम यह संतोष था कि उन्हें मनोरोगी नहीं समझा गया।

नाथूराम ने हमें घटना के बारे में बताया—

"मेरे हाथ में पिस्तौल थी। मैंने गोलियाँ चलाईं। कोई विश्वास के साथ नहीं कह सकता था कि मैंने कुछ और गोलियाँ नहीं चलाई थीं। यदि उस समय पुलिस मुझ पर गोली चला देती तो निश्चित रूप से औचित्य समझ आता।

जैसे ही गोलियाँ चलाईं, मैंने अपना वह हाथ ऊपर कर लिया, जिसमें मैंने पिस्तौल पकड़ रखी थी और मैं ही चिल्लाया, 'पुलिस, पुलिस!' आधा मिनट बीत गया, फिर भी किसी ने पास आने की हिम्मत नहीं की। हर क्षण मन में तनाव बढ़ता जा रहा था; मुझे लगता है, शायद मैं बेचैन हो गया था।

उस वक्त मैंने इस बात की बिल्कुल कल्पना नहीं की थी कि कोई मुझे मारेगा या नहीं? मेरे मन में यह खयाल भी नहीं आया कि अगर कोई मुझे मारे तो मुझे खुद को बचाना होगा! आज मैं उस समय की मेरी मानसिक स्थिति की व्याख्या कर सकता हूँ। मैं उस समय गांधीजी के वध के कृत्य का किसी भी तरह के परिणाम का सामना करने के लिए तैयार था। सिर्फ यही नहीं, मैं नहीं चाहता था कि कोई मेरे खिलाफ इन तीन बातों से संबंधित आरोप दायर करे। पहला, कि कोई यह न सोचे कि मैंने भागने की कोशिश की। दूसरा, आधे मिनट बाद मैं ही फिर से चिल्लाया, 'पुलिस, पुलिस!' मैं यह स्पष्ट रूप से देख पा रहा था कि मेरे सामने वरदीधारी पुलिसकर्मी खड़े थे, पर मुझे आगे बढ़कर गिरफ्तार करने की हिम्मत किसी ने नहीं की। तीसरा, मैंने पिस्तौल नीचे नहीं फेंकी। अगर उस समय मैं अपनी पिस्तौल फेंक देता (उनका डर कम करने के लिए), तो मेरा यह कृत्य इस अर्थ में लिया जाता कि मैं खुद को बचाने के लिए भागने की तैयारी कर रहा था। जाहिर है, मैं नहीं चाहता था कि मेरे खिलाफ ऐसा कोई दावा किया जाए, और मैं इस उलझन में था कि मैं

पुलिस को विश्वास दिला सकूँ कि मैं उनके सामने हथियार सहित आत्मसमर्पण करना चाहता था।

मैं गलती से भी किसी और को चोट नहीं पहुँचाना चाहता था। इसी कारण मैं अपने हाथ में पिस्तौल ऊपर की तरफ पकड़े हुए पुलिसवालों का मेरी तरफ आने का इंतजार करता रहा। अगर मैं अनजाने में भी पिस्तौल पकड़े अपना हाथ नीचे भी रखता, तो जो गवाह थे, वे निश्चित रूप से यह घोषित करते कि मैंने पिस्तौल उन पर तानी थी।

मैंने इधर-उधर देखना शुरू किया तो मैंने तथाकथित सिपाही अमरनाथ को अपनी ओर ताकते पाया। वह मेरी आँखों की ईमानदारी का कायल लग रहा था और मेरी कलाई को ऊपर की ओर पकड़कर रखा। उसे मेरे प्रतिरोध की अनुपस्थिति अवश्य महसूस हुई होगी। मेरे हृदय का तनाव जल्द ही दूर हो गया और मैंने राहत की साँस ली। फिर पीछे से एक और आदमी आया और उसने मेरा हथियार जब्त कर लिया और मैंने भी बिना किसी प्रतिरोध के पिस्तौल छोड़ दी।

इसके बाद कुछ लोग मेरे पास आए और मुझे घेर लिया। उनमें से कुछ ने अपने हाथों से मुझे पीटा। पुलिस इतनी बेवकूफ थी कि जिज्ञासुओं के हाथों में पिस्तौल देकर, उस पिस्तौल को एक हाथ से दूसरे हाथ में जाती देख रही थी। भीड़ में से किसी ने मुझे इशारा करते हुए कहा, 'इसी पिस्तौल से मैं तुम्हें मार डालूँगा।'

'खुशी से! आगे बढ़ो! जरा ध्यान से! सुरक्षा कवच हटा हुआ है।'

मैंने शांत, लेकिन उच्च स्वर में कहा, ताकि इतने शोरगुल और उस हंगामे में भी उसे मेरे शब्द स्पष्ट सुनाई दें।

अगर वह आदमी हलका सा भी पिस्तौल का घोड़ा दबाता तो किसी और पर भी गोली चल सकती थी। 'याद रहे! उसमें अभी भी कुछ गोलियाँ बाकी हैं!' यह कहकर फिर मैंने निकटतम पुलिस अधिकारी को पिस्तौल को अपने कब्जे में लेने के लिए कहा और उसे भी याद दिलाया कि सुरक्षा कवच हटा हुआ है और इस बात की पूरी संभावना है कि मेरी जगह किसी और को मार डाले! उस अधिकारी ने तुरंत उस पिस्तौल को कब्जे में लेकर, उस पर सुरक्षा कवच लगाकर पिस्तौल तुरंत अपनी जेब में रख ली। उस दिन मैं बिड़ला भवन के गेट पर दोपहर के करीब पाँच बजकर पाँच मिनट पर (5:05 बजे) पहुँचा। वहाँ के पहरेदार प्रार्थना सभा में पहुँचने वालों को बहुत बारीकी से देख रहे थे। मुझे इन पहरेदारों से सबसे बड़ा खतरा था। तो अत्यंत सावधानी बरतते हुए मैं चार-पाँच लोगों के साथ के समूह से संबंधित होने का नाटक करते हुए बिड़ला भवन में प्रवेश करने में कामयाब रहा।

फिर से मैंने महसूस किया कि आने और जाने वाले पुलिस वालों की आँखें मुझ पर ही केंद्रित थीं, क्योंकि प्रार्थना सभा का स्थान (मैदान) अभी खाली था। इसलिए मैं जितनी जल्दी हो सके, अंदर चला गया और जहाँ अधिक संख्या में लोग खड़े थे, वहाँ भीड़ का हिस्सा बनकर खड़ा हो गया।

लगभग पाँच मिनट के बाद मैंने देखा कि गांधीजी और उनके अनुयायियों का घेरा कमरा छोड़ प्रार्थना सभा के स्थान की ओर बढ़ रहा है। मैं लोगों के उस समूह के बीच जाकर खड़ा हो गया, जहाँ से आप प्रार्थना सभा के लिए सीढ़ियों से चढ़कर आते हैं।

गांधीजी अपने हाथों को दो लड़कियों के कंधों पर टिकाए हुए पाँच-छह सीढ़ियाँ चढ़े।

मैंने बैग के अंदर ही पिस्तौल का सुरक्षा कवच हटाया। मैं देख सकता था कि जो मौका और स्थान चाहिए, वह गांधीजी के आसपास लोगों का दायरा होने के बावजूद था।

मुझे केवल तीन सेकंड और चाहिए थे कि सीढ़ियों से मैं उनसे केवल दो कदम आगे जाऊँ और उनके (गांधीजी) सामने खड़े होकर अपनी जेब से पिस्तौल निकालूँ और उनके द्वारा देश के लिए दी गई उपयोगी सेवाओं और अपने जीवन में दिए गए बलिदानों के सम्मान में नतमस्तक होऊँ।

गांधीजी के साथ चलने वाली दो लड़कियों में से एक काफी शांत थी और उनमें से एक गांधीजी के अत्यंत करीब थी और मुझे डर था कि इस कोशिश में उसे चोट लग सकती थी। इसलिए उस संभावित घटना को टालने के लिए क्या करना है, यह तय करते हुए मैं आगे बढ़ा और 'नमस्ते' (मैं आपको नमन करता हूँ) का उच्चारण किया। मैंने गांधीजी को हाथों में पिस्तौल पकड़कर प्रणाम किया। एक कदम गांधीजी के और करीब जाकर मैंने उस लड़की को एक तरफ धकेल दिया।

अगले ही क्षण मैंने गोलियाँ चला दीं। बहुत हलकी सी आह के साथ गांधीजी लगभग मृत अवस्था में जमीन पर गिर पड़े। वह 'आह'[1] बहुत कमजोर थी, जो उनके फेफड़ों पर गोली लगने की पीड़ा से हुई होगी।

अविनाशी, अग्निरोधक और परिवर्तनशील आत्मा, जो खुद को सुखा नहीं सकती, शरीर त्यागकर पाँच तत्त्वों में विलीन हो गई और मैं जीवित रहते हुए भी समाधि की अवस्था में प्रवेश कर गया (केवल शरीर से जीवित)।"

---

1. 'हे राम, हे राम और हे राम' शब्द सरकार की परिकल्पना थी, जो हिंदुओं की सहानुभूति हासिल करने का एक तरीका था।

नाथूराम ने शुरू से ही अपने मुकदमे में निश्चय कर लिया था कि वे अपने वकील को गवाहों से पूछताछ करने की अनुमति नहीं देंगे कि 30 जनवरी को क्या हुआ था? वह भी इस हद तक कि उन्होंने स्वयं ही पूरी घटना का वर्णन कर दिया।

कई चश्मदीदों की जाँच की गई। कुछेक ने नाथूराम के जोश की दाद तो दी, पर इतनी ईमानदारी पर दुःख भी जताया। सभी गवाह नाथूराम को पकड़वाने का श्रेय पाना चाहते थे। उनके बयान एक-दूसरे से असंगत और विरोधाभासी थे।

नाथूराम के पास सात राउंड चलाने वाली स्वचालित (ऑटोमेटिक) पिस्टल थी। नाथूराम ने सिर्फ एक बार ट्रिगर खींचा। दो-तीन गोलियाँ निकलीं।

इरविन अस्पताल, नई दिल्ली के सिविल सर्जन लेफ्टिनेंट कर्नल बी.एल. तनेजा ने गांधीजी के मरणोपरांत शरीर परीक्षण के बाद अपनी साक्ष्य रिपोर्ट में उनके शरीर पर पाँच घावों का वर्णन करते हुए इस बात की पुष्टि की कि उनकी मृत्यु का कारण गोली लगना ही था। उनसे भी पूछताछ नहीं की गई।

पूर्वी पंजाब उच्च न्यायालय ने सैद्धांतिक रूप से नाथूराम के मामले पर बयान दिया। अपीलकर्ताओं में से कुछ माननीय सदस्यों ने कहा कि उनके निर्णय के अनुसार—

"नाथूराम वी. गोडसे ने भारतीय दंड संहिता की धारा-302 के तहत 30 जनवरी, 1948 को महात्मा गांधी की हत्या के मामले में उनको दी गई सजा को चुनौती नहीं दी है और न ही उन्होंने उस अपराध के लिए मौत की सजा के खिलाफ ही अपील की, जो उन्हें दंड के रूप में सुनाई गई थी। आपने अदालत में अपने मुकदमे की व्यक्तिगत रूप से खुद पैरवी करके, खुद दलीलें प्रस्तुत करके मामले का दायरा भी सीमित कर दिया है। मुझे यह कहने में बिल्कुल भी हिचक नहीं है कि आपने (नाथूराम) जितनी कुशलता और सुस्पष्टता से अपने मामले के तथ्य प्रस्तुत किए, आप पर आरोप लगाने वाला कोई निपुण वकील ही कर सकता था।"

20 जनवरी की घटना के एक तर्क के संबंध में न्यायाधीश अचरू राम ने कहा—

"हमने नाथूराम को काफी समय तक देखा है। पाँच सप्ताह से अधिक समय तक, जब तक हम आपकी अपीलों को सुनते रहे। और विशेष रूप से, जब आपने लगातार अपने मामले की आठ या नौ दिनों तक पैरवी की। मैं कभी सोच भी नहीं सकता कि इस बुद्धि और सामर्थ्य का व्यक्ति कभी साधारण लोगों का दुःख-दर्द देखकर ऐसा करने का विचार भी मन में लाएगा।"

न्यायाधीशों ने स्पष्ट रूप से महसूस किया कि विभाजन के परिणामस्वरूप जो इतनी मानव हत्याएँ हुईं, वह देश की एक दुर्भाग्यपूर्ण स्थिति थी। लाहौर शहर की अदालत के एक वरिष्ठ अधिकारी को अपनी जान बचाने के लिए एक शरणार्थी बनना पड़ा, क्योंकि भारत के उस प्रांत से हिंदू जबरन उस शहर और उस राज्य से जबरन हटाए जा रहे थे। अगर नाथूराम को फाँसी की सजा सुनाना लोगों के साथ न्याय करना था, तो कहना पड़ेगा कि फिर यह नाथूराम की भावनाओं का उचित मूल्यांकन नहीं था।

कॉफी उनका पसंदीदा पेय था। किशोरावस्था के बाद से उन्होंने कभी चाय नहीं पी। जेल की कोठरी में रहते हुए एक बार उन्होंने जेलर से मजाक में कहा था, "मुझे फाँसी की परवाह नहीं है; लेकिन फाँसी से पहले मुझे एक कप कॉफी चाहिए।" जिस तरह आप फाँसी के फंदे पर झूल गए और आपने उस समय जो कहा, उन सभी बातों का वर्णन ऊपर किया जा चुका है। ऐसा था नाथूराम वी. गोडसे का व्यक्तित्व!

जीवन के मोड़ भी अजीब हैं। नाथूराम के गांधी-वध के बाद की काररवाई आंदोलनों में वी. गोडसे और उनके जैसा था, न्यायालय के समक्ष स्थिति, सरकार, अपने स्वयं के राजनीतिक लाभ, और अदालत के सामने जो उनकी स्थिति थी, उसे देखते हुए सरकार ने अपने राजनीतिक फायदे के लिए राज सिंह को नाथूराम गोडसे को पकड़वाने का साहस दिखाने के लिए 'कीर्ति चक्र' से सम्मानित किया। हाई कोर्ट ने यह पाया कि नाथूराम ने भागने का कोई प्रयास नहीं किया।

2. नारायण दत्तात्रेय आप्टे (अभियुक्त क्रमांक 2) का जन्म 1911 में हुआ। आमतौर पर वे 'नाना' के नाम से जाने जाते थे। नाना के चार भाई—बलवंत, विष्णु, माधव और मनोहर अपने-अपने व्यवसाय में जुटे हुए थे। मनोहर उस समय उच्च शिक्षा के लिए विदेश गए थे।

विज्ञान स्नातक की उपाधि प्राप्त करने के बाद नाना ने अहमदनगर में शिक्षक के पद पर नौकरी स्वीकार कर ली। अहमदनगर में रहने के दौरान उन्होंने श्री फडतारे की बेटी से शादी कर ली।

अहमदनगर में रहते हुए उन्होंने अपनी जन्मजात क्षमता और गहरी रुचि तथा अध्ययन कौशल से बहुत से विद्यार्थियों को व्यक्तिगत स्तर पर भी पढ़ाया। फिर उन्होंने धर्मशास्त्र की परीक्षा और डिग्री प्राप्त की।

उनका रंग गोरा, नाक-नक्श बेहतरीन थे। शारीरिक गठन थोड़ा कोमल था। हमेशा मुसकराते रहने वाले नाना अपनी मित्र मंडली में महिला भूमिका के लिए उपयुक्त माने जाते थे।

कम-से-कम महाराष्ट्र के परिवारों में हिंदू धर्म के प्रति आस्था प्रतिष्ठित होती है। नाना का भी पालन-पोषण घर के परंपरागत संस्कारों के बीच हुआ।

हिंदू सभा के सत्रों के माध्यम से नाना नाथूराम के संपर्क में आए और उनकी विविध क्षेत्रों में कुशलता तथा संगठित करने की क्षमता और निपुणता तेजी से विकसित हुई। धीरे-धीरे दोनों को इसका एहसास हुआ कि दूसरे व्यक्ति में अद्‌भुत प्रतिभा है। परिणामतः 1944 की शुरुआत में उन दोनों ने 'अग्रणी' नामक एक पत्रिका शुरू करने की योजना बनाई। नाना अखबार के निदेशक बने, जबकि नाथूराम इसके संपादक। निदेशक-संपादक का यह संबंध अंत तक दृढ़ बना रहा।

उस समय की सरकार हिंदुओं के बीच हिंदुत्व के प्रति निष्ठा को बढ़ावा देने के लिए हिंदू महासभा की नीतियों से अत्यधिक नाराज रहती थी, क्योंकि कांग्रेस के मंत्रालयों ने इसका पालन मुसलमानों के तुष्टीकरण के लिए किया। उन्होंने सिलसिलेवार 'अग्रणी' की सुरक्षा जमाराशि पर मुकदमा दायर किया।

जुलाई 1944 में जब गांधीजी पंचगनी में रुके थे, तब नाना के नेतृत्व में लगभग पच्चीस युवकों ने गांधीजी की नीतियों का विरोध करने के लिए एक प्रदर्शन किया था।

नाना ने ऐसे ही एक और प्रदर्शन की योजना दिल्ली में गांधीजी के गली की सफाई करने वालों की बस्ती में होने पर बनाई और प्रदर्शन भी किया। इसका उद्‌देश्य गांधीजी को व्यक्तिगत रूप से यह बताना था कि हिंदुओं की कीमत पर मुसलमानों को कोई दान न दें, क्योंकि वैसे भी वह दान मुसलमानों को खुश करने के लिए नहीं था; भारत का विभाजन स्वीकार न करें; और नोआखाली में हिंदुओं के नरसंहार से सबक सीखें। गांधीजी के पिछले सभी वादे व्यर्थ साबित हुए और भूमि का बँटवारा हो गया (पाकिस्तान बन गया)।

नाना आप्टे ने भी नाथूराम की तरह अलग वसीयत बनाई, जिसमें उन्होंने अन्य बातों के अलावा अपने अवशेषों को सिंधु नदी में जलमग्न करने की इच्छा प्रकट की, जैसाकि नाथूराम ने भी अपने अवशेषों के लिए कहा था। एक अवसर पर नाना ने मुझसे कहा, "देखो गोपाल! मृतक की दृष्टि से उसके अवशेषों का क्या किया जाता है, महत्त्वहीन है, लेकिन मृतक के परिजन उनकी भावनाओं का सम्मान करने को आतुर रहते हैं। हम पुरानी पांडुलिपियों पर अंधविश्वास नहीं करते, विश्वास अंधा नहीं है। यह सच है कि हम प्रथा और आदतानुसार मृतक के अवशेष गंगा में विसर्जित करते हैं। लेकिन क्या यह सच नहीं है कि हम भारत की सभी नदियों को

समान रूप से पवित्र मानते हैं? याद रहे, हमारी मृत्यु एक राजनीतिक प्रकृति की है, विशेष रूप से राष्ट्रीय; स्वाभाविक रूप से हमारी भावनाएँ हमारी राष्ट्र के प्रति निष्ठा है। लेकिन चूँकि आप यह प्रश्न हमारे सामने लाए हैं, तो मुझे इस प्रश्न का संतोषजनक उत्तर देना चाहिए। ऐसे दो घाव हैं, जो लगातार हमारे हृदय को ठेस पहुँचाते हैं।

नवजात पाकिस्तान राज्य एक परजीवी जड़ी-बूटी है, जो द्वेषपूर्ण ढंग से हिंदुओं की भूमि पर अंकुरित हुई है और बढ़ी है तथा वर्तमान समय में हिंदुओं का रक्तपान कर रही है।" नाना ने ये शब्द आक्रोश भरे स्वर में कहे। जैसे ही तुम्हें स्वतंत्रता और अलग अस्तित्व प्राप्त हुआ, वैसे ही आप शेष भारत का अपमान करने लगे? हमें जो बातें दुःख देती हैं, वे अपने तक सीमित रखनी शुरू कर दी हैं, क्योंकि ये हमारे मूल्य हैं। क्या मैं पूछ सकता हूँ कि गांधीजी की मृत्यु के बाद सभी राष्ट्रों में से किसने गांधीजी का अपमान किया?

कैसा अपमान?

पाकिस्तान के अलावा कोई नहीं! क्या आपको जिन्ना द्वारा भेजा गया संवेदना संदेश याद है?

बिल्कुल! बहुत अच्छे से! "हिंदुओं के एक नेता का निधन हो गया है।"

क्या यह गांधीजी का घोर अपमान नहीं है? कैसे?

क्या यह जिन्ना का कर्तव्य नहीं था कि वह उस आदमी के प्रति आभार व्यक्त करें, कम-से-कम मृत्यु के बाद तो करें, जिन्होंने आजीवन भारत में मुसलमानों के आक्रामक और विखंडित रवैये को देखते हुए, अपनी आकांक्षाओं का दमन करते हुए, अत्यंत उदार मन से मुसलिम परियोजनाओं को रियायतें देने के लिए लोगों और सरकार को प्रोत्साहित किया? अगर मैंने पाकिस्तान बनाने से पहले गांधीजी को हिंदुओं का नेता कहा होता, तो क्या उनका अपमान नहीं होता? खैर, यह जिन्ना की राजनेता के रूप में अपना कोई स्वार्थ पूरा करने की कोई चाल लग रही होगी! इसलिए हम औपचारिक रूप से चाहते हैं कि जिस राज्य (देश) ने गांधीजी का अपमान किया, वह पूरी सिंधु नदी हमारे अधीन हो जाए और वह सिंधु नदी, जो प्राचीन भारत के समय से ही बहुत पवित्र मानी जाती है, जो कितने ही प्रदेशों की धरती को सींचती है, भारत की शक्ति के अधीन हो और तब हमारे अवशेष उसमें विसर्जित हों।

उस समय श्री श्रीप्रकाश पाकिस्तान में तत्कालीन भारतीय उच्चायुक्त थे, जिन्होंने रुँधे गले से शिकायती स्वर में कहा कि पाकिस्तान सरकार गांधीजी के

अवशेषों को सिंधु नदी में विसर्जित करने की अनुमति नहीं दे रही। गांधीजी के अवशेषों को सिंधु नदी में जलमग्न की इच्छा, भावनाओं का केवल विशुद्ध रूप था और वह भी विशेष रूप से हिंदू भावना! तो जाहिर है कि वे अपनी (मुसलमानों की) पाक भूमि पर बह रही पवित्र नदी का पवित्र जल एक हिंदू के अवशेषों से कैसे अपवित्र होने देते? (व्यंग्य)

"हम अंत:करण से आशा करते हैं," नाना ने बात जारी रखी, "हमारी सरकार गांधीजी की अस्थियों से युक्त कलश को तब तक सुरक्षित रखेगी, जब तक सिंधु नदी में प्रवाहित करना संभव न हो जाए। लेकिन हमने पाकिस्तान के उस अपमानजनक इनकार के जहर का घूँट संकोच से चुपचाप निगल लिया।"

नाना ने अपनी पत्नी सौभाग्यवती चंपूताई से कहा, "यदि तुम आत्मा की अमरता में विश्वास करती हो तो तुम मेरे मरने के बाद भी सौभाग्यवती रहोगी! समाज में परिवर्तन लाने के लिए मेरी आत्मा का स्थान बदल गया है, यह सोचकर तुम अपने सौभाग्य[2] के बाहरी प्रतीक (मंगलसूत्र) को धारण करना।" सौभाग्यवती 'रानी लक्ष्मीबाई स्मारक मंडल' द्वारा संचालित 'किंडरगार्टन' में शिक्षिका के रूप में काम करती हैं।

3. विष्णु रामकृष्ण करकरे (अभियुक्त क्रमांक 3) का अहमदनगर में बोर्डिंग हाउस और आवास था। वे एक सक्रिय कार्यकर्ता थे। जब बंगाल में नोआखाली (वर्तमान बांग्लादेश) हिंदुओं के लिए कत्लखाना बन गया था, तब करकरे, हिंदुओं की एक सेना बनाकर हिंदुओं को जगाने का कार्य करने के लिए 10 लोगों के साथ, उनके बचाव में पहुँचे थे। उन्होंने हिंदू महासभा के ध्वज (बैनर) के तहत उग्रवादी रवैया अपनाया था, कई शरणार्थी शिविर चलाए। यह 1946-47 की बात है। विष्णु करकरे ने अहमदनगर में अपना कारोबार 6 अप्रैल, 1974 को दिल का दौरा पड़ने से उनकी मृत्यु होने तक जारी रखा। अब उनकी पत्नी कारोबार चलाती हैं।

4. मदनलाल पाहवा (अभियुक्त क्रमांक 4), जिन्होंने बारूद की थाली का विस्फोट किया, वे एक शरणार्थी थे। उन्होंने नरसंहार, लूटपाट और जलाने की भयानक घटनाएँ देखीं। उन्होंने मीलों लंबे, सैकड़ों-हजारों मनुष्यों के कारवाओं को,

2. 'सौभाग्यवती' शब्द एक विवाहित हिंदू महिला, जिसका पति जीवित हो। मंगलसूत्र, एक विशेष प्रकार का हार होता है, जो गले में पहना जाता है। साथ ही वह स्त्री माथे पर लाल रंग का कुमकुम तिलक लगाती है, जो देश की संस्कृति में सुहाग की निशानी माना जाता है। यह प्रथा महाराष्ट्र और दक्षिण भारत में ज्यादा है।

जो अपने घरों से निकाल दिए गए थे, वे कई हजारों शरणार्थियों के कारवाओं के गवाह थे, जो विभाजित भारत की ओर अपना अनिश्चित भविष्य लिये बढ़ रहे थे। मदनलाल ने अदालत के समक्ष अपने बयान में दिल दहला देने वाली पीड़ाओं का बखान किया।

मदनलाल ने अपनी रिहाई के बाद शादी की। वे बंबई में पेपर मिलों की खरीदी और बिक्री का काम देखते थे।

5. शंकर किस्तैया (अभियुक्त क्रमांक 5) ने दिगंबर बड़गे, मुखबिर (व्यक्तिगत/घरेलू) के रूप में सेवा की। उनके बरी होने के कुछ वर्षों के भीतर उनकी मृत्यु हो गई।

6. मैं, (गोपाल गोडसे और इस पुस्तक का लेखक) अभियुक्त क्रमांक 6 था। मुझ पर साजिश का आरोप लगाया गया था, आरोप था कि मैं 20 जनवरी को बिड़ला हाउस में मौजूद था। मुझे मिलीभगत का दोषी ठहराया गया और निर्वासन में आजीवन कारावास की सजा सुनाई गई।

मेरा जन्म 20 जून, 1920 को हुआ था। मैं चार भाइयों में से तीसरे नंबर का भाई हूँ। इस सबकुछ के दौरान हमारे पिता को पुणे जिले के खेड़ (अब राजगुरनगर) भेज दिया गया था। गोविंद सबसे छोटा था। वह मुझसे दो साल बाद पुणे जिले के तलेगाँव में पैदा हुआ था। हमारी सबसे बड़ी बहन मधुरा थी। मुझसे उम्र में एक और बड़ा भाई था शांता। अब दोनों ही नहीं रहे।

मेरी प्राथमिक शिक्षा रायगढ़ जिले के कर्जत में शुरू होकर रत्नागिरि में जारी रही। हमारे पिता के सेवानिवृत्त होने के बाद पापा और हम सांगली में स्थायिक हो गए।

मैं हिंदू संगठन, राष्ट्रीय स्वयंसेवक संघ (आर.एस.एस.) का स्वयंसेवक था। साथ-ही-साथ मैंने हिंदू महासभा के लिए भी काम किया, लेकिन सदस्य के रूप में नामांकित किए बिना।

द्वितीय विश्वयुद्ध छिड़ चुका था। मैं 1940 में भारतीय सेना आर्टिलरी कोर की रक्षा सेवा में भरती हो गया था। मैंने सीमावर्ती सेवाएँ देने का विकल्प चुना और अप्रैल 1944 तक इराक और ईरान में अपनी सेवाएँ दीं।

जब मैं लौटा तो मुझे किरकी भेजा गया और फिर मैंने विवाह किया। मेरी पत्नी का नाम सिंधु है। हमारी दो बेटियाँ हैं—एक का नाम विद्युलता और दूसरी का असिलता। जब मुझे फरवरी 1948 में गिरफ्तार किया गया, तो बड़ी बेटी 2 साल की और छोटी बेटी सिर्फ तीन या चार महीने की रही होगी। सिंधु ने अकेले ही पिता और

माँ दोनों बनकर जिम्मेदारियाँ सँभालीं और बेटियों को पाला। मेरे बड़े भाई, दत्तात्रेय (मृत्यु हो गई 9/10/1990), और नाथूराम से छोटे भाई एक अभियांत्रिकी कार्यशाला (इंजीनियरिंग वर्कशॉप) चलाते थे, जिसका नाम था 'उद्यम इंजीनियरिंग', जहाँ सिंधु भी काम करती थी। शुरू में वह परिवार के साथ रहा, लेकिन बाद में उसने अपने व बेटियों के लिए अलग घर बनवाया। बाद में उसने अपनी 'प्रताप इंजीनियरिंग' नामक एक छोटी सी कार्यशाला भी शुरू की।

इतिहास की यह परंपरा है कि जब कोई क्रांतिकारी कैद भुगतता है तो उसके रिश्तेदारों और आश्रितों को विविध तरह की अकथनीय कठिनाइयाँ झेलनी पड़ती हैं।

श्री दत्तात्रेय ने अपनी 'उद्यम इंजीनियरिंग' को गांधी-वध से ठीक पहले सीमित दायित्व वाली संस्था में बदल दिया था। जब श्री दत्तात्रेय गिरफ्तार थे तो उनकी पत्नी श्रीमती सरोजिनी ने घर और संस्था का दायित्व सँभाला।

जब 'गोवा मुक्ति आंदोलन' जोरों पर था तो कई युवाओं ने बहादुरी से इसमें हिस्सा लिया। सात लड़कों के समूह में नारायण दत्तात्रेय कुलकर्णी नाम का एक लड़का था। ऐसा लगता था कि उस प्यारे लड़के के मन में कोई बात है, जो उसे बहुत परेशान करती है। दुर्भाग्य से, बड़े होते हुए वह माँ के प्यार से वंचित रहा। सिंधु ने उसकी इस मातृ-इच्छा को पूरा करते हुए उसे माँ का भरपूर प्रेम दिया और आज नाना हमारे साथ हमारे दत्तक पुत्र के रूप में रहता है। जेल में रहने की समय-सीमा के दौरान कैसा जीवन था, इसके बारे में बाद में बताऊँगा।

7. दिगंबर बड़गे : वह मूल रूप में अभियुक्त क्रमांक 7 था, लेकिन उसके सरकारी मुखबिर बन जाने के बाद वह क्रमांक सावरकर को सौंपा गया था। दिगंबर बड़गे एक संघ-हिंदू और शस्त्र-विक्रेता था।

उसका मानना था कि हिंदू जहाँ अल्पसंख्यक हैं, वहाँ हिंदुओं को खुद को हथियारबंद रखना चाहिए, ताकि यदि मुसलिम हमला करें तो हिंदू अपनी रक्षा कर सकें। अभियोजन पक्ष ने कहा कि बड़गे ने प्लेट गन पाउडर की आपूर्ति मदनलाल को की थी और एक हथगोला भी मदनलाल पाहवा के पास मिला। बड़गे के पास से और भी गोला-बारूद बरामद किया गया।

हिरासत से रिहा होने के बाद दिगंबर बड़गे ने सेवानिवृत्त होने तक पुलिस विभाग में सेवाएँ दीं।

8. स्वातंत्र्यवीर विनायक दामोदर सावरकर : मई 1948 में दिल्ली के लाल किला की विशेष अदालत के समक्ष गांधीजी के वध के मामले में नौ

अभियुक्त पहली बार लाए गए। उनमें से एक थे—स्वातंत्र्यवीर विनायक दामोदर सावरकर। मूलत: वे अभियुक्त क्रमांक 8 थे। जैसाकि ऊपर उल्लेख किया गया है, मई 1948 में सभी आरोपी पहली बार विशेष अदालत के समक्ष पेश हुए। दिगंबर रामचंद्र बड़गे, अभियुक्त क्रमांक 7 सरकारी गवाह बन गए (मुखबिर)। इसलिए उनके क्रमांक को आधिकारिक तौर पर बेंच से हटा लिया गया और फलस्वरूप बाकियों के अनुक्रमांक कम हो गए। इसलिए सावरकर अभियुक्त क्रमांक 7 बन गए।

विनायक दामोदर सावरकर का जन्म 28 मई, 1883 को नासिक जिले के भगूर शहर में हुआ। नासिक शहर धर्मस्थल के रूप में प्रसिद्ध है। सावरकर की जन्मभूमि होने के नाते भगूर स्वराज भक्तों के लिए भी एक वेदी बन गई। विनायक के पिता, दामोदर, एक सराय के मालिक थे और बहुत ही विनम्र स्वभाव के थे। विनायक के एक बड़े भाई थे, जिनका नाम गणेश था और उनका एक छोटा भाई था, जिनका नाम नारायण था। विनायक की माँ राधा एक गृहिणी थीं।

विनायक की याददाश्त तेज थी। वे सिर्फ मामूली कोशिश से ही काफी छंद याद कर सकते थे। आने वाले वर्षों में यही हुनर उनकी काव्य-रचना का आधार बना। बचपन से ही विनायक में अपनी उम्र के बच्चों को संगठित कर उन्हें ब्रिटिश राज से देश की मुक्ति के कार्यक्रम की ओर आकर्षित करने की प्रवृत्ति दिखाई पड़ती थी। उन्होंने समूहों को 'मित्र मेला' (दोस्तों की बैठक) कहा।

भगूर में देवी भगवती की एक मूर्ति थी, जो आठ भुजाओं वाली थीं। विनायक, जो उस समय मात्र पंद्रह वर्ष के रहे होंगे, उन्होंने देवी के सामने वादा किया कि वे ब्रिटिश सरकार से विद्रोह करेंगे और अंग्रेजों को हराने के लिए अपने खून की आखिरी बूँद गिरने तक लड़ेंगे।

विनायक की प्रारंभिक शिक्षा भगूर में हुई थी और फिर नासिक में। स्नातक परीक्षा पास करने के बाद वे पुणे चले गए और बाद में फर्ग्युसन कॉलेज में दाखिला ले लिया। उन्होंने कॉलेज के छात्रों को संगठित किया और बाकी अपने सांगठनिक कार्य जारी रखे। कभी-कभी वे तत्कालीन नेता, जैसे लोकमान्य तिलक और शिवराम महादेव परांजपे से भी परामर्श लेते थे।

1906 में विनायक ने विदेशी कपड़ों के बहिष्कार करने के तहत पुणे में विदेशी कपड़ों का अलाव जलाने का आयोजन किया। यह ब्रिटिश माल खरीदने के खिलाफ खुले विद्रोह का पहला कार्य था।

विनायक फर्ग्युसन कॉलेज से स्नातक हुए। वे कानून की पढ़ाई कर वकील बनने के लिए इंग्लैंड जाना चाहते थे। पं. श्यामजी कृष्ण वर्मा ने उन्हें छात्रवृत्ति देने की घोषणा की। लोकमान्य तिलक ने इसके लिए विनायक की सिफारिश की थी।

विनायक इंग्लैंड गए। वहाँ पर उनके पास विभिन्न प्रांतों के युवाओं में देशभक्ति के बीज बोने का व्यापक क्षेत्र था। उन्होंने एस.एम. परांजपे की एक पत्रिका 'काळ' (काल-समय) के लिए भी लेख लिखे। उनकी भाषा तीक्ष्ण थी, पर चतुरता से लिखी हुई थी।

युवक मदनलाल ढींगरा को 22 जून, 1909 को कॉर्जेन वेली की गोली मारकर हत्या करने के जुर्म में मौत की सजा सुनाई गई थी। मदनलाल ढींगरा की जेब से जो बयान मिला था, वह पुलिस द्वारा जब्त करके दबा दिया गया था। सावरकर ने ढींगरा की फाँसी से एक दिन पहले अखबार के उस बयान के प्रकाशन के आदेश दिए अर्थात् 16 अगस्त, 1909 को। शीर्षक 'रेटो' था, अर्थात् पुलिस को इस बारे में बात करनी चाहिए कि यह मदनलाल का बयान था या नहीं, जो ढींगरा से उसकी गिरफ्तारी के बाद जब्त कर लिया गया? मदनलाल ढींगरा को 17 अगस्त, 1909 को ब्रिस्टल जेल में फाँसी दे दी गई।

भारत में 17 वर्षीय लड़के अनंत कान्हेरे ने 22 दिसंबर, 1909 को ब्रिटिश भारत में नासिक के जिला कलेक्टर आर्थर मेसन टिपेट जैक्सन को गोली मार दी। सावरकर को 13 मार्च, 1910 को लंदन में गिरफ्तार किया गया था और इस मामले में मुकदमा चलाने के लिए भारत लाया गया। समुद्र के रास्ते जहाज से आते समय वे फ्रांस के मार्सिले के पास जहाज से कूदकर किनारे पर पहुँच गए, लेकिन पकड़े गए और वापस जहाज पर लाए गए।

सावरकर सहित अन्य चौंतीस पर राजद्रोह का आरोप लगाया गया था। 24 दिसंबर,1910 को आजीवन निर्वासन की सजा सुनाई गई। उन पर जैक्सन हत्या के मामले में शामिल होने का भी आरोप लगाया गया था। 30 जनवरी, 1911 को उन्हें फिर से आजीवन कारावास की सजा सुनाई गई। मुझे पता है कि सजाओं को लगातार निष्पादित करने के आदेश दिए गए थे।

1 जुलाई, 1911 को सावरकर को अंडमान (काला पानी) ले जाया गया, जहाँ वे दस वर्षों तक रहे। मई 1921 में विनायक को वापस लाया गया और यरवदा (पुणे) की जेल में करीब तीन साल रखा गया। 6 जनवरी, 1924 को विनायक को रत्नागिरि लाया गया, जहाँ वे 1937 तक कुछ प्रतिबंधों के साथ रहे, फिर बाद

में उन्हें आखिरकार रिहा कर दिया गया। जिस दिन सावरकर रत्नागिरि में नजरबंदी से रिहा हुए, तब से सावरकरवाद और गांधीवाद का एक-दूसरे से खुलकर सामना हुआ। जीवन में राष्ट्रीय स्वतंत्रता प्राप्त करने के उद्‌देश्य के अलावा सावरकर के जीवन में एक लक्ष्य और जुड़ गया, और वह था—वर्षों से लोगों के कानों में चल रहे अहिंसा के असंतुलित सिद्धांत का खंडन। इस कार्यक्रम के रचनात्मक पहलू का नाम था, संगठित हिंदुओं का, 'हिंदू संघ'।

भारतीय राजनीति के क्षेत्र में हिंदू महासभा एक नए प्रत्याशी के रूप में नई दावेदार थी। मुझे मालूम है कि हिंदू महासभा के निर्वाचित अध्यक्ष सावरकर ने दिसंबर 1937 में आयोजित कर्णावती, अहमदाबाद के अधिवेशन की अध्यक्षता की।

सावरकर को चेतावनी मिली हुई थी और सावरकर भी सावधान थे। वे युवा भारतीयों से ब्रिटिश सेना में शामिल होने का आह्वान कर रहे थे, ताकि वे ईश्वर प्रदत्त मौके का लाभ उठाकर आधुनिक हथियार चलाने और युद्ध के तरीके और तकनीक सीखें और स्वयं को हथियारों से सुसज्जित करें। ऐसे समय में कांग्रेस ने जानबूझकर सावरकर की इस सुव्यवस्थित प्रणाली का उपहास करते हुए उनके शुद्ध उद्‌देश्य को विकृत रूप देते हुए दुर्भावना से सिद्ध करने का प्रयास किया कि हिंदू महासभा स्वाधीनता विरोधी, स्वार्थी और देश को और भी गुलामी की ओर धकेलने वाली प्रतिगामी संस्था है।

30 मार्च, 1941 को कानपुर में जिन्ना ने स्पष्ट कर दिया था कि वे भारत का विभाजन चाहते हैं। जिन्ना पर भारत-विभाजन का जुनून सवार था। 1942 की शुरुआत में सावरकर ने भविष्यवाणी की थी कि वे देश को विभाजित करने जा रहे हैं और उन्होंने इसके बारे में देश को आगाह किया था। जिन्ना ने यह भी कहा था कि उन्हें भारत में पीछे रह जाने वाले मुसलमानों पर विभाजन के प्रभाव की कोई परवाह नहीं है। उन्होंने इस प्रभाव को आवश्यक बलिदान के रूप में देखा और पाँच साल बाद यह भविष्यवाणी सच हो गई।

15 अगस्त, 1947 को स्वतंत्रता प्राप्त हुई थी। इस जीत को स्वीकार कर मुदित और अनुमोदित करते हुए वीर सावरकर ने अपने घर के ऊपर हिंदू महासभा का अखिल हिंदू का झंडा लहराया और साथ ही तीन रंगों वाला और केंद्र में अशोक चक्र वाले राष्ट्रीय ध्वज को भी स्वीकारा।

वीर सावरकर को लगा कि चूँकि हिंदू अब पाकिस्तान के नाम से जानने वाले क्षेत्र से बाहर निकाले जाएँगे, तो मुसलमानों को भी उनके निर्मित 'पाकिस्तान'

जाने से रोका नहीं जाना चाहिए। वे सभी घटनाओं के प्रति सजग थे और उनके शब्द भविष्यवाणी बने। विनायक दामोदर सावरकर अपने निरंतर संघर्ष, स्वराज प्राप्त करने की दिशा-निर्देश और सलाह, दृढ़ निश्चय, संकल्प और साहस, उनके हिंदुत्व को जीवित रखने के अनवरत प्रयत्न, देश की आजादी के लिए असंख्य शारीरिक और मानसिक यातनाएँ झेलने के कारण उन्हें 'स्वातंत्र्यवीर' के नाम से जाना जाता है।

गांधीजी का वध 30 जनवरी, 1948 को हुआ था। अगले ही दिन बड़े पैमाने पर हिंदू नेताओं और अन्य लोगों की गिरफ्तारी का सिलसिला शुरू हुआ। अगले कुछ हफ्तों में निवारक निरोध अधिनियम के तहत तकरीबन 10,000 लोगों को गिरफ्तार कर लिया गया। वे सभी हिंदू थे। सावरकर के घर की तलाशी ली गई। फाइलें और कागजात जाँच के लिए जब्त कर लिये गए। जबकि सावरकर नजरबंदी में थे, उनके परिवार, मित्र और सहयोगियों को भी निगरानी में रखा गया था।

यह कोई भी स्पष्ट रूप से अनुमान लगा सकता है कि स्वतंत्रता से पहले पंडित नेहरू के नेतृत्व में कांग्रेस की सरकार इस परीक्षण में थी कि आजादी के बाद सत्ता में अपने अस्तित्व को कैसे सुनिश्चित किया जाए? गांधी-वध, जो स्वतंत्रता के कुछ महीनों बाद ही हो गया, इस स्थिति को भाँपते हुए कांग्रेसी सामान्य हिंदू जनों की भावना समझ गए और अपने अस्तित्व को सुनिश्चित करने के लिए थोड़ा और सावधानी से आगे बढ़ने का विचार किया, जिसके लिए दो कार्य करना अत्यंत आवश्यक था—

(i) हिंदुओं को जातिगत वंशों में विभाजित करें।

(ii) मुसलमानों को खुश करो।

और, सावरकर की यह दृढ़ मान्यता थी कि एक हिंदू और दूसरे हिंदू के बीच जातिगत या वंश-भेद नहीं माना जाना चाहिए। किसी भी तरह के राजनीतिक लाभ के लिए किसी वर्ग या समुदाय को खुश करने की नीति न अपनाई जाए। इसलिए स्वतंत्रता के बाद वीर सावरकर को उनके योगदान के लिए 'स्वातंत्र्यवीर' पुरस्कार प्रदान करने के बजाय उन्हें गांधी-वध के मुकदमे में फँसा लिया, ताकि लोगों का ध्यान और ऊर्जा उनके मुकदमे में लगी रहे और कांग्रेस के उपरोक्त दोनों उद्‌देश्य—हिंदू का जातिगत भेद और मुसलिम तुष्टीकरण, दोनों पूरे हो सकें और सत्ता में कांग्रेस का प्रभुत्व बना रहे तथा आने वाले समय में उनके अपने विश्वासपात्रों (चापलूसों) को स्पष्ट रूप से नेता के रूप में प्रस्तुत कर सकें। उद्‌देश्य यही था

कि किसी–न–किसी तरह एक व्यक्ति के बहाने हिंदू दृष्टिकोण परिवर्तित कर स्वयं (कांग्रेसी दृष्टिकोण) के स्थापित दृष्टिकोण की स्थापना की जाए और वह भी 'हिंदू' नाम से।

सावरकर के घर से जब कागजातों (1938 से वर्तमान समय तक के पत्राचार के दस्तावेज, अन्य दस्तावेज, फाइलें, जिसमें लगभग 10,000 कागज थे) की सघन तलाशी और कड़ी जाँच के बावजूद कुछ भी आपत्तिजनक नहीं मिला, जिससे उनके खिलाफ कोई मुकदमा बने। वे निर्दोष पाए गए।

बड़गे के खिलाफ थर्ड डिग्री विधि का इस्तेमाल किया गया था। (पुलिस द्वारा पूछताछ करते हुए यातना की तीव्रता को सच उगलवाने के लिए बढ़ाना—इसे कानूनन मान्यता मिली हुई है) नतीजा यह हुआ कि उसके बयान के आधार पर सावरकर को 'गांधी हत्याकांड' के मामले में फँसाया गया। बड़गे को पुलिस ने क्षमा देने का वादा किया था। परिणामत: सावरकर को पहले निवारक निरोध अधिनियम के तहत गिरफ्तार किया गया और फिर बड़गे के बयान के बाद 'गांधी हत्याकांड' में आरोपी के रूप में गिरफ्तार किया गया। मुकदमे में बहुत समय और प्रयास लगे। इस पूरी प्रक्रिया के दौरान सावरकर जेल में रहे। एक साल बाद जब न्याय का दिन आया, तो सावरकर बरी कर दिए गए थे।

लाल किले के बाहर दोषमुक्त सावरकर को बधाई देने के लिए लोगों की भारी भीड़ उमड़ पड़ी। सावरकर 'निर्दोष' के रूप में लाल किला छोड़ रहे थे। भीड़ स्पष्ट रूप से अत्यंत उत्साहित और प्रसन्न थी। लोगों के समुद्र ने मानो सावरकर को इन हुंकारों के साथ आलिंगनबद्ध किया—

स्वातंत्र्य लक्ष्मी की जय!
(स्वतंत्रता की देवी की विजय)
अखंड भारत अमर रहे!
(अखंड भारत अमर रहे)
स्वातंत्र्यवीर सावरकर की जय!
('स्वातंत्र्यवीर' सावरकर की जय)

वर्ष 1949 में अपनी रिहाई के बाद वीर सावरकर ने हिंदू महासभा के कलकत्ता अधिवेशन का उद्घाटन किया, जिसमें श्री एन.बी. खरे अध्यक्ष चुने गए। 1950 के बाद वे बीमार हो गए और उनकी शारीरिक अवस्था और बीमारी की स्थिति ने उन्हें सार्वजनिक कार्यों में भाग लेने से रोक दिया। फिर उन्होंने शायद ही कभी सार्वजनिक सभाएँ कीं।

दिल्ली में, 1957 में उन्होंने 1857 में लड़े गए प्रथम स्वतंत्रता संग्राम शताब्दी के अवसर पर बैठक का नेतृत्व किया। उनका भाषण अत्यधिक भावुक करने वाला था। उन्होंने कहा—

"आपने अब तक मेरा अनुसरण किया है, बदले में कोई सम्मान या कल्याण नहीं मिला। बदले में उन्हें केवल धर्मनिरपेक्षतावादियों द्वारा कारावास, फाँसी, लोगों से घृणा और शाप।" फिर भी उन्होंने कभी भी इस रास्ते पर हार नहीं मानी और पूरी ताकत से अंत तक जोश और यत्न से लड़ते रहे। उनका यह जज्बा हिंदुओं का अपनी सांस्कृतिक स्वतंत्रता प्राप्त करने के लिए सदा मार्गदर्शन करेगा।

बाद के वर्षों में उन्होंने हिंदू इतिहास पर व्याख्यान दिया, जिसे 'सिक्स ग्लोरियस एजेस' (छह गौरवशाली युग) के रूप में संकलित किया गया है। सन् 1960 में लोगों ने वीर सावरकर का सत्कार किया और वह 'मृत्युंजय दिवस' के रूप में मनाया गया। अगर उन्हें लगातार दो 'आजीवन कारावास' की सजाएँ काटनी पड़तीं तो वे 1960 में मुक्ति का दिन देखते, सावरकर किस प्रकार दृढ़ प्रतिज्ञ, संयमित और संतुलित रहकर स्वतंत्रता के वर्ष तक जीवित रहे, इसी कारण उस अवसर को 'मृत्युंजय' (जिसका मृत्यु के देवता पर वर्चस्व हो) कहा जाता था।

फरवरी 1966 की शुरुआत में, जब वे अपने 83वें वर्ष में थे, सावरकर ने तय किया कि आत्मा को मानव शरीर से छुटकारा पाना होगा। उन्होंने खाना छोड़ दिया और खुद को ध्यान तक सीमित कर लिया। शरीर त्यागने से पहले उन्होंने लिखा—

"मैंने यथाशक्ति देश के और उसके लोगों की भलाई के लिए हरसंभव प्रयास किया है। खैर! जीवन की अपनी सीमाएँ होती हैं। यदि शरीर के अंगों पर जब किसी कार्य का बोझ नहीं डाला जा सकता है, तो प्रकृति को स्वयं को गरिमामय तरीके से समर्पित करना चाहिए। अब मुझे शरीर के आवरण से मुक्त होने दो।"

वीर सावरकर का निधन 26 फरवरी, 1966 को बंबई में हुआ था। विडंबना यह है कि उन्होंने ब्रिटिश शासन व स्वतंत्र भारत, दोनों के राज में नजरबंदी और कठोर यातनाएँ झेलीं। उनकी गलतियाँ—

उन्होंने भारत की स्वतंत्रता के लिए लड़ाई लड़ी। अलगाववादी और विभाजन का विरोध किया, हिंदुओं के न्यायसंगत अधिकारों के लिए आग्रह करते थे और हिंदुओं का जाति और वंश में विभाजित होने का विरोध करते थे।

उनके कई बयानों को श्री जी.एम. जोशी और बालाराव सावरकर ने एक पुस्तक में संकलित किया था। इसे 'वी.डी. सावरकर की ऐतिहासिक घोषणाएँ' कहा जाता है।

उनके बारे में एक और बात। आजादी की लड़ाई केवल एक आदमी का प्रयास नहीं था। यह हजारों लोगों का सामूहिक प्रयास था और लाखों लोगों का, जो इन हजारों के साथ खड़े थे (पीछे सहारा बनकर)। सावरकर उनमें से एक थे। हालाँकि वे इन अर्थों में भाग्यशाली रहे कि उनकी आत्मा आज के राजनेताओं के झूठे दावों के आक्रोश से बची रही कि कम-से-कम वे सावरकर के असंख्य बलिदानों का श्रेय खुद को नहीं देते! यह देखकर दुःख होता है कि हमारे देश के कई सच्चे राष्ट्रीय देशभक्तों ने अवर्णनीय बलिदान दिए, जैसे—भगत सिंह, उत्तम चंद, मदनलाल ढींगरा, खुदीराम, रास बिहारी या यहाँ तक कि सुभाष चंद्र बोस आदि। ये सभी न केवल सच्चे अर्थों में देशभक्त थे, बल्कि नैतिक मूल्यों और सिद्धांतों का पालन करने वाले क्रांतिकारी थे। लेकिन यह देखकर दुःख होता है कि आज के राजनेता इन सभी के बलिदानों को गौरवान्वित करने के बजाय स्वयं को उनकी महान् विरासत को आगे बढ़ाने के दावेदार बनते हैं, ताकि उन्हें राजनीतिक फायदा मिल सके। वे महान् क्रांतिकारियों द्वारा किए गए कार्यों का विकृत प्रचार कर, उनके महिमामंडित गौरव का व्यापार कर स्वयं को देश की कम शिक्षित और सामाजिक विभाजन की शिकार जनता के समक्ष उन्हीं (महान् क्रांतिकारी और देश भक्त) के वर्ग और श्रेणी का प्रस्तुत करते हैं और निजी स्वार्थ को पूरा करने की कोशिश करते हैं।

चूँकि सावरकर अत्यंत प्रसिद्ध थे, उनका लेखन इतना विपुल था, इस कारण उनका देश के लिए योगदान दुष्प्रयोग से बचाया जा सका है। ईश्वर की कृपा है कि जिस दिन उन्हें कैद किया गया या रिहा किया गया, उनकी पुण्यतिथि या जयंती पर राजनेताओं द्वारा किसी सार्वजनिक सभा का आयोजन नहीं किया जाता। यह बात उनकी आत्मा को वाकई शांति देती होगी कि सावरकर की स्मृति में आयोजित कार्यक्रमों में गांधी टोपी पहने नेता के भाषण और उसके बाद रेडियो पर उन नेताओं की प्रस्तुतियाँ नहीं दिखाई जातीं।

9. डॉ. दत्तात्रेय सदाशिव परचुरे (अभियुक्त क्रमांक 9) एक सुप्रवीण चिकित्सक थे। वे ग्वालियर में डॉक्टरी करते थे। वे एक कुशल संगठक भी थे। उन्होंने मुसलमानों के जवाबी हमलों के साथ सामना किया। उन्हें इस आरोप में फँसाया गया था कि नाथूराम ने उनसे पिस्तौल (पिस्टल) हासिल की। मुझे इस सच्चाई का पता है कि उन पर दबाव डालकर उनसे एक कबूलनामा लिखवाया गया था। सुपीरियर कोर्ट ने उन्हें बरी कर दिया। उनकी शादी हो गई और वे परिवार के साथ अपने घर में रहने लगे। 1986 में उनकी मृत्यु हो गई।

तीन और भी अभियुक्त थे। गंगाधर दंडवते, गंगाधर जाधव और सूर्य देव शर्मा—सभी ग्वालियर से थे। उन्हें 'भगोड़ा' घोषित कर दिया गया। इसकी अभियोग प्रक्रिया डॉ. परचुरे की दोष-सिद्धि पर निर्भर थी। 22 जून, 1949 को सुपीरियर कोर्ट ने डॉ. परचुरे को बरी कर दिया। उसके बाद तीनों ने (गंगाधर दंडवते, गंगाधर जाधव और सूर्य देव शर्मा) पुलिस के सामने आत्मसमर्पण कर दिया, जिन्हें स्थानीय मजिस्ट्रेट के सामने पहले पेश किया गया। मजिस्ट्रेट ने उन्हें सभी आरोपों से मुक्त कर दिया। गंगाधर दंडवते अब नहीं रहे। गंगाधर जाधव अब नागपुर में रहते हैं। सूर्य देव शर्मा दतिया (म.प्र) में रहते हैं। वे मध्य प्रदेश विधानसभा में दो बार जीते।

□

जेल की कालावधि

जब मामला हाई कोर्ट में था, तब से लेकर नाथूराम और आप्टे की फाँसी होने तक हम अंबाला जेल में रहे। नाथूराम को फाँसी दिए जाने पर मुझे और करकरे को अलग से एक पिंजरा गाड़ी में नासिक हाईवे के केंद्रीय कारागार में ले जाया गया। उस गाड़ी को 'कैद गाड़ी' कहा जाता था। हम 19 मई, 1950 को नासिक की सेंट्रल जेल पहुँचे।

देश की राशन प्रणाली ने जेल में परोसे जाने वाले भोजन-सेवा को भी प्रभावित किया।

लाल ज्वार, जो बहुत घटिया किस्म का अनाज माना जाता है, उसकी एक लेस सी बनाकर परोसी जाती थी। दाल (फलियाँ) और सब्जियाँ ज्वार की रोटी के साथ क्षुधावर्धक के रूप में परोसी जाती थीं। कभी-कभी पूरक भोजन के रूप में दलिया दे दिया जाता था। सप्ताह में चौदह बार भोजन मिलता था, जिनमें से एक में चावल और गेहूँ की रोटी एक बार दी जाती थी।

हमारे श्रम के तरीके से और कार्य निष्पादन की कुशलता तथा उनके कार्य में प्रगति देख अधिकारियों को लगा कि हमारे श्रम का उपयोग उत्पादन बढ़ाने वाली गतिविधियों में किया जाए। इसलिए नासिक के कारागार में एक साबुन का कारखाना शुरू करने का निर्णय लिया गया। इसकी शुरुआत 19 अगस्त, 1955 को हुई थी।

फिर बाद में ठाणे जेल में चलने वाली एक स्याही फैक्टरी को पूर्ण विचार-विमर्श के बाद लगभग डेढ़ साल बाद नासिक जेल में स्थानांतरित किया गया। उसे भी कमरा नंबर 1 में चालू किया गया।

लंबी अवधि के कैदियों के मामले सलाहकार बोर्ड के समक्ष विचार के लिए पेश किए जाते हैं। अगर इस बीच कैदी अपने 14 साल जेल में पूरे करने की मियाद

के पास हों तो पुनर्विचार का मामला बनता ही नहीं (ऐसा माना जाता है)। 1954 में हमारे मामले परिषद् द्वारा सलाहकार (एडवाइजरी) के सामने लाए गए और यह तय हुआ कि एक-दो वर्षों बाद पुनर्विचार के लिए दोबारा लाया जाए। 1956 में मामला दोबारा पेश किया गया। फिर उन्होंने एक और वर्ष के लिए मामला टाल दिया।

भारत के पहले गणतंत्र दिवस पर हमें सजा से 40 दिनों की क्षमा (छूट) उपहार के रूप में दी गई, वह भी इस शर्त के साथ कि सजा का फैसला उलट नहीं सकता। हमें हर साल अच्छे व्यवहार के लिए छूट दी जाती थी।

हमें समय-समय पर समर्पण से किए गए कार्यों के बदले, अतिरिक्त कार्य के लिए पैसे भी दिए जाते थे। और जब भी हमें धन चाहिए या छूट के बीच चयन करना होता था, तो हम निरपवाद रूप से 'सजा में छूट' का ही विकल्प चुनते थे। हालाँकि, एक नियम है कि कुल रेमिशन अवधि कुल सजा अवधि के एक-तिहाई से अधिक नहीं होनी चाहिए, और अगर ऐसा होता है तो इसे विशेष रूप से सरकार द्वारा स्वीकृति मिलनी चाहिए। एक सामान्य माफी के रूप में दी गई छूट इस नियम का अपवाद था।

इस बीच 16 दिसंबर, 1956 को करकरे की चिकित्सा-जाँच हुई, क्योंकि पिछले सात या आठ दिनों से वे तपेदिक के लक्षणों से पीड़ित दिखाई दे रहे थे। चाहे मैं सजा काट रहा था, तो भी मैंने सात-सात बार रक्तदान किया। प्रत्येक बार के रक्तदान के लिए मुझे दस दिनों की छूट दी गई थी। दो बार मैंने रक्तदान किया और छूट देने के लिए कहा। पाँच अन्य अवसरों पर मैंने एक साधारण 'दान' के रूप में रक्तदान किया। लेकिन जेल अधीक्षक सजा की बीस दिनों की अपनी लिखित 'छूट गारंटी' का सम्मान करने में विफल रहा और यह सबकुछ सरकार को खुश करने के उद्देश्य से किया।

11 अप्रैल, 1957 को हमारी 14 वर्षों की सजा की रिपोर्ट में निर्णय सुनाया गया, जिसमें कहा गया कि हमारी रिहाई के बारे में विचार पंद्रह वर्ष पूरे होने पर किया जाएगा। यह वास्तव में आत्मिक और मानसिक रूप से विनाशकारी समाचार था। यह निश्चित रूप से उस समय लागू कारागार संहिता की किसी भी प्रक्रिया के अनुरूप नहीं था।

सरकार को इस बात पर गर्व हो सकता है कि उन्होंने किस तरह आसानी से गांधीजी की हत्या के मामले में दोषियों को मूर्ख बनाया, उनका कैसे मजाक उड़ाया, कैसे उन्हें मानसिक पीड़ा पहुँचाकर बदला लिया, किस तरह क्रूर व्यवहार किया!

किसी में भी इतनी हिम्मत नहीं थी कि सुझाव दे सकें कि इस प्रकार का निरंतर दमन अमानवीय था। शायद उन्हें डर था कि अगर वे स्पष्ट और साहसी तरीके से अपनी राय देंगे तो उन पर गांधी वध की साजिश में शामिल होने का आरोप लगाया जा सकता है।

उम्र से थके हुए और चिंताओं से पीड़ित मेरे माता-पिता सरकार के इस फैसले से समझ गए कि उनके काल में गोपाल को कारागृह से जल्दी मुक्त होना नहीं देख पाएँगे।

मेरे माता-पिता एक बार फिर मुझे नासिक सेंट्रल जेल में आखिरी बार मिलने आए। मेरी माँ, उम्र के साथ झुक गई थीं, इसलिए सीधी कमर से सीढ़ियाँ नहीं चढ़ सकती थीं। मैं ही नीचे झुककर उनसे मिल पाया। घर पहुँचते ही मेरी माँ मानसिक संतुलन खो बैठीं और बिस्तर पर गिर पड़ीं। 6 मई, 1957 को उनका निधन हो गया। कुछ महीनों बाद पिताजी भी चल बसे।

मेरी रिहाई का फैसला हो गया था, लेकिन मुझे शक हुआ कि पता नहीं कितने दिनों के लिए मुझे मुक्त करेंगे? कुछ दिनों तक मैं बहुत अशांत रहा। मेरे मन में केवल एक ही बात चल रही थी कि सरकार ने मेरे साथ अन्याय किया है और अदालत नाम की यह संस्था बंद हो जानी चाहिए।

मैंने दिसंबर 1957 में अपने मामले की पैरवी खुद करने का फैसला किया और अपनी पहली याचिका सुपीरियर कोर्ट में दायर की। सुपीरियर कोर्ट को सबक सिखाने के मेरे सारे प्रयास लिखावट सुधारने के लिए पत्र थे।

मैं लगातार अपनी पराजयों को अस्वीकार करते हुए पत्र लिखता रहा; दिसंबर 1957 से अगस्त 1964 तक, सात वर्षों तक। मैंने सुपीरियर कोर्ट को कम-से-कम बाईस से ज्यादा याचिकाएँ लिखीं।

मेरे लिए वकील करना असंभव था। मैंने कभी-कभी कुछ रक्षा वकीलों से परामर्श लिया, लेकिन जब उन्होंने देखा कि मेरे कई अनुरोधों को सुपीरियर कोर्ट ने खारिज कर दिया था, तो किसी में इतना साहस नहीं था कि मेरे मामले पर बहस करने का साहस रखे। अदालत का निर्णय वह था, जोकि धारा 401 Cr.PC ने सरकार को इसके लिए अधिकृत किया था। 'क्षमादान' देने की 77 शक्ति का प्रयोग केवल सरकार ही आजीवन कारावास के अधीन कैदी को रिहा कर सकती है।

मेरे आठवें अनुरोध पर 14 नवंबर, 1960 को सुनवाई हुई। 12 जनवरी, 1961 को फैसला सुनाया गया। सजा को स्पष्ट करते हुए जजों ने बताया कि उन्हें तीस साल पहले प्रिवी काउंसिल द्वारा दिए गए एक फैसले पर भरोसा था। वह निर्णय

यह था कि 'अभियोग' और 'कारावास' के बीच कोई अंतर नहीं; दूसरा शब्द पहले का ही पर्यायवाची है। इसलिए कैदी को चाहे अंडमान जेल भेजा जाए या भारत की किसी भी जेल में रखा जाए, बात एक जैसी है। सुपीरियर कोर्ट के इस फैसले को मानक के रूप में स्वीकार किया और सही तथा वजनदार मानते हुए न्यायाधीशों ने मेरी बात पर विचार तक नहीं किया। लेकिन सुपीरियर कोर्ट ने एक कदम और आगे जाकर कहा, 'आजीवन निर्वासन' हो या 'सदा कारावास', सजायाफ्ता व्यक्ति दोनों 'प्रथम दृष्टया' स्वीकार करते हुए उसे जीवन की शेष अवधि के लिए प्राकृतिक रूप से प्रतिबंधित कर देना चाहिए; कारावास में रखना चाहिए। फैसले का सार यह था कि कैदी की मौत का दिन पता नहीं होता, इसलिए उसे कितनी छूट मिल सकती है, कहा नहीं जा सकता। इसमें कोई शक नहीं कि उसे सजा तो पूरी भुगतनी पड़ेगी। मैंने फिर से सुपीरियर कोर्ट का दरवाजा खटखटाने का फैसला किया।

मैंने अपने सभी मामलों से संबंधित सभी प्रासंगिक मुद्दों की चर्चा के बाद दोबारा याचिका दायर करने का फैसला किया, खासकर विविध तरह की सजाओं—मौत की सजा, आजीवन निर्वासन, कारावास, आजीवन कारावास, कठोर कारावास और साधारण कारावास, और इसी तरह अन्य सजाओं की उत्पत्ति और कार्यान्वयन और बाद में उपरोक्त में किए गए परिवर्तन आदि। इसके अलावा दोषियों के लिए ऑस्ट्रेलिया में न्यू साउथ वेल्स और अंडमान की उपयोगिता, सदियों से प्रचलित आपराधिक लोगों से गुलामी करवाया जाना, सजा में छूट दिए जाने के कारण, सरकार द्वारा जेल प्रबंधन की उत्पत्ति के कारण, प्रिवी काउंसिल की सोच प्रवृत्ति के दोष, सुपीरियर कोर्ट द्वारा किए गए अवलोकनों में विसंगति आदि। अत: मैंने एक शोध-प्रबंध के रूप में याचिका दायर की, जो 175 पृष्ठों से अधिक थी। क्या भारतीय कानून के अनुसार अपराधी को जेल में ही दम तोड़ देना चाहिए? मेरी याचिका 28 अक्तूबर, 1961 को सुपीरियर कोर्ट में पेश की गई और 1962 में खारिज कर दी गई।

20 जनवरी, 1962 को मुझे नासिक से औरंगाबाद जेल स्थानांतरित किया गया था। 16 अगस्त, 1962 को मेरी पत्नी ने मुझे जवाब में एक पत्र लिखा—

"मैं विश्वास करती हूँ गोपाल कि हम भी मुक्ति के सुखों के क्षण लेने के लिए बने हैं, पर हम आज भी कष्टों, अपमानों, तिरस्कार, मानसिक, शारीरिक पीड़ा और पूर्ण अलगाव का दु:ख भोग रहे हैं। आप जब तक रिहा न हो जाओ, ऐसा ही चलेगा!

इसलिए फिर से उड़ान भरो! आपकी स्थिति में फँसे आदमी का ऐसा सोचना बिल्कुल सामान्य है कि आपके सभी प्रयास व्यर्थ गए हैं। क्या वैज्ञानिकों ने हार

मानते हुए पत्थरों से तेल निकालने के प्रयास और प्रयोग छोड़ दिए, सिर्फ इसलिए कि उन्हें हार का सामना न करना पड़ा?

भले ही पूरी दुनिया आपसे मुँह मोड़ ले, यह निश्चित है कि मैं तुम्हारे पीछे खड़ी रहूँगी, पीछे क्यों, साथ खड़ी रहूँगी। एक बार और कोशिश करके देख लो!"

मैंने अपनी सजा के पंद्रह साल पूरे कर लिये थे, जिनमें मैं फरवरी 1964 की छूट में मिली अवधि की गिनती नहीं कर रहा। सभी अदालतों से खारिज के दबाव के बावजूद, कुल मिलाकर मेरी मानसिक व्याकुलता की स्थिति में मैंने अथक रूप से सुपीरियर कोर्ट में अपील की। मैं अपने बयान पर अटल था (14 अगस्त, 1964)। मुझे 28 सितंबर, 1964 को सुपीरियर कोर्ट के सामने पेश किया गया। मुझे याद है कि अदालत में मैंने इस मामले पर बीस मिनट चर्चा की। उन्होंने सर्वसम्मत होकर निर्णय लिया कि वे सरकार से अपील करेंगे कि प्रारंभिक सुनवाई में पेश हों। मामला 19 अक्तूबर, 1964 तक स्थगित कर दिया गया था।

10 अक्तूबर, 1964 को शनिवार का दिन था। यह तय किया गया था कि भारत के तत्कालीन मंत्री श्री गुलजारीलाल नंदा दिल्ली जेल का दौरा करेंगे और बाहर बुलाई गई कैदियों की कक्षा को संबोधित करेंगे।

जेल के एक-दो विभाग देख श्री नंदा ने मेरे बारे में पूछा। दोपहर तक मुझे कार्यालय में ले जाया गया। "आप रिहा होने के बाद क्या करेंगे?" श्री नंदा ने मुझसे पूछा। मैंने उत्तर दिया, "आज तक तो यह सवाल मेरे मन में आया ही नहीं! लेकिन अगर मैं आजाद हुआ तो राजनीति में आऊँगा।"

"मैं इनके अच्छे होने की कामना करता हूँ।" श्री नंदा ने कहा और हमारी बैठक समाप्त हो गई।

मंगलवार, 13 अक्तूबर, 1964 का दिन आ गया और हमारी जेल की कोठरी (सेल) खोल दी गई। थोड़ा समय बीता ही था कि एक जेलर मेरे सामने आकर खड़ा हो गया। "तुम्हारी रिहाई का आदेश आ गया है। अपना सामान बाँध लो। मैं तुम्हें साढ़े सात बजे से पहले बाहर कर दूँगा।"

अधीक्षक ने मुझे सुनवाई की अनुमति दी। मैंने रजिस्टर की पुस्तिका में कुछ आवश्यक हस्ताक्षर किए। जेल से आजादी के आदेश जारी किए गए थे। मेरे सामान की जाँच की गई और सामान बाहर रख दिया गया। मैं, मेरे कंधों पर समय से पहले आए बुढ़ापे को लेकर जेल से बाहर आ गया और मुक्त हवा में गहरी साँस ली। करकरे और मदन को भी उनकी अपनी कोठरियों से आजाद कर दिया गया था।

मैंने 'देहरादून एक्सप्रेस' ली और कल्याण होते हुए पुणे गया। मेरे लोगों ने कल्याण में मेरा स्वागत किया।

जब मेरा स्वागत पंचारतियों (घी से जले हुए पाँच दीये) से हो रहा था, मेरा हृदय भावनाओं से प्रफुल्लित भी हो उठा और भावुक भी। मैंने भी अपने खुशी के आँसुओं को बहने से नहीं रोका और वे मेरे गालों पर लुढ़कते हुए टपकने लगे। इतना प्यार मैंने जेल में कहाँ पाया था! इस प्रेम के लिए मैं कितने ही वर्षों से अतृप्त सा था!

इस प्रेम की अतृप्तता के बारे में जो बात कर सकें और जिनसे मैं अधिकार से बात कर पाऊँ, मेरे परिवार के वे तीन बड़े सदस्य अब इस दुनिया में नहीं थे। मेरी माँ, मेरे पिता और नाथूराम! मैंने घर के अंदर जाकर उन तीनों की तसवीर को झुककर प्रणाम किया।

19 अक्तूबर, 1964 को मैं सुपीरियर कोर्ट गया। कोर्ट में मेरे अनुरोध का मामला चल रहा था। मैं खड़ा हो गया। न्यायाधीशों ने मेरा नया परिशिष्ट पढ़ा। न्यायालय ने मेरे मूल अनुरोध पर विचार करने की आवश्यकता नहीं समझी, क्योंकि मैं रिहा हो चुका था और उन्होंने मेरे इस अनुरोध को कमजोर और असफल प्रयास बताया।

□

मुक्ति (रिहाई) उपरांत जीवन

फरवरी 1948 से सितंबर 1964 तक का लगभग सत्रह वर्ष का बड़ा अंतराल था, जब मैंने आजादी की दुनिया में दोबारा प्रवेश किया। मैंने मान लिया था कि मेरे जीवन में कैदी की जो भूमिका थी, अब हमेशा के लिए समाप्त हो गई थी।

लेकिन ऐसा नहीं था। मेरे दोस्तों ने मेरा दिल खोलकर स्वागत किया और इसी खुशी में एक छोटे से कार्यक्रम का आयोजन भी किया। दिवंगत जी.वी. केतकर, जो मराठी दैनिक 'तरुण भारत' के संपादक थे, उस कार्यक्रम के मुख्य अतिथि थे। अपने भाषण में उन्होंने कहा कि उन्होंने नाथूराम को गांधीजी के वध के विचार से विरत करने की कोशिश की थी।

उनके बयान के परिणामस्वरूप पक्षपाती लेख सामने आए। फलस्वरूप 25 नवंबर, 1964 को 'भारत रक्षा अधिनियम' के तहत मुझे, करकरे तथा दस अन्य लोगों को फिर से गिरफ्तार कर लिया गया। हम दोनों ने मुफ्त ही वर्षों की कैद भोगी थी।

गांधीजी हत्याकांड में मेरे शामिल होने के कारण मुझे लगा कि मैं समकालीन इतिहास का एक पन्ना बन गया हूँ। मेरी कहानी पाखंडी शासकों द्वारा छुपाई गई थी। इतिहास का पन्ना होने के नाते मुझे स्वयं को जनता के सामने उजागर करना था। लोग इसे पसंद कर सकते थे या नहीं भी कर सकते थे, लेकिन पृष्ठ अपरिवर्तित रहेगा, इस दृढ़ विश्वास के साथ मैंने उस घटना के बारे में लिखना शुरू किया। दिवंगत जी.वी. बेहेरे, मराठी मासिक पत्रिका 'पैंजण' के संपादक ने शृंखला के प्रकाशन की जिम्मेदारी ली। अंत में, अक्तूबर 1967 में इस शृंखला को एक पुस्तक के रूप में प्रकाशित किया, जिसका शीर्षक था—'गांधीजी हत्या आणी मी' (द गांधीजी एंड आय)।

सरकार सच्चाई स्वीकारने में असमर्थ थी और सच पचा नहीं सकती थी, क्योंकि जिसे सरकार ने सच बनाकर प्रस्तुत किया था, वह झूठ बाहर आ गया था। दो महीने बाद ही सरकार ने इस पुस्तक पर प्रतिबंध लगा दिया, लेकिन तब तक इसका पहला संस्करण लगभग बिक चुका था।

श्री बेहेरे और मैंने हमारी अभिव्यक्ति की आजादी छीनने का आरोप लगाते हुए महाराष्ट्र की हाई कोर्ट का दरवाजा खटखटाया। कोर्ट के तीन जजों की सत्तारूढ़ बेंच, जिसमें मोदी, वी.एस. देसाई और जे.जे. चंद्रचूड़ थे, उन्होंने सर्वसम्मति से एकमत होकर 6 अगस्त, 1969 को इस प्रतिबंध को रद्द कर दिया।

फिर मैंने अन्य पुस्तकें प्रकाशित कीं। 'नाथूराम गोडसे का घोषणा-पत्र' सरकार ने अपने पास रख लिया। सरकार की निषेधाज्ञा को चुनौती मानते हुए यह पुस्तक पहले मराठी में, फिर अंग्रेजी में और फिर अन्य भाषाओं में भी प्रकाशित की। न केवल यह पुस्तक प्रकाशित होती रही, बल्कि भिन्न-भिन्न नामों और सभी प्रकार के परिवर्तनों के साथ संस्करण भी व्यापक रूप से प्रचारित किए और बेचे गए। प्रतिबंध टिक नहीं सका।

मैं मेरे राजनीतिक विचारों के कारण अखिल भारत हिंदू महासभा से जुड़ा हूँ। मेरे परिवार के लिए, मेरी बेटियाँ ब्याही जा चुकी हैं और सामान्य जीवन जी रही हैं और वैसे ही मेरा गोद लिया पुत्र भी। वे सभी अपने-अपने कार्यक्षेत्रों में व्यस्त हैं। □

उपसंहार

नाथूराम गोडसे के बयान में गांधीजी की 30 जनवरी, 1948 तक की नीतियाँ और काररवाइयाँ शामिल थीं। भविष्य की घटनाओं से पुष्टि हुई कि नाथूराम के विश्लेषण को सही साबित किया या गलत, यह एक बात है और उनकी नीतियाँ देश के लिए क्या मायने रखती हैं, वह अलग बात है। इसके बारे में कुछ शब्द मैं उपसंहार के रूप में कहने की कोशिश कर रहा हूँ।

तब से बीते हुए 45 वर्ष नाथूराम द्वारा घोषित बातों की केवल पुनः पुष्टि ही करते हैं। इतिहास में एक मोड़ भी ऐसा नहीं आया, जिसने इस लंबे वक्तव्य के एक भी शब्द को गलत या अनुचित ठहराया हो।

गांधीजी का भौतिक जीवन 30 जनवरी, 1948 को समाप्त हो गया, लेकिन उनकी राजनीतिक विरासत, जिस तरह उन्होंने सेवाएँ दीं, जिसमें सत्ता में निरंतर बने रहने को आसानी से सुनिश्चित करना; साथ ही जिनके पास देश संचालन की पतवार थी, उन्होंने अपनी सुविधानुसार व्यक्तिगत उन्नति और वंशवादी चिरस्थायित्व के अतिरिक्त लाभों की व्यवस्था कर ली, फिर चाहे उसके लिए देश की बलि ही क्यों न देनी पड़ी हो। 'शासक की सफलता शासितों के कल्याण पर निर्भर होती है' के सिद्धांत पर गांधीजी का तथाकथित सिद्धांत भारी पड़ गया।

अगर भारत को एक धर्मनिरपेक्ष राज्य होना था, तो पाकिस्तान की आवश्यकता ही कहाँ थी? यदि विभाजन सांप्रदायिक वंशवाद के आधार पर होना था, तो फिर धर्मनिरपेक्षता की आड़ में हिंदू-विरोधी रवैया बनाए रखने की आवश्यकता और कारण ही कहाँ था? ये ऐसे प्रश्न हैं, जिनके उत्तर दिए जाने चाहिए।

धर्मनिरपेक्षता, शब्द के सच्चे और ईमानदार अर्थों में, अन्य विश्वास के प्रति सहिष्णुता है और कुछ नहीं, लेकिन गांधीवादी धर्मनिरपेक्षता, जो 30 जनवरी, 1948 तक अस्तित्व में थी, वह सहिष्णुता नहीं थी, केवल तुष्टीकरण थी। इस नीति में अंतर्निहित असफलताएँ और इस नीति से जो दीर्घकालीन नुकसान देश को हुआ है, वही तुष्टीकरण की नीति इसलिए जारी है, क्योंकि यह राजनीतिक उद्देश्यों को पूरा करती है।

स्वतंत्रता से पूर्व हिंदू-मुसलिम एकता साध्य 'स्वराज' को पाने के लिए साधन रूप में थी। यह माध्यम बिखर गया। मुसलमानों ने अपना स्वराज (पाकिस्तान में) प्राप्त किया,और जो भारत में रंगीन चश्मा पहनाया गया, वह धर्मनिरपेक्षता का था।

अहंकार से भरे नेताओं ने अपना पागलपन कबूल नहीं किया। एक खंडित भारत में एक के बाद एक हिंदू अधिकारों का दमन किया गया और हर बार उसने गांधीवादी राजनीति के अंतर्गत शरण ली। यही विश्लेषण और भविष्यवाणी नाथूराम गोडसे ने की थी और यह वही है, जिसे हम दिन-पर-दिन देखने को मजबूर हैं।

कश्मीर को 'आदर्श धर्मनिरपेक्ष राज्य' कहा जाता था, लेकिन घाटी में हिंदुओं की संख्या पहले ही लगभग शून्य हो गई थी। हमलावर अब हिंदू आबादी समाप्त करने के लिए जम्मू की ओर बढ़ते हैं। ये संचालन शक्ति प्राप्त ठगी की धर्मनिरपेक्षता अपनाने का नतीजा है।

पाकिस्तान से आए शरणार्थियों के कश्मीर में बसने का विरोध और उसके बाद कश्मीर मुद्दे को बाद में जिस तरह से देखा और सँभाला गया, उसने परिस्थितियाँ और भी शोचनीय बना दीं। (खेदजनक) आने वाली पीढ़ियों के लिए यह सबकुछ अत्यंत विकृत, अस्थिर और बोझ बढ़ाने वाली स्थितियाँ होंगी।

पाकिस्तान के खिलाफ तीन युद्ध लड़े गए। किस कीमत पर और अंतिम परिणाम क्या हुआ ? अंतिम विश्लेषण में कहा जा सकता है कि समस्या ज्यों-की-त्यों बनी हुई है और भयावह ढंग से पीड़ित कर रही है।

यह कहना कि किसी विशेष हिंदू के साथ सिर्फ इसलिए भेदभाव हो, उसे उचित अधिकार और सम्मान न मिले, क्योंकि वह किसी विशेष जाति में पैदा हुआ है, सर्वथा गलत है। हालाँकि, ऐसी आवाजें आस-पड़ोस में सुनाई दीं; ऐसे लोगों की संख्या कम थी, परंतु उन्होंने भावाभिव्यक्ति के लिए महान् चरित्रों, जैसे—गुरु नानक, दयानंद, सावरकर आदि का सहारा लिया। ऐसे विचार निश्चित रूप से

एकता पर प्रभाव डालेंगे। नाथूराम विनायक गोडसे भी इसी बात में दृढ़ विश्वास रखते थे कि सभी मनुष्य समान हैं; उसकी जाति अलग होने से कोई फर्क नहीं पड़ता। फर्क पड़ता है तो मनुष्य की दूसरे मनुष्य के प्रति ईमानदारी, बुद्धिमत्ता और उसकी मेहनत से।

हालाँकि, ऐसे राजनीतिक परिदृश्य और उद्देश्य बनाना ही रणनीति थी, जिससे लोगों में, आपस में जातिगत और वंशगत मतभेद पैदा करने की क्षमता हो। ऐसे संप्रदाय पहले निर्मित किए गए और फिर ऐसे प्रचार किया गया, जो इन मतभेदों को समानुपाती भी न रहने दे और खाई बढ़ती जाए।

एक बार इस तरह के विभाजन अस्तित्व में आने के बाद उन्हें अपनाया गया। उन्हें पहले 'सहानुभूति की सेवा' के नाम से अपनाया गया और उसके बाद राजनीतिक लाभ के लिए 'तुष्टीकरण' की नीति के रूप में। दिखावे के इसी रूप के साथ गांधीजी की इस तरह की नीति ने अपने राजनीतिक लक्ष्य पूरे किए और शिष्टाचार तथा 'पवित्रता' का दर्जा भी प्राप्त करती रही। लेकिन गांधीजी के अनुयायी जातिगत समानता या जातिगत निष्कासन की बाधाओं को दूर नहीं करना चाहते थे, बल्कि वे ऐसी परिस्थितियों का निर्माण करना चाहते थे, जहाँ मनुष्य की व्यक्तिगत क्षमता, परिश्रम और अखंडता की साख घटे और जिसके परिणामस्वरूप बुनियादी मानदंड कौशलों से ध्यान हटकर जातिगत विभाजन की ओर जाए और फिर सहानुभूति का सहारा लेते हुए 'तुष्टीकरण' के उद्देश्य को पूरा किया जाए।

आखिरकार, गांधी-नीति का अर्थ था—एक वर्ग को इतनी पहचान दिलाना कि वह एक मतदाता बैंक (वोटबैंक) के रूप में सत्तावादियों को सत्ता दिलाने में मदद कर सके। इसकी शुरुआत लोगों के कान भरने से की, कि समाज में उनके साथ अन्याय किया जा रहा है और कभी-कभी तो उन्हीं के वर्ग में से किसी को नेता बनाकर, उस वर्ग को अंतहीन सहानुभूति दी जाए और फिर उन्हें अनुदान, सार्वजनिक खाते से लाभ दिलाना और बहुत से वादे करना, अधिक-से-अधिक रियायतों और मुफ्त सुविधाओं की अपील करने का प्रशिक्षण देना तथा वोटबैंक बनाए रखने के लिए इस प्रक्रिया की निरंतरता बनाए रखना।

गांधीजी की तथाकथित जातिगत और सांप्रदायिक विभाजन को बढ़ावा देने वाली नीति का सुविधाजनक विस्तार क्षेत्र हमें 1960 के दशक के शुरुआती वर्षों में देखने को मिला, जब हमने देश का भाषायी विभाजन देखा। इसके बाद अस्सी के दशक में हिंदू-सिख मसला लाने का प्रयास भी किया गया। उस नीति के तहत

दोनों संप्रदायों (हिंदू-सिख) के असामाजिक तत्त्वों को गले के नीचे उतारने का प्रयास किया गया। यह सौभाग्य की बात है कि दोनों (हिंदू-सिख) को समय रहते समझ आ गया कि सच्चाई कुछ और है और उन्हें पता चल गया कि यह सबकुछ राजनीतिक चालबाजियों के अलावा और कुछ नहीं था।

"लोगों को गरीब और अशिक्षित रखने की दुर्भाग्यपूर्ण प्रवृत्ति को गांधीजी द्वारा प्रोत्साहित 'सादा जीवन' और 'तपस्या' जैसे शब्दों का उपयोग करने के लिए सर्वोत्तम रूप से चित्रित किया गया। ऐसा ('सादा जीवन' और 'तपस्या' की परोक्ष रूप से वकालत) इसलिए किया गया, ताकि भारत की गरीबी और महिला श्रमिकों का बुनियादी अस्तित्व ज्यों-का-त्यों बना रहे और गरीबी एक संस्था के रूप में देश में बनी रहे, प्रगति हो ही न और इनके वोटबैंक बने रहें। ऐसा करने पर दो फायदे थे—1. एक, देश को शिक्षित और समृद्ध करने की जिम्मेदारी से बचे रहेंगे और 2. दूसरा, लोग अपने अधिकारों के प्रति जागरूक होकर सरकार की नीतियों का, योजनाओं का विरोध भी नहीं करेंगे और सत्ताधारी मनमानी करते हुए स्वार्थी उद्देश्य पूरा कर लेंगे।

भाषायी विभाजन ने जनता की अपर्याप्त शिक्षा मानो सुनियोजित और सुनिश्चित ही कर दी। ऐसा करने पर सार्वजनिक क्षेत्रों की प्रगति नहीं हुई, भारी नुकसान के कारण समृद्धि का स्तर मध्यम ही रहा और देश अधिकतर प्रगतिशील देशों की श्रेणी में रहा।

यह स्थायी गरीबी, गांधीजी की मृत्यु के ढाई दशकों बाद भी 'गरीबी हटाओ' नारों के माध्यम से बनी रही। यह नारा सत्ता में रहने वालों के लिए कारगर सिद्ध हुआ और सत्ता में सफलता से निरंतर बने रहने का मौका बना। हालाँकि 'गरीबी' हर तरह से विस्तार लेती हुई राष्ट्र में छाई रही और हर गरीब को सांत्वना देने के लिए गांधीजी का 'सादा जीवन, उच्च विचार' उदाहरण सहित प्रस्तावित किया जाता रहा। जनता, कंपनियाँ और प्रशासनिक संस्थान बेकार साबित होते रहे। 'लोगों का कल्याण' अपना अर्थ खोता रहा। यह है, जो हमने भारत की स्वतंत्रता के बाद भारत में देखा। जो समय-समय पर कानून बनाए गए, उन्होंने मुसलमानों को कई अतिरिक्त लाभ प्रदान किए और उन्हें सामान्य कानूनों से 'छूट' मिलती रही।

सामान्य शब्दों में कहें तो ये कानून मुसलमानों को ज्यादा-से-ज्यादा लाभ पहुँचाने की ओर निर्देशित थे। 'समान नागरिक संहिता' के अलावा अगर हम 1950 से आज तक बनाए गए कानूनों की जाँच करें तो स्पष्ट हो जाएगा कि 'टिंट

गांधीवादी' स्पष्ट रूप से सभी अधिनियमों के तहत गांधीवाद के मुसलिम समर्थक झुकाव को ही अनुमोदित करता है।

उदाहरण के लिए, मुसलमानों की 'वक्फ संपत्तियों' से संबंधित कानून इसीलिए बनाए गए, ताकि वे अपनी संपत्तियों को स्वतंत्र रूप से छुपा सकें और उन्हें छत और किराए के कानूनों से छूट दिलाई जा सके। लेकिन इनमें से कोई लाभ हिंदू संस्थानों को नहीं दिए जाते हैं। अन्य उदाहरण संपत्ति के उपहार से संबंधित हैं।

शाह बानो के मामले में सुप्रीम कोर्ट ने एक प्रगतिशील रवैया अपनाया, लेकिन सरकार ने मानदंड बदलने की कोशिश नहीं की, सिर्फ इसलिए, क्योंकि वह अल्पसंख्यकों को खुश रखना चाहती है।

यह हैरत की बात है कि सरकार पैगंबर और गांधीजी के जन्मदिनों को राष्ट्रीय अवकाश के रूप में घोषित करती है, पर श्रीराम के जन्मदिन पर ऐसी किसी छुट्टी की घोषणा नहीं करती!

पाकिस्तान और बांग्लादेश से आए अवैध अप्रवासियों का तो स्वागत किया जाता है, उनके लिए अनधिकृत बस्तियाँ बसाई जाती हैं, आवास बनाए जाते हैं—यह सब इसलिए कि वे मतदाता बैंकों के रूप में कार्य करते हैं। यह गांधीवादी विरासत के अनुप्रयोग का ही तो उदाहरण है! परिवार नियोजन की योजनाएँ भी केवल हिंदुओं के खिलाफ बनाई जाती हैं।

यहाँ तक कि भारतीय पुरातत्त्व विभाग इतना संवेदनपूर्ण और परोपकारी नहीं दिखाई पड़ता कि हिंदुओं के पुराने मंदिर भवनों को खँडहरों में बदलने से बचाए। वे मुख्य रूप से मुसलिम संस्कृति से संबंधित इमारतों के बचाव का, पुनर्निर्माण का कार्य करते हैं। आँकड़े कहते हैं कि 1700–1947 तक की इमारतें, जो तकरीबन ढह गई हैं, उन्हें विशाल निवेश द्वारा बहाल किया जा रहा है, केवल मुसलिम संस्कृति से संबंधित इमारतें! आश्चर्य इस बात का है कि धन का स्रोत क्या है और वे उसी धन का प्रयोग भविष्य में किस प्रकार करेंगे?

मानव का आज का अस्तित्व नहीं है, लेकिन यह इतिहास पर निर्भर करता है कि उसमें से क्या शामिल किया जाए? बीते 45 वर्षों की यादें और प्रगतिशील परिस्थितियाँ, आज भी हमारी यादों में तरोताजा हैं और पैनी नजरों में स्पष्ट हैं। सच तो यह है कि असली नुकसान भारत के हिंदुओं का हुआ है, पीड़ित भी वे ही रहे हैं और प्रणाली में घिसट आए गलत रीति-रिवाज और प्रथाओं को सुधारने के बजाय सत्ता में बैठे लोगों का लक्ष्य उसे विभाजित, अविभाजित और अत्यधिक विभाजित करते हुए सत्ता की कुरसी बनाए रखने की होड़ है। वे हिंदू-

मुसलमानों में आज भी संघर्ष पैदा करके उन्हें खुश रखने की कोशिश करते हैं, जो उन्हें राजनीतिक लाभ पहुँचाते हैं। ये सबकुछ कपटपूर्ण राजनीति के संदर्भ में तथाकथित 'गांधीवादी' के कारण है। वर्तमान उद्देश्य केवल राजनीतिक और व्यक्तिगत लाभ है।

'व्यक्तित्व का पंथ', जिसमें कारण, तर्क और वोट के सहायक, सब धोखादायक थे, जिसमें सारे निर्णय एक ढीठ सोच और अहंकारी व्यक्ति के भरोसे छोड़ दिए गए और तथाकथित 'नेता' के अनुसार देश चलाने का प्रयास किया गया। नाथूराम के लिए यह बात गंभीर और शोचनीय तथा दुर्भाग्यपूर्ण थी और आज की प्रणाली और राजनीति, उसी गांधी की नीतियों की विरासत है, जो आज तक जीवित है।

सन् 1948 से आज तक महँगाई की दरों में कई गुना वृद्धि हुई है। जिस तरह अंतरराष्ट्रीय मुद्रा के मुकाबले अमेरिकी डॉलर या ब्रिटिश पाउंड के मुकाबले भारतीय रुपए की कीमत गिरी है, वह हर किसी को दुःख ही पहुँचाता है, भ्रष्टाचार स्थानिक बीमारी-सी हो गई है। और यह सबकुछ गांधीवादी नीति के अनुप्रयोग का ही अंतिम परिणाम है।

कानून व्यवस्था की स्थिति बद से बदतर और खतरनाक हद तक शोचनीय हो गई है, जबकि बेरोजगारी बढ़ रही है। हर तरह से नैतिक गिरावट है, जो देखने को मिल रही है। यह विडंबना ही है कि किस तरह भाग्य से खादी कपड़े और गांधी टोपी पहन लेने के बाद कानून और नैतिकता के मानदंडों के बाहर काम और किसी भी तरह के व्यवहार का लाइसेंस मिल जाता है!

पर्यावरणविद् वायु प्रदूषण की बात करते हैं, लेकिन उससे भी ज्यादा किसी बात ने हवा में जहर घोला है, तो वह है—'गांधीवादी पंथ'। इसके कारण राजनीति में पलता अपराधीकरण और भ्रष्टाचार बढ़ा है तथा हमारे देश की प्रणाली को कमजोर कर रहा है। शायद किसी दिन किसी प्रबुद्ध नागरिक को यह स्पष्ट नजर आ जाए। अगर देश के साधारण मनुष्य की दुर्भाग्यपूर्ण स्थिति की तुलना जर्मनी, जापान, कोरिया या ताइवान से की जाए तो केवल एक 'गांधीवादी' कहानी बताना ही काफी होगा।

अंत में, केवल इतना ही कह सकते हैं कि नाथूराम गोडसे का बयान, जो 45 साल पहले दिया गया था, उसमें एक चेतावनी भी शामिल थी। उस बयान को प्रतिबंधित किए जाने वाले मुख्य कारणों में से एक प्रमुख कारण यह भी था कि उसमें वह चेतावनी थी, जो सच्चाई दिखा रही थी। यदि वह चेतावनी सबको विदित

होती तो संभव है कि देश में सामान्य और विशेष रूप से हिंदू उस स्थिति में नहीं होते, जिसमें वे आज हैं।

यह कहना ठीक होगा कि जो भारत आजादी के 45 साल बाद है और यह धोखाधड़ी की राजनीति और नीतियाँ न भूलें तो एक अर्थशास्त्री भी विस्तार से देश की कमजोर व्यवस्था का कारण 'गांधीवादी नीति' ही बताता। इसलिए भारत की आज की स्थिति का आकलन अर्थशास्त्री की दृष्टि से करें, न कि 'गांधी हत्याकांड' के घोषित 'दोषी' की दृष्टि से।

□

ऊपर दिए गए चित्र में लेखक के हाथों में चाँदी का कलश है, नाथूराम गोडसे और नारायण आप्टे के अस्थियाँ-अवशेष (राख) हैं, जिन्हें 15 नवंबर, 1949 को अंबाला जेल में फाँसी दे दी गई थी।

हर साल 15 नवंबर को पुणे में लेखक के निवास स्थान पर एक बैठक आयोजित की जाती है, जिसमें नाथूराम की वसीयत में लिखी अंतिम इच्छा की पुष्टि की जाती है कि जब यह भारत फिर से सिंधु नदी को अपने अधीन लाकर अखंड भारत बनेगा, तो सिंधु नदी में नाथूराम और आप्टे की ये अस्थियाँ-अवशेष विसर्जित किए जाएँगे। उनकी इस अंतिम इच्छा की पुनः पुष्टि, कई अन्य शहरों में भी की जाती है।

वसीयत (मृत्यु-पत्र)

नाथूराम की वसीयत हिंदी में एक पत्र के रूप में है, जो उनके छोटे भाई श्री दत्तात्रेय विनायक गोडसे को संबोधित है। मजिस्ट्रेट ने 15 नवंबर, 1949 को उस पर मुहर लगाई। जेल अधिकारियों ने पत्र श्री दत्तात्रेय को दे दिया।

नाथूराम ने एकमात्र मूल्यवान् संपत्ति छोड़ी थी और वह थी उनकी अस्थियाँ–अवशेष (राख), और निर्देश दिए कि उन अवशेषों का निबटारा कैसे किया जाए? वसीयतनामा हिंदी में था। वसीयतनामा अगले पृष्ठ पर है।

[illegible]

[illegible]

[illegible]

[illegible]

[illegible]

[illegible]

[illegible] (Generations) [illegible]

[illegible]

[illegible]

Allahabad 15 [illegible]

[illegible]

वसीयत (मृत्यु-पत्र)

प्रिय बंधो! चि. दत्तात्रय वि. गोडसे

मेरे बीमा के रुपया अगर आ जाएँगे तो उस रुपया का विनिभोग आपके परिवार के कार्य के लिए करना। रु. 2,000 आपकी पत्नी के नाम पर। रु. 3,000 चि. गोपाल की धर्मपत्नी के नाम पर और रु. 2,000 आपके नाम पर। इस तरह से बीमा के कागजों पर मैंने रुपया मेरी मृत्यु के बाद मिलने के लिए लिखा है।

मेरी उत्तर क्रिया करने का अधिकार अगर आपको मिलेगा तो आप आपकी इच्छा से किसी तरह भी इस शुभ कार्य को समाप्त करना। लेकिन मेरी अंतिम विशेष इच्छा यही लिखता हूँ।

अपने भारतवर्ष की सीमारेखा सिंधू नदी है। जिसके किनारों पर वेदों की रचना प्राचीन द्रष्टाओं ने की है। वह सिंधू नदी जिस शुभ दिन में फिर भारतवर्ष के ध्वज की छाया में स्वच्छंदता से बहती रहेगी उन दिनों में मेरी अस्थियों या रक्षा का कुछ छोटा सा हिस्सा उस सिंधू नदी में बहा दिया जाए।

यह मेरी इच्छा सत्यसृष्टि में आपने के लिए शायद और भी एक-दो पीढ़ी (Generations) का समय लग जाए तो भी चिंता नहीं। उस दिन तक वह अवशेष वैसा ही रखो और आपके जीवन में वह शुभ दिन न आए तो आपके वारिसों को ये मेरी अंतिम इच्छा बतलाते जाना।

अगर मेरा न्यायालयीन वक्तव्य कभी सरकार बंधमुक्त करेगी तो उसके प्रकाशन का अधिकार भी मैं आपको दे रहा हूँ।

मैंने 101 रुपया आपको आज दिए हैं जो आप सौराष्ट्र सोमनाथ मंदिर का पुनरुद्धार हो रहा है उसके कलश कार्य के लिए भेज देना।

(नाथूराम वि. गोडसे)

15.11.93

समय 7.15 प्रातः

आपका शुभेच्छु

नाथूराम वि. गोडसे

14.11.49

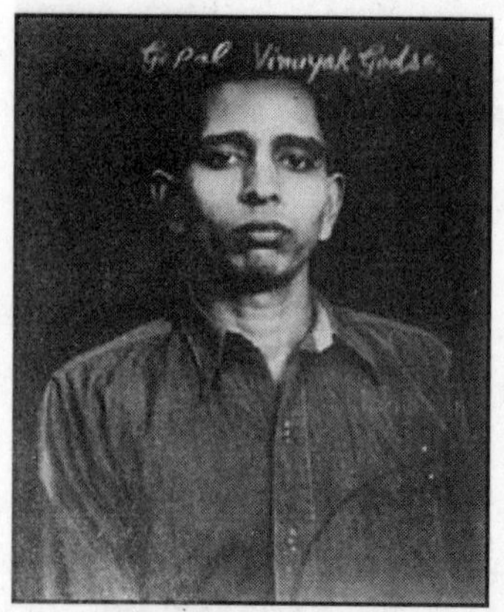

गोपाल विनायक गोडसे

(जीवन निर्वासन की सजा)

(N.L. 13 अक्तूबर, 1964 को रिहा किए गए।

नारायण दत्तात्रेय आप्टे

(15 नवंबर, 1949 को नाथूराम गोडसे के साथ अंबाला जेल में फाँसी दी गई)

नाथूराम विनायक गोडसे

विष्णु रामकृष्ण करकरे व अन्य

(जीवन निर्वासन की सजा)

(रिहाई—13 अक्तूबर, 1964 को रिहा किए गए)

(मृत्यु—6 अप्रैल, 1974)

मदनलाल कृष्ण पाहवा

(जीवन निर्वासन की सजा)

(रिहाई—13 अक्तूबर, 1964 को रिहा किए गए)

अभियुक्तों का कठघरा

1. नाथूराम विनायक गोडसे, 2. नारायण दत्तात्रेय आप्टे, 3. विष्णु रामकृष्ण करकरे, 4. दिगंबर बड़गे, 5. मदनलाल कृष्ण पाहवा, 6. गोपाल विनायक गोडसे, 7. वीर सावरकर

(चित्र में सदाशिव परचुरे और वेंकट किस्तैया दिखाई नहीं पड़ रहे)

'स्वातंत्र्यवीर'

विनायक दामोदर सावरकर

10 फरवरी, 1949 को अपराध मुक्त घोषित किए गए।

जन्म तिथि—28 मई, 1883

मृत्यु तिथि—26 फरवरी, 1966

□□□

अनुवादिका-परिचय

नीलिमा तांबे शिक्षा संस्थानों में विभिन्न पदों पर 21 वर्षों तक सेवाएँ देने के बाद 2014 से उच्च स्तर की सामग्री-लेखन और संपादन सेवाएँ प्रदान करने के साथ-साथ अनुवाद तथा प्रूफ-रीडिंग के क्षेत्र में से कार्यरत हैं। उन्होंने अनेक प्रतिष्ठित प्रकाशनों के लिए कार्य किया है। अकादमिक क्षेत्र में उत्कृष्टता हेतु सम्मानित। पैरेंट कोचिंग, विपश्यना ध्यान तथा बागवानी में विशेष रुचि।